当代城市规划著作大系

面向旅游发展的城市规划研究与实践

赵守谅　陈婷婷　著

中国建筑工业出版社

图书在版编目（CIP）数据

面向旅游发展的城市规划研究与实践 / 赵守谅，陈婷婷著．—北京：中国建筑工业出版社，2020.12
（当代城市规划著作大系）
ISBN 978-7-112-25566-5

Ⅰ.①面… Ⅱ.①赵…②陈… Ⅲ.①旅游城市—城市规划—研究—中国 Ⅳ.① F592

中国版本图书馆 CIP 数据核字（2020）第 190506 号

责任编辑：刘 丹
责任校对：王 烨

当代城市规划著作大系
面向旅游发展的城市规划研究与实践
赵守谅 陈婷婷 著
*
中国建筑工业出版社出版、发行（北京海淀三里河路 9 号）
各地新华书店、建筑书店经销
北京建筑工业印刷厂制版
北京建筑工业印刷厂印刷
*
开本：850 毫米×1168 毫米 1/16 印张：12¾ 字数：284 千字
2021 年 2 月第一版 2021 年 2 月第一次印刷
定价：**78.00** 元
ISBN 978-7-112-25566-5
（36589）

前　言

旅游和城市在发展的过程中形成了密不可分的关系。城市的各类资源构成了旅游的载体，旅游产生的活动又给城市的发展带来不可磨灭的影响。时空压缩背景下，旅游需求量的急剧增加对城市又提出新的发展要求。本书旨在通过介绍欧洲和中国的相关实践，书写旅游发展背景下的城市规划的新篇章。

仅从 1993 年到 2018 年，国内旅游人数就从 4.1 亿人次增长到 55.39 亿人次，国内旅游收入也从 864 亿元增长到 5.97 万亿元。从 2006 年开始，中国平均每人每年会进行一次旅游。在入境游方面，从 1978～2018 年的四十年间，旅游人数增长了 77 倍，旅游收入增长了 482 倍。按照联合国世界旅游组织（World Tourism Organization，简称 WTO）的全球最受欢迎旅游目的地排名，在 2016 年，中国排在第四位。自 2018 年，中国每年接待 14120 万人次的入境游客。在出境游方面，自从 1990 年开放公民个人出境游以来，出境游的数量急剧增长，2000 年有超过 1000 万中国公民出境旅游，到了 2007 年这个数字则超过了 4000 万，相当于增长了 3 倍。2018 年中国公民出境游的人数更是达到 14972 万人次。

在国家层面，发展旅游及休闲产业由原来的拉动内需、提高人民生活品质向区域协调统筹发展转变。2009 年 1 月 4 日，广东省旅游局在官方网站公布了《关于试行国民旅游计划的若干意见（征求意见稿）》，成为全国首个试行国民旅游计划的试点。从政策层面将旅游、休闲的发展纳入政府的行动日程，凸显了引导旅游快速、健康发展的重要性。

旅游和出行是一对共生现象，所有的旅游活动都包含了从一地到另一地的出行过程，这是由旅游的核心特征决定的。例如，世界旅游组织将“旅游”定义为：在不超过一年的时间内，人们不以在到达地就业为目的，离开其惯常环境（usual environment），为了休闲或事务等目的去往外地的行为[①]。此外，旅游的需求促进了交通工具的进步和出行服务的改善，而旅游活动的发展又会进一步刺激旅游需求的增长。因此，从这个意义上来说，旅游活动存在互动的关系。

旅游的核心特征还决定了旅游和其他休闲活动的区别，即旅游是一种去往外地的行为，而休闲通常在本地进行。但这种区别在如今的条件下已越来越难界定。当前的中国正在经历机动性的划时代变革：小汽车开始进入普通家庭，高速铁路网络的建设，廉价航空的萌芽等。所有这些都极大地缩短了原有的时空距离，同时也深刻地改变了人们所固有的时空观念。当出行变得更快速、舒适、便捷和便宜，当“一日出行

① r Tourism Statistics 2008. World Tourism Organization. Madrid, New York, 2008.

者"成为一种普遍现象，"本地"和"外地"的区别正在模糊。

除了交通条件的根本性改善，还有其他一些因素正从本质上改变旅游行为。例如，英语在全世界的普及在很大程度上促进了国际旅游的发展；互联网技术的进步使得交通、住宿的网络预订系统成熟化、商业化，从而极大地方便了游客出行；而包括互联网在内的各种媒体资讯高度发达，也使得旅游者在到达目的地之前便完全可以获得各种信息，深入、全面地了解目的地。所有这些，都从根本上促进了旅游业的发展。由于出行变得前所未有的方便，人们可以在更大的范围内选择旅游（休闲）目的地。在这样的情况下，"访问者"和"居民"的界线还有那么明显吗？

在一些著名的旅游城市，游客的数量是如此之多，城市事实上已经为居民和访问者所"共享"。这意味着，无论居民是否愿意，他们都必须和访问者分享城市空间和设施。毫无疑问，除了促进当地经济发展，城市旅游也会带来拥挤、噪声和无序。城市中旅游业发展还会带来不动产价格升高、生活成本增加等影响。另外，对于作为目的地的城市来说，它们在吸引消费者方面的竞争变得更激烈。为了吸引访问者，城市必须塑造一个有魅力的景观环境。对于一些致力于发展旅游业的城市来说，持续不断地改造景观环境以取悦访问者变成了一个明显的特征。同时，城市也需要为居民提供足够的休闲资源。否则，在机动性条件如此发达的今天，本地居民很容易去往其他目的地进行休闲活动。那么，机动性增强背景下的旅游发展将给城市带来什么样的影响？本书将重点研究其给城市空间和交通系统带来的影响，以及这种背景下所改变的城市竞争关系。

另外，城市政府应该如何面对这些影响？城市政府和公共部门需要应对上述这些影响给城市带来的挑战。城市规划对城市旅游的发展能起到至关重要的作用：土地利用规划和城市设计从根本上影响了城市空间结构、城市及街区风貌、景观环境的形成，从而构成了旅游活动的物质空间载体；城市交通规划决定了城市交通系统的发展，从而影响了旅游出行的整个过程；城市规划对城市旅游吸引力的形成及城市旅游服务业的发展都有着重要影响等。因此，本书将重点从城市规划视角探讨公共政策的应对。

研究视角

本书内容首先来自于笔者对中国现实的思考，希望借鉴欧洲国家的经验，对中国城市如何应对旅游及休闲的发展提出若干建议。第二次世界大战以后，欧洲的经济得到持续、高速增长。得益于经济发展，平均收入、福利制度等都有了长足进步。在这样的背景下，旅游、休闲产业发展迅速，旅游真正成了大众化的生活方式。另外，欧洲作为目前国际旅游业首屈一指的目的地，其城市旅游业已经相当成熟和完善。有学者认为欧洲城市已完成了"休闲化转型"（Stock，2006）。由于目前中国的旅游需求、产业和市场都处于快速发展时期，如果我们把欧洲之前的发展历程和中国当前的发展进行对照，也许会有一些有趣的发现。

按照大洲来划分，从国际旅游到访人数来看，欧洲至今还是排名首位的国际旅游目的地（图Ⅰ）：欧洲的国际旅游到访人数几乎占到全球市场的三分之二。从国家来看，法国至今仍是世界排名第一的国际旅游目的地。排名前十位的国家中，欧洲占5个（其余4个分别为西班牙、意大利、英国和德国，见表Ⅰ）①。而在所有的目的地类型中（城市、山地、海滨、乡村），城市旅游在整个欧洲旅游市场中占有重要地位。

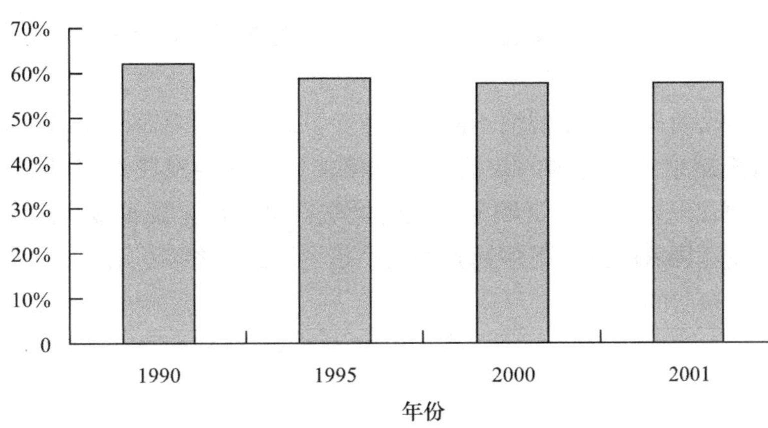

图Ⅰ　1990～2001年欧洲的国际旅游到访人数在全球市场的份额
（数据来源：World Tourism Organization.）

2010年按国际旅游到访人数排名前十位的国家　　表Ⅰ

排名	国家	国际旅游到访人数（万人次）
1	法国	7680
2	美国	5975
3	中国	5567
4	西班牙	5268
5	意大利	4363
6	英国	2813
7	土耳其	2700
8	德国	2688
9	马来西亚	2458
10	墨西哥	2240

数据来源：World Tourism Organization，2010。

① 从理论上来探讨，只有当各种时空壁垒（距离带来的时间成本和经济成本、信息不足带来的不确定预期、语言不通带来的困扰、与人口流动有关的制度等）完全消失时，访问者和居民才可能达到真正意义上的同质化。从现实情况来看，这种理想状态的出现还是十分遥远的。

影响旅游业发展的因素很多，因而欧洲旅游业整体的成功有着复杂的原因和背景条件。毫无疑问，欧洲在旅游业的领先地位首先得益于其悠久的历史、丰富的文化遗产及自然景观资源。对大多数欧洲国家来说，在从工业化到后工业化的转型过程中，国家乃至地方政策都把旅游作为拉动经济的重要战略之一。因此，公共政策深刻地影响了旅游发展的进程及旅游产业的质量。在很多城市中，长期严格的历史保护政策较好地保存了其历史风貌，而一些成功的城市复兴实践又塑造了新的旅游目的地，欧洲城市的一些节事活动经过多年的经营，形成了较好的市场品牌，构成了旅游新引力。另外，完善的旅游服务产业（交通、信息、住宿、餐饮等）也是欧洲城市发展旅游的重要优势。

特别需要指出的是，由于国情不同，对于公共政策的比较研究和探讨需要非常谨慎。由于城市规划根植于各国的政治法律制度、经济社会发展水平以及历史文化背景，因此，即便在一国被实践证明为有效的做法，也往往无法直接应用于另外一国。对我们来说，发达国家的经验更多起到的是“借鉴”或“参考”作用。我们应立足国情，致力于寻找自己的道路。

研究范畴

首先，本书的落脚点是城市，而不是乡村或其他类型的目的地。这是一个地理上的界定。

其次，虽然访问者和居民事实上共享了很多城市空间及资源，而访问者和居民的界限在“时空压缩”背景下也趋向模糊，但访问者和居民仍然是两类群体，他们对城市的需求及各自的活动特征依然有区别①。传统的城市规划更多地关注居民的需求，而传统的城市旅游研究也是主要立足于居民的视角②。然而，在现代社会的条件下，访问者活动及由此带来的城市旅游发展将越来越重要，在某种意义上变成了一些城市的常态现象。因此，本书将主要以访问者为研究对象。

研究内容

在上述界定下，本书将着重研究两个方面的问题：首先，旅游对城市带来的影响是什么？其次，城市应该如何应对这些影响？

为了理解旅游对城市的影响，首先有必要了解城市为何能吸引访问者，本书的第 2 章将主要探讨这个问题。从供给角度来看，城市提供了某种资源，导致了旅游活

① 见相关研究概述。

② 正如 Sassen 和 Roost（1999）所观察到的，“大城市常常被认为是具有异国情调的。现代旅游业已经不仅仅和历史遗存、演奏厅或博物馆有关，而是和与城市旅游相联系的独特城市景象有关”。访问者所消费的城市“景象”由一系列万花筒式的经历以及工作、消费、休闲、娱乐所依存的空间所组成（Featherstone，1994）。同时，由于著名建筑、滨水公园、博物馆中的无价之宝这些物质因素本身并不能保证吸引足够的访问者，节事活动则是构成旅游吸引力的另一个重要资源（Fainstein 等，2003）。

动的产生。在本书中，城市对旅游的供给资源主要指的是构成城市旅游吸引力的资源和城市休闲资源。在欧洲，丰富的历史文化遗产以及相应的历史氛围毫无疑问构成了城市旅游吸引力的首要因素。然而，其他一些因素也不应被遗忘①。正是这种“吸引力”构成了城市旅游行为发生的首要动力，从而产生了城市之间、乡村与城市之间的移动。因此，研究构成城市旅游吸引力的资源对于理解旅游行为的发生至关重要②。另外，主要为居民服务的城市休闲资源同时也是构成城市品质和吸引力的重要因素。对我国城市这两类资源的分析，是提出相应公共政策建议的一个背景。

为了理解旅游对城市的影响，还有必要了解当代社会旅游行为的发展趋势，在第3章将对此进行探讨。经济发展水平和闲暇时间是影响人们旅游行为的根本性需求因素。通过研究这些需求因素，可以对我国旅游活动的发展趋势有一个基本判断。“时空压缩”是当代社会发展的一个重要背景，本书将从交通条件、信息技术、目的地服务设施、专业型旅游服务、语言和政策等方面研究“时空压缩”背景下旅游活动的发展趋势。由于“时空压缩”对旅游活动的发展有显著影响，而这一进程仍将持续，对这种发展趋势的研究将构成本书的一个重要立论基础。

（1）旅游活动对城市的影响

毫无疑问，旅游活动对城市的影响是广泛而深远的，包括经济、社会和文化等各方面。然而，一个面面俱到的研究显然超出本书的论述范围。立足城市规划视角，本书将从“竞争”和“共享”这两个主题来考察这种影响。

首先，第3章的分析将表明，在需求增长和“时空压缩”的双重背景下，旅游活动仍将持续发展，而这种发展将深刻地改变城市间的竞争关系：作为旅游/休闲目的地的城市将在更大地域范围内，面临着更激烈的竞争。在旅游/休闲活动时，访问者和居民都可以“用脚投票”来选择目的地。在这样的情况下，增强城市在旅游/休闲市场的竞争力是公共政策所要努力的方向。对于访问者来说，城市的竞争力主要体现在两个方面，即城市吸引力（如独特的城市风貌、高品质的公共空间）的大小和城市旅游支持系统（如交通、信息、住宿、商业服务）的完善程度。对于居民来说，城市（在休闲范畴）的竞争力则取决于休闲资源的数量与质量。而在这三个方面，城市规划都起着关键性的作用。

旅游活动带来的另一个直接影响，就是访问者和居民对城市的共享。这种共享主

① 如果我们用传统交通规划的四阶段法（交通发生、交通分布、交通方式划分和交通分配）来进行类比，构成城市旅游吸引力的资源正是（旅游）交通发生的根本原因。

② 这种供给和需求之间的矛盾当然不仅仅体现在城市交通系统上。例如，很多城市（尤其在高峰旅游季节）会面临旅馆接纳能力不足的矛盾，住宿接待能力也是制约城市旅游业发展的重要因素。住宿和交通都是城市旅游发展的重要支持系统，但如果我们将这两者做一对比，就会发现交通系统面临的问题可能更严峻：在网上预订高度成熟的今天，如果预订不到旅馆，访问者就只能（提前）取消这次行程，并不会造成更大的问题；但是，任何来到城市的访问者都必然会使用城市交通系统，而他们对城市交通系统的承载能力几乎是一无所知的（因而他们很少会因为能预料到交通系统的问题而取消行程）。因此，当超过一定限度时，城市交通系统的供需矛盾便往往无可避免。另外，住宿、餐饮和其他商业服务行业的发展中，市场能起到基础性的资源配置作用。但城市交通系统的发展更多地依赖于公共部门的规划、建设和管理，这也是本书选择其作为研究对象的原因之一。

要体现在访问者和居民对城市空间及相关设施的共同占有和使用上。而且，随着旅游活动的发展，这种共享的范围在扩大、程度在加深，访问者和居民“共享”的城市更多地成为一种常态。这种共享给城市带来些许问题，本书将从城市空间（第 4 章）和城市交通系统（第 5 章）这两个方面来研究这种共享所带来的问题。在一定意义上，访问者通过“用脚投票”选择了目的地城市，因而共享是竞争的结果；另外，公共部门对这种共享的促进和保障又会使城市更好地赢得竞争。

访问者和居民对城市空间的共享，带来了城市功能结构、公共空间的变化以及旅游“绅士化”的现象。这种影响是一个互动的过程，既包括访问者带来的直接影响，也包括城市（居民）的自发适应过程，以及城市政策带来的主动改变。在一些优秀的旅游城市，城市（至少在其旅游核心区）所展现出来的结构和面貌事实上在很大程度上为共享所影响，同时这种结构和面貌又较好地促进（迎合）了这种共享。因此，这些城市在功能结构和公共空间方面的特点，可以作为其他城市在规划过程中的一种参考。

访问者的到来不仅为城市带来消费和经济上的贡献，也会带来一些矛盾。由于很多城市设施在规划建设时主要是为了满足居民的需求，因此，当城市迎来大量访问者的时候，便往往会出现供给和需求之间的矛盾。这种矛盾，往往最突出地体现在城市交通系统上。首先，旅游出行有着一些不同于日常通勤的特征，而传统的交通规划并没有着重考虑这类出行需求。访问者和居民对城市交通系统的共享则带来新的交通问题，并凸显了城市公共交通的重要性。如何更好地满足旅游出行的需求，如何解决共享带来的矛盾？旅游的发展对城市交通系统也提出新的要求。

（2）城市应对策略

对城市应对策略的研究，将主要基于城市规划的视角。本书的核心观点为：**旅游活动的发展增强了城市之间的竞争，并使得很多城市已经为（或将为）访问者和居民所共享。“竞争”和“共享”对城市提出新的要求，城市规划需要进行相应调整，以便更好地满足访问者和居民的需求。**

第 6 章将对欧洲城市的相应政策进行分析与评价。面对城市旅游的发展，城市应对政策主要可以分为两类。首先，由于旅游在后工业化城市日益被视为推动城市复兴的战略产业，很多城市采取积极的政策来促进其发展（Juddand Fainstein，1999）。促进指的是增强城市在旅游市场上的吸引力和竞争力，并通过交通、住宿、商业、信息服务等各方面来鼓励城市旅游产业的发展。另外，旅游者持续增长的需求（尤其在历史城市）促使城市出台相应的管制政策来应对日益增加的人流。在对相关政策进行分析与评价的基础上，第 6 章将着重阐释城市规划在欧洲城市旅游发展中的重要作用。

第 7 章将立足于我国国情，从城市规划的视角提出应对旅游发展的一组建议。首先将在前 6 章的基础上，有针对性地提出三个规划目标。另外，城市规划部门和旅游部门之间要如何协调，也将做相应的分析。最后，从城市总体规划、城市详细规划和城市交通规划这三个方面，都将提出具体建议。

目　录

第 1 章

城市旅游的基本概念

1.1 旅游的起源与产生

1.1.1 迁徙的产生

原始社会早期，由于生产力低下，缺少剩余食物，人类过着依附于自然采集的经济生活。人们将一些适宜食用的自然植物予以集中栽培，并且逐步驯化狩猎过程中出现的温顺动物，于是便出现了农业与畜牧业的分离，史称人类第一次劳动大分工。但是在早期人类与自然竞争的过程中，出于谋生的目的，或者出于自然原因，为了躲避气候、天灾等对生存环境的破坏，或人为原因躲避其他部落的威胁，人们被迫离开定居地，在新的定居点定居下来，不再回到原来的定居点。原始社会以求生为目的而非消遣游玩，永久离开原来居住地的活动就是最早期的“旅游”活动，这种迁徙活动具有一定的被迫性和求生性。

1.1.2 旅游的产生与早期发展

（1）旅游的产生

随着生产工具的改进，生产效率有了很大提高。人们开始进行早期物资交换的商业活动——以物易物，商业、手工业随之应运而生。由于交换量和交换次数的不断增加，还出现了固定的交易场所——市。商业和手工业被分离出来，出现了人类第二次劳动大分工。商品经济的发展使人们产生了旅行经商或外出交换产品的需要，人们出于迁徙以外的以商品交换或学习为目的的离开自己常住地到异地作短暂停留并按原计划返回的“旅游”行为从而产生。

（2）古代旅游的发展

从原始社会末期到产业革命初期这一历史时期，旅行的发展水平较低，在形式上表现为偶然、个别的现象，其旅行目的与其他目的交织在一起。在奴隶社会时期存在着以消遣为目的的旅行，主要表现为奴隶主阶级的享乐旅行。在西方，这种享乐旅行的参加者还包括自由民（多出于宗教目的外出旅行）。少数奴隶主等特权阶层的外出消遣活动已经有了现代旅游的意义。四大文明古国都曾有过旅游的印记：在古埃及，出现荷赛普赛特女王访问旁特地区的旅行活动；古希腊会举办奥林匹亚庆典和竞技会，宗教旅行鼎盛；两千多年前古罗马正处于世界古代旅行的全盛时期；古中国则有周穆王八骏游昆仑的记录。

封建社会时期是旅游发展的转折时期。世界范围内，旅游活动由单一的个体转变为多元群体，旅游的目的更加多样化。欧洲出现了以宗教朝圣活动、温泉旅行、以教育或求知为目的的旅行。公元 1275 年，马可·波罗随其父亲、叔叔经两河流域，越过伊朗高原和帕米尔高原来到中国，得到元始祖忽必烈的信任，先后任职长达17年。在任职期间，他几乎游遍了中国，还作为中国的使节出使印尼、菲律宾、缅甸、越南等国进行外交访问。在《马可·波罗游记》的影响下，西方的航海探险家哥伦布、麦哲伦等主动按着游记中指引的方向探索通向东方的海上航线，导致世界大规模的航海旅行。中国则出现了帝王巡游、文人漫游、宗教云游、学术考察、官吏宦游、商务旅行、佳节庆游等多样化旅游形势。从陶渊明的"采菊东篱下，悠然见南山"到《徐霞客游记》，从竹林七贤的酣歌纵酒到李白的《望庐山瀑布》，旅游深刻地体现了当时的文人雅士乃至整个精英阶层的价值取向和精神追求。诚然，受制于生产力发展水平的局限和农耕文明中"父母在，不远游"等思想的束缚，旅游和休闲并没有成为一种普遍的生活方式。然而，在各封建王朝的繁荣阶段，尤其在文明的集中地——城市中，旅游与休闲即便对普通老百姓来说也并不陌生：宋代的《清明上河图》、老北京的天桥等，即为当时大众休闲文化繁荣、丰富的明证。

古代中西方旅行发展呈现不平衡的现象。从旅行目的上，商务旅行居主导地位；其他非经济目的的旅行活动中，又以宗教旅行为主要形式。从参加旅行的人数及其成员看，参加人数较少，主要是统治阶级、少数富人和一部分文人。因此，此时的旅游活动不具有普遍的社会意义。落后的交通工具限制了人们的旅行活动范围，主要是以自然力、人力、畜力为主的船、车等。农业劳动的季节性特点及其对人们生活方式的影响使得人们在主观上缺乏对主动旅行的意识。

（3）近代旅游的发展

从工业革命到第二次世界大战这一时期，工业革命对近代旅游的影响加速了城市化的进程，改变了人们的工作性质，带来了阶级关系的新变化。科学技术的进步，特别是蒸汽技术在交通运输中的应用，使较大规模、较远距离的旅行成为可能。产业革命的影响为更多人外出旅游提供了机会，同时也创造了一种社会需要，即人们迫切需要一种专业性的服务，作为能够联系旅游者和旅游对象的媒介。英国人托马斯·库克预见到这种社会需要，因而设立了相应的组织机构来满足这种需要，从而开创了近代旅游及旅游业的先河。1841年7月5日，托马斯·库克租下一列火车，组织了从莱斯特乘19公里火车到洛赫伯勒的570人的团体旅行，这一壮举被认为是近代旅游的开端。

1.2 旅游的概念

1.2.1 旅游的定义

直到今天，也还没有出现一个被全世界所公认的"旅游"的定义。事实上，"休闲""游憩"这两个概念也是如此。事实上，这也许是一个"不可能完成的任务"。同时，寻找一个为所有人所接受的"旅游"定义也并非一个不必要的任务。作为在生活中经常会碰到的词汇，每个人都会对“旅游”“休闲”或者“游憩”有着自己的理解和认识。由于个性、生活经历等不同，这种理解和认识因人而异是一件很正常的事情。“旅游”“休闲”和“游憩”通常被放在不同的领域进行研究。然而，今天人们已经意识到，在游憩、旅游、休闲活动中追求放松、享受和自我实现等目标的过程，并不能被孤立地看待。鉴于这三个概念的复杂性，由于篇幅所限，在此难以将它们逐一加以梳理。本书的研究重点是旅游，因此在此将以对旅游的概念分析作为基础，辨析相关概念之间的关系。

什么是旅游？这个问题从来不缺少答案。事实上，最大的困难恰恰在于答案太多。作为一个重要的概念，长时间以来全世界的研究者、政府部门、旅游组织以及私人公司出于他们自身的视角和观点，为“旅游”提供了不计其数的定义。正如Williams和Shaw（1988）所抱怨的，“旅游的定义是一项毫无新意的工作”，然而，他们也承认这是一个“极其重要”的工作。将这些已有的定义做一个全面、无遗漏的回顾显然超过笔者的研究范畴和能力。在此仅对一些具有影响力的定义（尤其是来自不同视角的定义）做一个简要分析，以作为下面研究的基础。

长久以来，一直有学者致力于提出一个单一的、综合的、能被各方广泛接受的“旅游”定义。例如，Lieper（1979）对历史上的旅游定义做了广泛的回顾，并认为“旅游”可以被定义为：“一个包含人们自由出行和在其惯常环境之外的一晚或多晚短期停留的系统，除了那些以赚钱为首要目的的旅程。这个系统包括旅游者、出发地、移动路线、目的地和旅游者产业等要素。这五个要素有着空间和功能上的联系。作为一个开放性的系统，这五个要素的组织是在更广阔的环境中展开的，即与之相关的物质、文化、社会、经济、政治和技术”。除此之外，Lieper还提出旅游的定义根据其核心内容可以被划分为三类，即“经济的”“技术的”和“历史的”。

尽管Lieper的定义和分类非常详细，但Stephen（1988）指出，他追求一个能被广泛接受的定义的目标是难以实现的：“有的人把旅游作为旅游者活动及其影响的同义词。另一些人把旅游当成一个研究的主体和学习的过程。还有一些人把这个词解释为一个广泛的、概念性的系统，包括人、场地、产业和活动等。研究者们必须学会接受这些无穷尽的定义，并尝试去理解和尊重这些定义之所以不同的原因”（1988）。

对于旅游的定义，基本上可以分为两类：理论性（主观型）定义和技术性（客观型）定义。理论性定义通常是从理论抽象出发给出的概念性定义，可以采用经验性（experiential）的方法（如依据惯例）、现象学（phenomenological）的方法或整体性（holistic）的方法得出。这类定义方法强调旅游活动的社会、经济、文化背景，试图从一个宏观层面把握旅游行为的本质。例如，两位瑞士的研究者曾将旅游定义为：“旅游是非定居者的旅行和暂时居留而引起的现象和各种关系的总和。这些人不会长期定居，并且不从事任何赚钱活动。”（Hunziker & Kraph，1942）此类定义的方法带有一定的主观性。在这种依据惯例、从理论抽象出发给出的主观型定义中，目前比较普遍的看法是将审美和自娱作为旅游活动的本质，认为旅游是一种休闲活动，目的在于消遣、休息或为了丰富其经历和文化教养（曾博伟 等，2006）。

技术性定义通常是为了满足统计工作的需要，在特定的情况与环境下对旅游活动进行的界定。多年以来，各国政府及旅游行业组织试图观测旅游市场的大小和特征，出于这样的目的，他们需要旅游的技术性定义。技术性定义可以将旅游者和其他类型的旅行者区分开来，并且可以建立一个可比数据的基础。出于这样的目的，很多技术性定义都从一个共同的视角出发：通过定义旅游者（tourist）来定义旅游（tourism）。例如，按照美国国家旅游政策研究组织（American National Tourism Policy Study）的定义，“旅游”是“除了以日常通勤（上下班）为目的的人们出行到远离他们社区的外地的活动与行为”（1975）。

最权威的技术性定义，可能要算世界旅游组织（World Tourism Organization，WTO）关于旅游及其他一些高度相关的概念的定了。

出行（travel）指的是出行者的活动。出行者（traveler）指的是不论出于什么目的、不论持续多长时间的在不同的地理区位之间移动的人。

旅行（trip）指的是一个往返出行的过程：一个人从其所在的惯常环境（usual environment）出发到其回到出发地的出行过程。旅行由对不同地点的访问（visit）组成。

访问者（visitor）指的是这样一种出行者：他 / 她在不到一年的时间里，出于除了在目的地就业以外的其他任何目的（公务、休闲或其他个人目的），去往其惯常环境以外的一个目的地并返回出发地。访问者所进行的这些旅行（trip）被称为旅游旅行（tourism trip）。旅游（tourism）指的就是访问者的活动。

因此，旅游（tourism）是出行（travel）的子集，而访问者（visitor）是出行者（traveler）的子集。这些界定对于收集出行者和访问者流量的数据以及旅游统计的可信度都至关重要。

旅游者（tourist）是这样一类访问者：他 / 她的旅行（trip）包括至少一晚的停留（overnight stay）。因此，旅游者也可被称为过夜访问者（overnight visitor）。

与之相反，一日访问者 / 远足者（same-day visitor/excursionist）指的是在旅行中没有作至少一晚停留的访问者。

个体的惯常环境（usual environment），是旅游定义中的关键概念。它指的是个体规律性生活路径所依存的地理区域（并不一定是一个连续的区域）。

上述由世界旅游组织给出的“旅游”及其他相关概念的定义，从逻辑上较为明确、严谨地界定了各概念的边界，是迄今为止被认可、应用最为广泛的一组定义。这一技术性的统计定义，有助于保证国际比较研究中数据的可比性。在下面的分析与概念框架构建中，将主要基于这一组定义来展开。

从这些定义可以看出，旅游的技术性定义通常关注“旅游者”，通过界定“旅游者”来界定“旅游”。因此，我们也可以把这种定义的方法称为基于需求角度的定义。Smith（1988）认为从供给角度也应该对旅游进行定义，他认为“旅游是一切为了促进远离居住地的快乐、休闲、商业活动而提供物资和服务的产业的总和”。

此外，正如 Lieper（1979）所指出的那样，由于旅游在经济发展中的重要性，也有一些定义主要关注旅游在经济及产业发展方面的影响。事实上，这类定义也属于客观型定义，为技术领域的统计数据收集服务。例如，“旅游是一种可以被确认的国家性重要产业。这个产业包括了一系列广泛的交叉部门来供给相应的活动：交通、住宿、休闲、饮食及其他相关服务”（Australian Department of Tourism & Recreation，1975）。

1.2.2 旅游与休闲、游憩的复杂关系

“休闲”“游憩”和“旅游”是一组高度相关的概念。由于其内涵的丰富及概念间的相互重叠，要清晰地界定及区分这几个概念非常困难。迄今为止，由于并没有一个足够权威的分析框架和标准，它们之间的区分和界定仍然存在着广泛的争议。在巴黎歌剧院门口的人群中，哪些是旅游者、一日访问者，以及休闲者？定义上的问题为经验研究也带来困难（图 1-1）。理论界都有着来自不同角度、具有不同侧重点的大量定义。但是，由于其内涵的丰富性及高度复杂性，这三个概念并没有形成各自绝对权威的定义。另外，无论是在理论研究还是在经验研究中，“旅游”“休闲”和“游憩”的研究对象都有着大量的重叠、交织和联系，与此有关的辨析、争论也是层出不穷。

图 1-1　巴黎歌剧院门口的人群

这三个概念区分之所以困难的最主要原因同样在于这三个概念自身定义的困难，就像上文中我们对旅游定义进行的分析那样。与“旅游”一样，关于“游憩”和“休闲”也同样没有足够权威的、能被广泛接受的定义。与上面一样，在此并不会对这两个概念的定义做一个详尽而没有遗漏的回顾，而将着重关注这三个概念之间的联系。

学界通常将英文单词“leisure”与休闲或闲暇相对应，而用“recreation”来对应游憩。然而，这种对应关系并不像“tourism”和旅游之间的对应那样清晰和毫无争议。

因此，在下面的分析中不可避免地要直接运用“leisure”和“recreation”这两个英文单词，来试图厘清它们的内涵及其之间的关系。

《韦氏（Webster）大词典》所下的定义为：“leisure”是不受工作或责任约束的自由时间；而“recreation”是在辛劳过后，使体力及精神得到恢复的行为。在《朗文（Longman）现代英语词典》中，“leisure”指的是“当你不在工作和学习，而能放松并做你所喜爱的事情的时候”，“recreation”指的是“一项你用来娱乐或寻找快乐的活动”。《高级汉语大词典》对休闲的解释是，余暇时的休息和娱乐。而大部分汉语词典将游憩定义为：游览与休息。

可以看出，英语中将“recreation”定义为一种行为、活动和经历，而对“leisure”定义为一种时间或者状态；而在汉语中，“休闲”与“游憩”都指这种行为本身，具有相似性。“闲暇”通常指空闲的时间，与“leisure”一词更为接近。

在对“leisure”定义的回顾中，Stockdale（1985）总结了这个概念定义的三种视角：首先是作为个体的“闲暇时间”，在这个时间段内个体的活动或者心理状态的主要特征是可选择性（自由性）；其次是作为工作的对立面，在这种客观的视角中，“leisure”指的就是非工作的或者说剩余的时间；最后还有一种主观的视角，强调“leisure”是一个定性的概念，这种活动只在个体感知和信念系统的背景中展开，因此这种活动可以在任何时候、任何场景下发生。Herbert（1988）认为“leisure”可以被看成个体可以自由、自愿地选择并进行活动的时间。

“recreation”常常被看成工业化带来的工作—休闲—工作这个循环中的一个部分。在定义和功能上，它都依赖于其对立面——工作。“recreation”常常被视为人们通过情绪的宣泄及释放、体力及精神的恢复，从而得以能重新开始工作的过程。正如Mead所指出的，“recreation”代表了一种“有限制条件的快乐，在这种快乐中，工作和放松被紧密地联系在一起，其中的任何一个都不能单独成立。人们必须工作，然后会感到疲倦，这时候，他们进行一些休闲以便可以再次进行工作”（Mead，1958）。

另一方面，“tourism”“recreation”和“leisure”之间令人困惑的关系同样来自于这三种现象之间在功能与形式上的相似与不同。到今天为止，这仍然是一个还未取得共识的问题。因此，研究者需要跳出纯粹的咬文嚼字式的概念辨析，而以人类生活的普遍原则作为理解这些概念的起点。正如Parker（1999）所明智指出的那样，“只有作为一个整体来研究休闲，才得出了最具解释力的理论。这是因为，社会并不会被划分为体育休闲者、看电视的人、旅游者等。同样的人在做着这些不同的活动”。

正是基于这样的思路，在《The Geography of Tourism and Recreation》（Hall & Page，2002）这本被广泛应用的教科书中，作者把“tourism”和“recreation”的主体内容都视为广义上“leisure”的一部分，如图 1-2 所示。类似地，Peare（1987）指出“越来越多人认识到旅游组成了休闲这个广谱中的一个末端”。

在这个划分中，作者用虚线来表明三个概念之间的界限，意在指出“概念之间界限是柔软的”。此外，“工作和休闲之间的划分有两处主要的交叠：首先，公务出行被看成是公务导向的旅游，这是为了和休闲导向的旅行区分开来；其次，严肃休闲

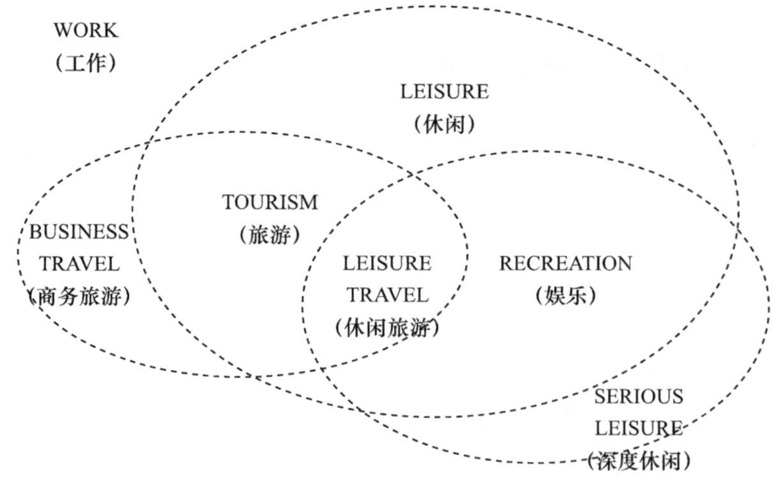

图 1-2 "leisure""recreation"和"tourism"之间的关系

图片来源：原图来自 Hall C M, Page S J. The Geography of Tourism and Recreation: Environment, placeandspace [M]. London: Routledge, 2002.

(Stebbins，1979)代表休闲和工作追求之间的划分，也表明了对作为兴趣、爱好的职业化休闲发展的重视。"(Hall & Page，2002)。休闲是一种自由活动，不存在任何强制性，这一点与生理必需和工作行为等截然不同；此外，休闲活动本身就是目的，休闲者认为某项休闲活动值得追求，并在内心本能的喜爱驱动下行事，纯粹是为了休闲本身而进行休闲，纯粹是为了获得内在的满足，并不是把它作为赚钱、竞争等其他外在目标的手段和途径(李仲广等，2004)。

此外，我们同样能在图 1-2 中找到旅游和游憩的交集：休闲旅行(leisure travel)。理论界通常承认这两个概念之间存在着交集，但是，这两个概念究竟谁包含于谁，还存在着广泛的争论。例如，Bodewes(1981)认为旅游本身就是一种游憩现象，Pigram(1985)认为"旅游活动属于游憩行为的范畴"。与此相反，Murphy(1985)认为游憩是旅游概念的组成部分。事实上，这样的争论类似于"一个装了一半水的杯子到底是空的还是满的"这样的逻辑游戏，并不具备实质上的意义。在上面已经提到，国际旅游组织的官方指南中将旅游者(tourist)和游憩者(same-day visitor/excursionist)都纳入访问者(visitor)的范畴，他们的活动都属于旅游。在这样的情况下，旅游和游憩的区分更模糊，这两个概念之间的划分也因此显得随意和武断。随着旅游与游憩研究的深入，两者的概念事实上已经互相借鉴。因此，Pigram(1985)指出，"那些试图对游憩及旅游进行区分的尝试，获得成功的可能性很小"。

1.2.3 休闲与旅游的整合

当代社会在很多方面发生了本质性的变化，旅游和休闲之间的界限已经变得非常模糊，而且"这两个领域之间的重叠已成为一种常态"(Crompton & Richardson，1986)。类似地，Jansen-Verbeke & Dietvorst(1987)认为，"至少从个人的角度，旅游和休闲之间的区分正在变得无关紧要"。

（1）区分的困难：惯常环境的模糊化

“一个惯常环境之外的主要目的地”和“除了在目的地就业以外的任何主要目的”是定义访问者（visitor）的两个必要条件，按照世界旅游组织的定义，这也是定义旅游的必要条件。然而，上面的讨论已经表明了“惯常环境”是一个非常复杂的概念，给旅游的研究带来很多不确定性。这种不确定性在时空压缩的当代社会表现得特别明显，尤其是在城市这个背景中。

我们生活在一个时空压缩的时代（Harvey，1989）。考虑到高速铁路、廉价航空的发展，以及小汽车的普及，旅行的时间已经被大幅度缩短。这种时空压缩也体现在由于信息技术和社会组织形式进步带来的实时发生的原本“不相关”的事件之间的强烈相关性，以及在给定距离之内各种物质与非物质流速度的增加（Jessop，1999）。这些变化都使得惯常环境的确定更为困难。

例如，对于那些去周边城市（或更远的城市）度周末的人来说，按照世界旅游组织的定义，如果他们在目的地城市度过至少 24h，他们就将被视为旅游者（tourist）；如果他们的停留时间不到 24h，他们就将被视为一日访问者（same-day visitor/excursionist），他们的活动仍然被称为“旅游”。但是，无论哪一种情况，这种旅游的定义都是来自于同样的假定：他们离开自己惯常环境去到其他目的地。但是，在“时空压缩”的背景下，我们能把这些目的地从“惯常环境”中毫无疑问地排除出去吗？事实上，由于交通技术条件的进步，人们的出行变得如此方便，他们的惯常环境已经根本性扩大。另外，由于互联网预订系统的成熟和由此带来的市场充分竞争，旅行的成本事实上相对降低，大量的促销活动（如“最后一分钟”价格）也为出行者带来实惠。同时，由于技术进步，出行的舒适程度也大大提高。

因此，研究者需要考察“时空压缩”在多大程度上使人们的出行变得更容易。机动性条件的变化对很多人类活动产生了影响，旅游和休闲也不例外。在新的时空背景下，可达性（accessibility）、延伸性（extensibility）、距离（distance）、邻近（proximity）这些概念的内涵都发生了变化。我们可以设想这样的情境：人们在家中吃过早饭，然后出于休闲、旅游的目的搭乘火车（或者汽车、飞机）去往另一座城市，去参观博物馆、看演出或者购物。他们在目的地城市吃过午饭，下午可以继续进行休闲、旅游活动。当他们完成这些活动再搭乘交通工具返回家中时，甚至还可以赶上在家中吃晚饭。当人们可以通过舒适、便捷、花费不高的交通方式，在一个或几个小时之内到达另一座城市进行休闲、旅游活动，他们就可能会成为非首次访问者（repeat visitor）甚至规律性访问者（regular visitor）。

一些实证研究表明，非首次访问者和居民的活动、行为方式可能并无太大区别。当访问的频率越来越高时，这种访问者就可以被称作规律性访问者。在这种情况下，按照“惯常环境”的定义，被规律性访问的目的地事实上可以被包括在访问者的“惯常环境”当中，而这使得访问者已经不能再被称为“旅游者”。这个矛盾其实说明，在上述这样的情境中，对这些访问行为的研究已经不必（也无法）区分成两个不同主题：“旅游”和“休闲”。

以互联网发展为代表的信息技术革命是促进“时空压缩”的另一个决定性因素，这个因素同样使得“惯常环境”变得模糊不清、难以定义。通过使用互联网，人们可以更方便、准确、全方位地了解要到访的目的地（包括交通、住宿、餐饮、游玩、购物等各方面），从而更好地计划、准备出行。即使是第一次去往一个目的地，人们仍然可以找到想去的地方，完成计划中的活动。例如，如果人们愿意，他们可以知道当地人喜欢去哪些餐馆，避开那些专门为旅游者准备的餐馆，从而享受到更实惠、原汁原味的当地美食。同样的情况也可以发生在娱乐、购物场所的选择上。这样，那些“非惯常”的环境正变得越来越“惯常”。只要他们愿意，访问者完全可以和居民共享一些生活路径和场所。

按照目前“惯常环境”的定义方法，在其他一些领域同样可以找到类似的思辨。例如，按照世界旅游组织的备忘录，假日住所［vacation home，或可称为第二住所（second dwelling）］不被包括在“惯常环境”中。但这样的划分同样存在着争议。

个体的“惯常环境”包括其住所所在地，其工作、学习所在地和其规律性、经常性访问的地方，不论这个地方是不是离其住所所在地很远，也不论这个地方是不是在另一个地区。但是，假日住所除外（*International Recommendations for Tourism Statistics 2008*, New York, 2008）。

按照上述标准，去往假日住所度假的人也被称为旅游者，因为假日住所不在“惯常环境”的范畴之内。从逻辑上来说，人们去往假日住所主要是为了放松、休闲，这一点和传统的观光游客不同。因此，他们更像是“休闲者”而不是“旅游者”。世界旅游组织强制性地把假日住所从“惯常环境”中排除出去（从而把去往假日住所度假纳入旅游的范畴之内），显然是出于统计上的考量。这样便造成了旅游的技术性定义和理论性定义的矛盾。

（2）旅游与休闲在需求和供给方面的密切联系

从需求角度来看，城市旅游和休闲由一系列不同的动机和活动构成。根据目的地和吸引点的不同，这些动机和活动可以归结为户外休闲、观光、娱乐、购物等。尽管旅游和休闲行为的动机是有区别的，但从根本上来说，这些活动都是为了寻找放松、快乐和内心的满足感。而从决定这些需求产生的影响因素来看（如社会经济发展水平、收入、闲暇时间等），旅游和休闲活动的需求产生有很多共同之处。动机和需求产生因素方面的共性，决定了旅游和休闲行为具有一定的相似性。

从供给角度来看，作为城市要提供相应的功能和资源，来满足访问者和居民的旅游、休闲需求。在很多情况下，城市中的资源、设施同时为访问者和居民服务。例如，由城市广场和步行街区组成的城市步行空间，城市滨水游憩空间，博物馆、展览馆、美术馆等城市文化设施，城市商业设施及空间等。一些城市中的旅游景区同时也是居民休闲的去处。另外，宜人的休闲氛围本身就是城市魅力的一个方面，自然构成了对访问者的吸引力。

旅游和休闲资源具有很多共性：城市吸引力、城市魅力、城市特色、良好的环境、公共空间和绿化、丰富的节事活动等，都是构成旅游吸引力的重要资源，同时这些资源也是形成休闲城市的关键。从这个意义上来说，建设旅游城市和建设休闲城市有大量共同的着力点，也是城市规划可以努力的方向。这也是本书的概念框架要整合旅游和休闲研究的原因之一：公共政策（特别是城市规划）可以在很多方面进行努力，优化资源供给，塑造同时面向访问者和居民的城市。

（3）旅游与休闲在一定程度上的替代关系

有研究者认为，人们日常休闲的质量与其旅游 / 休闲出行存在着一定程度的替代关系，日常休闲得不到满足常常会使人产生一种补偿心理，成为旅游 / 休闲出行的动力。Kaiser & Steiner（1993）提出在休闲出行中存在着"花园效应"，即没有自家花园的人比有花园的人具有更多的休闲出行，出行"补偿"了日常生活中没有花园的缺憾。

Holz-Rau（1995）在实证研究中证实了这一判断。他将三个地区的家庭都分为两组，即拥有花园及没有花园。在这三个地区，尽管两组家庭进行休闲活动的次数都是相近的，但休闲出行的距离显著不同，没有花园的家庭休闲距离（每周）都明显高于拥有花园的家庭（图 1-3）。1997 年他在另一项研究中也得出了类似的结论：没有花园的家庭每周的休闲出行距离是拥有花园家庭的一倍之多（图 1-4）。Knoflacher（1995）的实证研究则表明，在居住点附近拥有较多的绿化空间可以极大地减少休闲出行带来的能耗（图 1-5）。

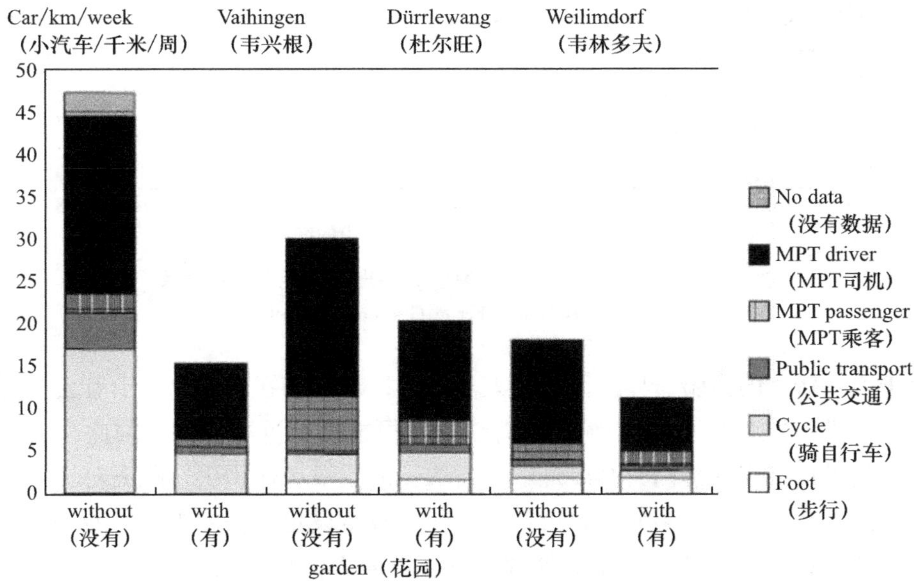

图 1–3　不同类型的家庭休闲距离的对比
数据来源：Holz-Rau 等，1995.

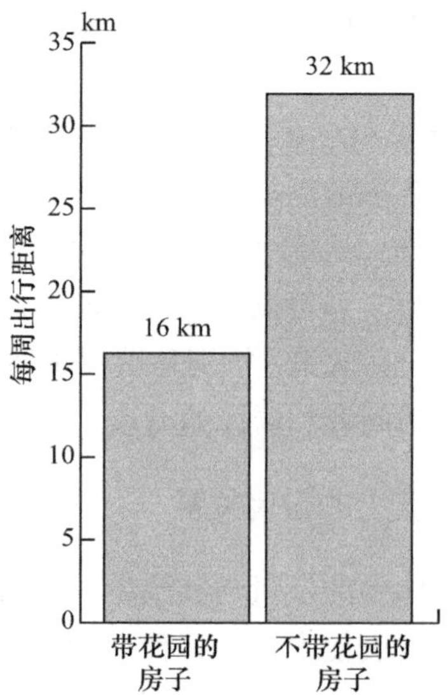

图 1-4 不同类型的家庭休闲出行距离的对比
数据来源：转引自 transport and leisure，OECD，1999.

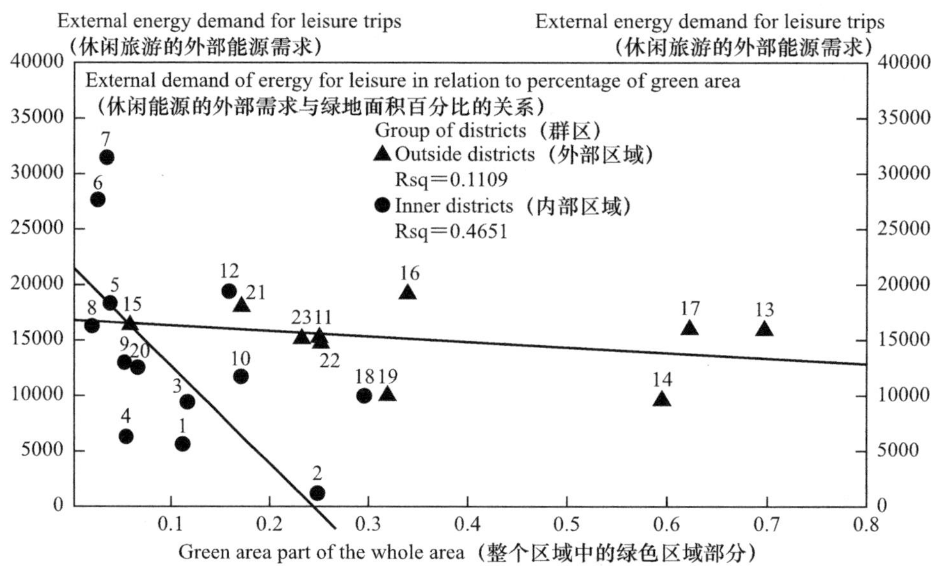

图 1-5 家庭附近绿地面积与家庭休闲出行能耗之间的关系
数据来源：H. Knoflacher & G. Emberger，1995.

由于追求新奇的体验、异域风情是人类的天性，人们在旅游出行中有去往更远目的地的倾向性。同时，“时空压缩”的背景完全可能助长这种倾向。因此，出于能源消耗方面的考量，公共部门有必要理解日益增长的旅游 / 休闲出行距离对环境带来的影响。当然，在一个日益多元和自由化的时代，政策设定的角度绝不可能是“限制”人们的出行意愿，而只能是寻求其他替代资源以向人们提供更多的选择。也就是说，城市政府及其他公共部门如何能使得人们并不需要太长的出行距离就能得到旅游或休闲需求的满足？对于城市政府来说，为居民提供足够、高质量的休闲资源，将居民更好地“留在”本地进行休闲活动，以减少不必要的旅游 / 休闲出行，应该是可持续发展所要努力的方向。

1.2.4 “惯常环境”：旅游定义中的关键概念

在世界旅游组织给出的旅游定义中，“惯常环境”（usual environment）是一个核心概念。不论是从需求或供给角度，“惯常环境”都是区分“访问者”和其他出行者（如远距离通勤者、学生、本地休闲者等）的核心标准。同样，按照世界旅游组织的定义，这也是区分旅游和其他类型的休闲（游憩）活动的关键。而且，“惯常环境”这一概念也把“访问者”和“居民”区分开来。因此，惯常环境这一概念决定了哪些应该包括在旅游数据的收集以及旅游趋势的研究中，哪些要排除出去。

世界旅游组织指出，引入“惯常环境”这个概念的目的是把以下这些访问者排除出去：在工作（学习）地点和居住地之间的规律性通勤者，或者在其现有生活路径中经常性地访问一些地方的人。例如，探亲访友、去往商业中心、宗教性地点、健康及其他设施等，这些地点可能离通勤者的居住地有相当远的距离，或者在另一个行政区划的范围内，但是这些地点被经常性、规律性地访问（WTO，2008）。

但是，这个概念本身很难用精确的语言来定义。世界旅游组织官方指南中，“个体规律性生活路径所依存的地理区域（并不一定是一个连续的区域）”事实上还仅仅是一个模糊的表述。Rogers（2002）指出，关于这个概念的复杂性，主要在于这个概念的三个维度：距离（或跨越行政边界），访问频率，以及人们进行规律性活动所依存路径的相关定义（家、工作、学习、商店等）。令人遗憾的是，在这几个维度上世界旅游组织都未能给出明确的界定标准。

在世界旅游组织的定义中，被人们所频繁访问（在路径的基础上）的地区属于他们的“惯常环境”，而不论这些地方离人们的住所有多远。另外，在人们居住地附近的区域同样属于“惯常环境”的一部分，尽管这些区域可能很少被访问。这样，惯常环境就包括两个部分：人们居住地及其附近的某个区域，以及所有被经常性（规律性）访问的区域。随之而来的“旅游是什么”的问题变成了“确定惯常环境的合适的阈值是什么”？

可是，世界旅游组织并没有给出具体的阈值。在统计实践中，究竟在居住地多大距离范围以内可以被纳入惯常环境，到底需要怎样的访问频率才可以被算作“规律性”访问？在其官方指南中，世界旅游组织无奈地强调：“根据人类在移动方面的普遍习惯，我们建议每个国家根据自身旅游统计的情况来确定怎样的访问才能被称为规律性和经常性的”（WTO，2008）。因此，很多统计机构都需要自己来确定阈值。正如 Smith（1999）所指出的，“尽管惯常环境在旅游的定义中至关重要，然而世界旅游组织并没有给出具体的操作方法。与此相反，统计部门可以在其社会、政治和经济背景下自由地来定义这个概念”。

基本上，旅游统计部门在调查研究中可以采用两种方法来确定“惯常环境”概念中的阈值，以此来决定“惯常环境”的定义：外生型方法和内生型方法（Rogers，

2002）。在外生型方法中，研究者需要收集与访问者居住地、工作或学习地点以及其他经常性访问地点有关的数据。在这里，研究者需要设定距离和访问频率的阈值：告诉被调查对象什么样的频率可以算得上“经常性”的；设定一个与居住地距离的阈值，以确定访问者的目的地是否在惯常环境以内，这样来确定其是旅游者还是本地访问者。在内生型方法中，将由被调查对象自己来评价目的地是否在惯常环境以内。

从逻辑上来说，“惯常”是由个人的经历、感受及空间结构所决定的（Govers，2008）。在对人们的空间感知的研究中，Lynch（1960，2000）创造性地指出：只有小的地域范围能够被很好地感知，但是城市的结构和大尺度的地域也可以通过在空间中地标和路径的设置而被人们所了解。Lynch还确认，在人们工作、居住、购物地点周围，也会存在有限的一些被其所熟悉的区域。人们可能会了解与其亲人、朋友住处有关的一些区域；人们也可能会感知到一些自己居住地以外的区域，特别是与休闲活动相联系的区域。这样就意味着，事实上“惯常环境”中的距离要素并不会是一个精确的阈值（Govers，2008）。

很多旅游统计机构或官方部门建议通过确定平均旅行距离来决定“惯常环境”的定义。但是，从上面的分析中我们可以看出，这种方法实际上缺乏理论基础和理性支撑。另外，由于缺乏清晰的评价标准，这样一种简单的做法会带来实践中的很多问题。下面将继续分析：在今天这样一个被机动性高度影响的现代社会，“惯常环境”的确定变得越来越困难。

世界旅游组织（2008）将旅游出行的主要目的分为八类：休闲度假、公务、探亲访友、教育和培训、健康和医疗、宗教信仰、购物、中转及其他目的。在这八类中，“休闲度假”毫无疑问是和休闲直接相关的类别。然而，其余一些类别也并不是和休闲毫无关系。有研究者已经指出，一些以前从未被视为休闲的活动现在也被认为和休闲有关。例如，人们曾经认为购物主要是一种实用性的活动，是用来满足人的物质和精神需求。但是，乐趣购物等新的购物形式已经使得购物事实上成为一种休闲活动。另外，随着各类研讨会、培训班的大量增加，公务出行的数量增长很快，而其中相当一部分都包含有旅游的成分。同时，公务旅游也可以作为一种隐性福利，用来激励员工、培养团队精神以及合法避税。通常来说，探亲访友的过程也多包含在当地观光、游览等休闲活动中。

尽管如此，在上述八个旅游出行的类别中，仍然会有一部分是和休闲无关的。但在当前的情况下，旅游的数据只能来自于这样的一种统计方法。在本书中，所涉及的“游客数”“旅游人数”等指标，将不可避免地要包括那些不是以休闲、观光、度假为主要目的的出行者。幸运的是，这并不是一个根本性的问题，因为以休闲、度假、观光等为主要目的的出行占到了旅游出行中的大多数。例如，1998年，全欧洲的国际旅行（international travel）中，长期度假占了61%，短期度假占了13%，这两者总共占到了74%。在城市旅游中，通常来说，观光、度假、商务、会议是游客出行的主要目的。其中，通常又以观光和度假所占比重最高。以杭州市为例，两者之和每年都占所有目的分类的一半以上。

1.3 旅游的内涵特征

1.3.1 高质量的体验

旅游出行的目的就是为了身心的放松或享受生活。在此过程中人们往往更需要舒适、安静、安全的出行环境，他们也更希望沿途的风光能够赏心悦目，使得出行本身也能达到享受、放松的目的。与此相反，日常通勤者往往不会太在意沿途的景色和风光，因为他们更关心的是如何快速、方便地到达目的地。出行环境的质量在一定程度上影响了旅游和休闲活动的质量。

1.3.2 完备的信息

相关信息的透明、全面和准确对于旅游出行至关重要，尤其对于外来访问者来说，由于往往对目的地城市的情况不够熟悉，信息是他们顺利出行的前提条件。随团旅游者（group tourists）由旅行社和导游为其安排出行，而自助旅游者（backpacker）需要了解的出行信息包括：城市及其周边景点的基本布局，轨道交通及公交车的基本线路走向、重要站点，公共交通的运营时刻表及费用，景点的开放时刻表，出行及游玩所需大约时间等。自驾车旅游者还需要了解城市道路的走向、加油站位置，城市和景区内的停车场地及相应收费标准。对于国外游客来说，是否有足够的英语信息服务是他们决定目的地城市的首要条件之一。

1.3.3 时间分布上的多样性

法国国家旅游局 2005～2007 年的数据表明，无论是在城市还是非城市地区目的地，旅馆入住率都呈现出明显的季节性。这从一个侧面反映了旅游出行在时间分布上的季节性（图 1-6）。城市中访问者活动的季节性特征是由多种原因引起的。

首先，在构成城市旅游吸引力的资源中，有的资源本身具有季节性变化。例如，一些花卉博览会有着特定的季节要求，如荷兰郁金香花展（Keukenhof）就只在每年的 3～5 月开放。又如，尼斯等海滨度假城市在夏季是典型的旅游高峰时节。如图 1-7 所示，从 6 月到 9 月，尼斯旅馆的过夜数占到了全年中的很大比重。与此类似的还有 Toulon、Perpignan 和 Avignon 等南部城市。

其次，气候等因素会对城市旅游环境的舒适度产生重要影响。例如，郑州市的旅游舒适月份集中在每年的 4 月、5 月、9 月和 10 月（图 1-8），访问者很自然会选择这些舒适的月份到访。最后，节假日制度安排会使旅游市场产生人为的季节性变化，如学校的寒暑假期等。在我国，“黄金周”的设置造成这种时间上的集中性更为突出。

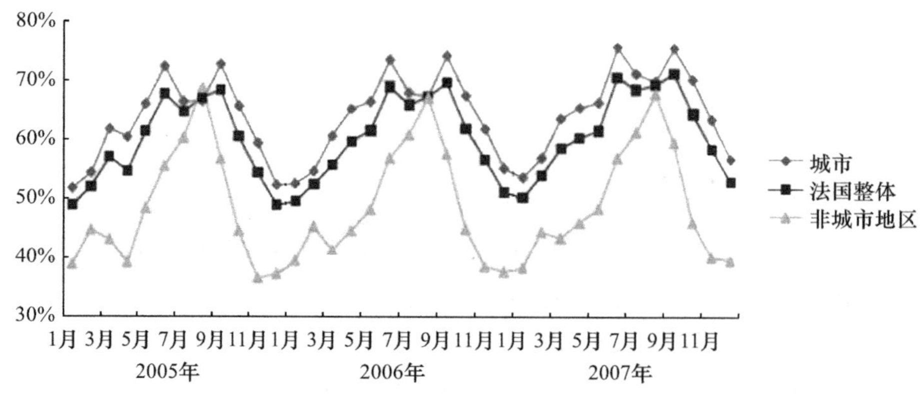

图 1-6 2005～2007 年法国旅馆入住率的季节性变化

数据来源：Le tourisme urbain dans l'hôtellerie française: un poids de plus en plus important. Direction du Tourisme.

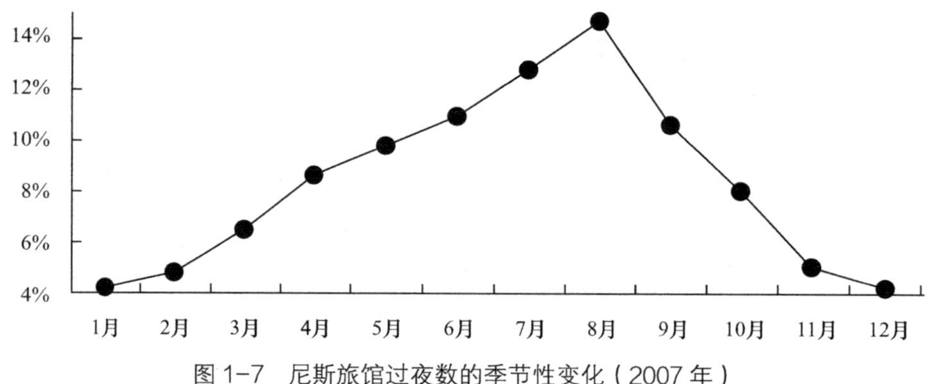

图 1-7 尼斯旅馆过夜数的季节性变化（2007 年）

数据来源及说明：INSEE, partenaires régionaux. Direction du Tourisme. 纵轴代表该月份过夜数占全年的比重。

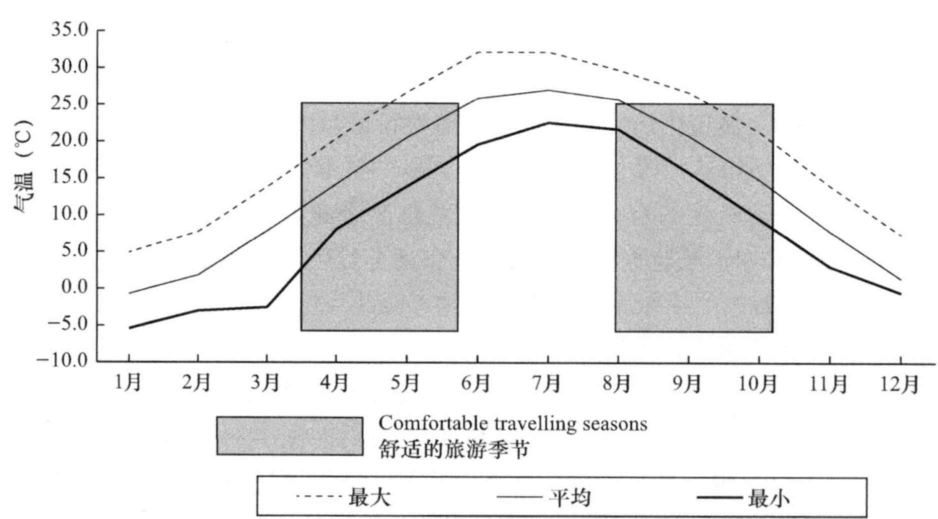

图 1-8 郑州市各月平均气温与旅游舒适月份分布图

数据来源：吴志强，吴承照．城市旅游规划原理［M］．北京：中国建筑工业出版社，2008.

1.3.4 出行行为的多样性

与日常通勤相比，旅游出行的行为具有明显的多样性。首先，日常出行必然会有一个确定的目的地：去往办公室、工厂等工作地点，去往学校上学等。与此相反，旅游出行很多时候并没有一个确定的目的地，只要一个目的地能提供足够的乐趣、新奇、放松和娱乐，它就有可能成为旅游出行的目的地。

其次，在出行的路径选择上，通勤（上班、上学等）的路径通常是固定的，通勤者在去往工作地点或学校后还会沿相同路径返回家中。因此，可以通过出行调查和四阶段模型确定相应的交通流量分配，也可以确定由此带来的交通堵塞所主要发生的路段（如早高峰和晚高峰的堵塞路段具有相似性，而且在不同的工作日这些路段总会发生相似的拥堵）。而旅游出行的路径则更为复杂：人们在出行中体现出更多的随意性，除了计划中的目的地，人们还常常临时调整计划，进行一些其他活动，如参观完博物馆后再去看电影、购物、品尝美食等；不定期举行的节事活动会吸引大量人流到这些不同的举办地点，带来吸引点的分散性。

因此，访问者在城市中的出行行为往往无法用传统的城市交通模型来分析和解释。20 世纪 60 年代，交通规划师开始利用引力模型在交通预测中分配交通流量，经过几十年的发展，当代城市交通模型及相关理论已经相对成熟和完善。但是，如果用城市交通模型来解释访问者的交通行为会遇到根本性的问题：城市交通模型的一个根本性假定就是，大多数人会在可能的情况下选择最短（抑或最有效）的路径完成出行。这个假定对于普通的通勤者是适用的；但对于访问者来说，效率和最短路径往往不是他们的追求。有的访问者甚至会避开住处和目的地之间的最短路径，而更中意那些非直接的、迂回的、更具景观观赏性的路径。这样的路径可以向访问者提供一些计划之外的探索体验，从而增加了旅游的乐趣。

另外，不同于通勤出行，访问者及进行休闲活动的居民对于夜间出行也有更多的需求。对于访问者来说，夜间公交服务尤其重要：其搭乘的列车、航班可能到达时间本来就很晚，或者遇上晚点。如果目的地城市不具备相应的夜间公交服务，访问者便会面临困境。由此可见，在目的地、出行路径和出行时间等方面的多样性使得旅游出行比日常出行更为复杂，这也增加了对其的预测和分析难度。

1.3.5 旅游与机动性

（1）机动性：一个理解现代社会的关键概念

“机动性”（mobility）这个词最初是用来表示人们从一个工作、地区、社会阶级移动到另一个（工作、地区、社会阶级）的能力。这个词的内涵十分丰富，可以被用在很多场景中。“机动性”这一概念首先由北美学者提出，主要应用在社会学领域。Sorokin 从广义上定义了人们在社会空间上的社会机动性（social mobility），可以归结为两种类型：水平流动和垂直流动。水平流动指的是人们在同一社会层级上位置的改变，垂直流动指的是人们从一个层级移动到另一个（更高或者更低）层级的过程。

欧洲学者将这一概念引入城市规划研究，用来取代传统的以工程技术为特征的“交通”（transportation）概念，以期能从更为广泛的、动态的视角来研究城市的运行特征。有学者认为机动性体现了人们选择生活与工作地点的能力（Lomaski，1995），也有学者将机动性理解为人们自由地选择现有交通系统所提供的各种机会（Orfeuil，2005）。

今天，人类的移动日益被互联网、小汽车、高速铁路、航空等快速连接所决定。“人和地域的价值越高，他们就会被越紧密地联系在互动的网络中；反之，价值越低，他们的连通性也会越低。在极端的案例中，一些（价值低的）地域完全被新的地理网络所抛弃”（Castells，2002；Taylor，2004）。这样的情形无论是在全球、国家、区域层面，还是在城市层面都很明显。在当代社会，人们生活在这样一个不断流动的世界里，这个行星由人流、物流、信息流等组成。“机动性”已经成为一个理解当代社会的关键概念。

在本书中，机动性主要指人们在出行中移动的愿望和能力，从宏观和微观两个层面反映人的流动。对机动性的研究将包括人们出行过程中的需求、行为和能力，以及城市规划如何应对人们的需求，并考察这两者之间的互动带来的影响。

（2）机动性与旅游的关系

社会学家（Sheller & Urry，2004；Urry，2007）和地理学家（Cresswell.2006；Hall，2005）从另外的角度拓展和深化了机动性的概念，他们的努力对当代旅游的研究有特别的帮助。旅游与机动性以及人的流动有关（Cole，1998）。Heinze（1999）则强调了交通和旅游应该被看成一对共生（symbiosis）现象，并分析了这两个产业之间的相互关系。交通对旅游的重要性体现在以下方面：首先，作为“惯常环境”与目的地之间的旅行手段；其次，作为在目的地周边及内部旅行的手段；最后，在某些情况下，旅游本身就是通过某种交通方式来完成的，如乘坐游轮、游艇等进行旅游（休闲）活动（Davidson，1993）。

有相当一部分研究者尝试将旅游视为人类机动性中的一个环节，在这样的框架中，旅游和其他人类移动（从小尺度的日常通勤到大尺度的迁徙等）并无本质的不同。“一个理想的旅游研究的概念框架，需要一个更综合化的视角来理解旅游、休闲及其他和人类移动有关的社会行为之间的关系”（Hall，2005）。图 1-9 从时间和空间两个维度划分了一些人类机动性的关键概念。例如，是否超过 24h 和离开惯常环境是区分旅游和日常通勤的传统分界线。又如，是否超过 1 年（或者半年，不同的国家和组织定义有所不同）是区分旅游和迁徙的分界线。

“旅游机动性”定义为以旅游、休闲为目的的人（及人群）的移动行为，以及这种行为所反映的愿望和能力。

从机动性来考察旅游问题，可以提供一个新的视角：所有的旅游行为都必然包含出行这一要素，即有人的移动才产生旅游行为。在城市背景下，这种出行（移动）是

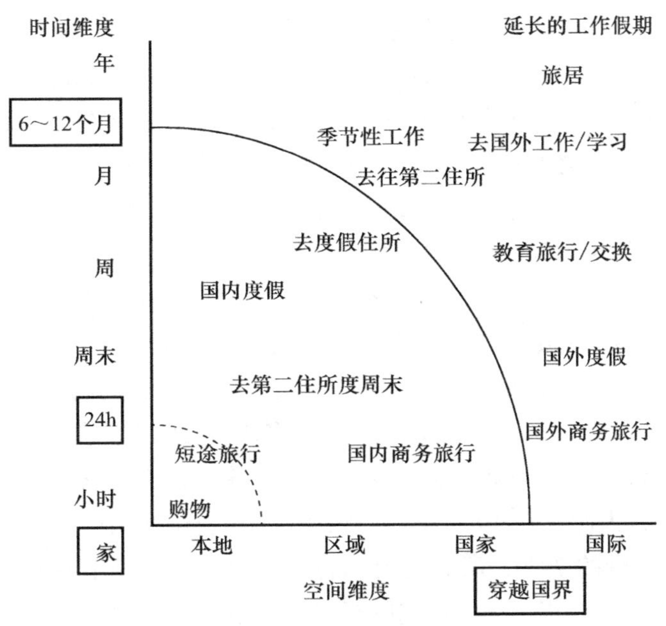

图 1-9　机动性的时空关系

图片来源：译自 Hall C M. Reconsidering the Geography of Tourism and Contemporary Mobility［J］. Geographical Research, 2005, 43(2): 130.

由于城市中具备构成旅游吸引力的资源。换言之，正是这些资源吸引、激发了这种出行。休闲行为并不一定包含出行，但所有包含出行要素的休闲行为同样给城市带来影响。

首先，这样的整合可以避免基于惯常环境的区分带来的争议。在这个框架中，惯常环境已经不再是一个中心概念。这样，研究者不必把大量精力用在确定一个地方到底是不是属于“惯常环境”。与此相反，这个框架的中心问题在于确定旅行（出行）的人是不是为了与日常通勤（工作、上学）相对应的放松、休闲、观光、度假等目的。研究的核心在于各类以旅游、休闲为主要目的的出行，从而把一日访问者、休闲者、旅游者以及居民都包括在研究框架中。

其次，这个框架试图去除人为设置的旅游、休闲之间的界限。上面的分析已经说明，这条人为的界限事实上阻碍了完整地理解人类活动。技术进步和社会发展带来的时空关系变化，已经从根本上影响、改变了与机动性有关的人类活动。传统的休闲研究关注在家中以及住处附近的日常休闲活动，传统的交通以及交通地理学研究关注人和物的移动。很多交通研究关注与日常通勤有关的问题，当然，也会关注长距离旅行。按照标准的技术性定义，一方面，传统的旅游研究则关注过夜访问者（overnight visitor）的行为；但另一方面，很多研究者已经热衷于研究单日旅行（daytripping）。此外，以教育为目的的旅行、工作假期等较长周期的旅行也已进入旅游研究者的兴趣范围（Williams & Hall，2002）。

再次，对城市旅游的研究涉及城市、旅游、经济、地理、社会等多个学科，但总的来说各学科之间的交流与合作还比较少。旅游学是一个新兴学科，“从单科独进的分散研究向跨学科的综合研究发展”是旅游研究的一个最重要的特征（谢彦君，2004）。Ashworth（1989）指出，那些“有意旅游研究的容易忽略多为定居的城市背景，而有意城市研究的……又同样忽略了城市旅游功能的重要性”。而在“时空压缩”的背景下，这几个学科之间相互交叉、融合的必要性比以往更为明显。因此，这个研究框架试图立足于城市规划学科的基础，突破学科之间的限制，以更广阔的视野来研究城市旅游与休闲的相关问题（图 1-8）。

总的来说，旅游机动性的框架可以整合旅游和休闲研究，从而更好地理解、分析旅游、休闲活动对城市的影响，以及提出相应的政策建议。

欧洲的大量研究数据表明，近年来，以旅游、休闲为目的的出行在整个出行活动中所占的比重越来越大。例如，在英国，1976 年有 1530 万人次以休闲、旅游为目的的出境及入境旅行；到 1986 年，这个数字翻了一番，达到 2950 万人次；到 1996 年，更是达到了 4860 万人次。在 1996 年，英国居民的出境旅行中，以休闲为目的的出行占到了所有航空出行的 79%，所有海上出行的 74%，以及所有通过海底隧道出行的 64%。从 1989 年到 1997 年，休闲导向的机动性在总体机动性中的比重有了明显上升：以出行次数来看，比重从 35% 上升到了 40%；以出行距离来看，比重从 42% 上升到了 48%。

德国的数据表明，1994 年，旅游出行占到了所有出行次数的 40%；以出行者—公里数（passenger-kilometers，同时反映出行者数目及其所出行距离的指标）来计算，则占到了总量的 50%。在奥地利，1995 年，休闲出行距离占到了出行距离总量的 55%；以小汽车出行来看，这个比例是 60%。在意大利，从 1993 年到 1996 年，旅游出行次数增长了 15%；以出行者—公里数计，旅游出行占到了总量的 30%。在法国，从 1982 年到 1994 年，旅游出行的出行者—公里数占总量的比例增长了 45%，这个增长主要是由于长距离旅游出行在这段时间增加了 56%（尤其是超过 100km 的出行）。在瑞士，休闲出行占到了瑞士人每周出行的 50%（以出行距离计）。

事实上，旅游和机动性的关系可以归结为两个方面：互动和共生。

互动（interaction）。一方面，旅游的发展对机动性提出了新的要求；而在另一方面，机动性的条件也会对旅游行为的选择产生关键影响。

旅游出行有一些和其他出行所不同的需求特征，这些特征对交通工具、城市基础设施和旅游服务设施都有着新的要求。人们的旅游需求是交通条件进步的促进性因素之一。传统的城市公交系统并不能很好地满足旅游发展带来的出行需求。例如，运营时间的限制给夜间的外出旅游活动带来不便；城市公交的容量设计通常以居民出行调查为依据，而这类调查通常只针对城市居民，而且一般在工作日进行，因此城市公交系统常常无法满足旅游交通在较短时间段内的大容量需求，尤其是在举办节事活动时；此外，城市公交系统在乘车环境、信息标识和提示等方面都需要做出改善来适应城市旅游发展带来的出行需求。需要看到的是，如果公交系统不能很好地满足人们的需求，就意味着更多的出行将转向小汽车。小汽车在舒适、自主、灵活等方面的优势在旅游出行中更为明显，而 4 或 5 人出行时小汽车甚至在花费上也可能比公交车有竞争力。所有这些都对城市交通系统提出新的挑战。

另外，人们的旅游行为也在很大程度上受到机动性条件的影响。以欧洲为例，廉价航空的出现使得中产阶级家庭去国外度假变得普遍；高速铁路网络（法国的 TGV、德国的 ICE 等）的形成使得火车成为人们在欧洲大陆旅行时的首选；网上预订系统的完善使得旅馆和车票、机票的预订变得前所未有地方便，信息的完全透明和对等也事实上降低了人们出行的成本，而“最后一分钟”（last minute）等促销手段的推广则使得出行变得更随机和自发。与其他出行不同，旅游出行从总体上来说并没有特定的目的地。人们并不需要像上班或上学那样去往一个固定的目的地，而只是为了找到一个能让自身放松、享受快乐、体验不同生活的去处。从这个意义上来说，旅游出行比其他出行对机动性条件的变化更为敏感：机动性条件的变化会对旅游出行产生更大影响。发达国家的经验表明，随着交通工具和信息技术的发展，人们的出行能力增强，交通工具的高速化使得出行的时间成本在降低，而且相对来说出行的经济成本也在降低（由于充分的市场竞争），因此人们总倾向于去往更远的地方进行旅游活动，因为更远的地方往往意味着更多的新鲜感，和日常生活环境的差异更大。

共生。在一定程度上，旅游和机动性是一对共生现象。它们是两个彼此不可分割的概念，共同属于一些复杂而相互联系的系统集合（Hall & Muller，2004）。正如 Govers 在 2008 年所指出的，“这些系统包括了一些由‘接待地—访问者—时间—空间—文化’组成的网络，这些网络把一些特定的地区固化成‘用来旅游的地区’。这些地区因而变得和机动性在多个层面相关。此外，为了吸引更多的人流，这些地区正在被塑造或者重新塑造。在全球层面上，由于旅游需求的增长，越来越多的地区开始检视、评价并发展其自身的旅游潜力。通过这些措施，这些地区在地理、历史及文化的维度重新被定位，其实际和潜在的资源也被发掘出来。”

如前面所述，旅游本身就是一种“去往外地的行为”，而大部分户外旅游活动也都伴随着旅游出行。在普通通勤中，出行本身并不是目的（上班、上学这些活动才是）。而很多旅游出行中，出行本身就可以达到旅游的目的，如乘坐游轮、骑自行车去郊游、远足和登山、开车兜风、乘坐观光列车或巴士、乘坐快艇等。人们在这些出行中体验速度、刺激、乡村气息、城市风光或海上美景，出行本身就是目的。

旅游出行的这一特殊性导致很多时候难以用传统的交通规划方法来对其分析和研究。交通规划四阶段法建立在出发点—到达点（OD）的调查和分析上，而出行分布常用的引力模型关注的是两交通小区之间的交通发生量和吸引量。当人们开车（或步行、骑自行车、乘坐公交车）本身就是为了达到旅游的目的，并无特定的目的地，旅游 / 休闲活动完成后又回到出发点时，出发点和到达点是重合的，这就显然无法用 OD 方法来对其进行分析和解释。究其原因，是因为四阶段法暗含的理论假设是“出行是有特定目的的，人们需要去往目的地以完成这一目的”，而忽视了旅游 / 休闲出行“本身就是目的”这一可能性。

1.4 城市旅游的产生与发展

1.4.1 国内城市旅游的产生与发展

在中国，20世纪50年代以来，旅游、休闲和普通人的距离曾一度变得遥远。首先是经济发展水平较低，除了满足温饱之外，经济条件不允许人们去追求更多的生活享受。意识形态的影响也很重要，“休闲”曾一度被认为是一种资产阶级的生活方式，不被当时的主流价值观所认可。由于家庭中电气化的程度很低，普通人的闲暇时间多为家务劳动所占据，可选择的休闲方式也极为有限：下棋、打牌、看报纸、聊天等。此外，休闲活动的集体化、政治化特征明显，单位和政府组织的文艺活动、体育比赛构成了当时重要的群众休闲方式。严格的户籍制度基本杜绝了自由的人口流动，“出差”几乎成了去外地的唯一合法理由，如果没有单位介绍信则不可能住进招待所。因此，国内旅游基本处于停滞状态，人们顶多可以利用出差的机会顺便进行参观游览，出国旅游则更是“天方夜谭”。

幸运的是，自20世纪70年代末实行改革开放以来，中国迎来了前所未有的经济高速发展和社会全面进步。与此同时，人们的旅游状况及整个旅游产业都得到极大的改善与发展。从旅游的方式来看，人们可以选择的旅游方式不断增加，多元化的休闲已经成为一种被大众接受的生活方式。

20世纪80年代以来，我国的城市旅游产业有了长足发展。80年代是中国旅游业走上产业化发展道路的奠基阶段，旅游工作由“政治接待型”转变为“经济经营型”（何光暐等，1999）。80年代初期，中央政府鉴于国民经济的总体特征以及旅游业基础薄弱的现实，按照非常规模式发展旅游业，即以创汇作为支持旅游业发展的目的和政策依据，优先发展入境旅游。以重点旅游地区城市、旅游口岸地区城市和沿海地区城市为中心，以国际旅游者为接待主体，实现旅游经济体系的快速发育。因此，主要中心城市成为国际旅游的主要目的地，如北京、上海、广州、杭州和西安。

20世纪80年代中后期，入境旅游继续发展、国内旅游开始起步。到1990年底，我国城市旅游涉外饭店发展到1987家，拥有客房29.38万间（其中利用外资建设的饭店370家，拥有客房14.25万间），形成了全国旅游住宿接待网络；各类旅行社发展到1603家，形成了全国旅游招徕体系。但直到90年代末，我国城市旅游主要还处在入境旅游继续深入发展的阶段，旅游流由主要中心城市向一些非中心城市和西部城市流动。主要的代表城市由北京、上海、广州、杭州和西安扩展到南京、天津、青岛、昆明等城市，其他省会城市的入境国际旅游人数也开始增加。

进入21世纪以来，各级政府进一步重视和支持旅游业的发展，全国20多个省级行政区出台了扶持旅游业发展的具体措施，加大了对旅游基础设施、旅游资源开发、旅游产品促销等方面的财政投入，24个省级行政区把旅游业作为支柱产业、重点产业、先导产业来发展，加强了"政府主导"的力度。

在这一时期，城市继续保持作为国际入境旅游的目的地，但国内旅游在城市旅游中的重要性在显著增加。以杭州市为例，自 2003 年以来，国内旅游总收入增幅明显提高，直接拉动了城市旅游总收入的快速增长（图 1-10）。同时，城市与城市之间的旅游得到飞速发展，它们互为客源地和目的地；旅游目的地向城市周边和乡村发展，城市成为乡村旅游的最重要客源地；出境旅游发展迅速，城市成为出境旅游的主要客源地；城市开始强调经营理念，通过发展旅游业创立城市品牌。

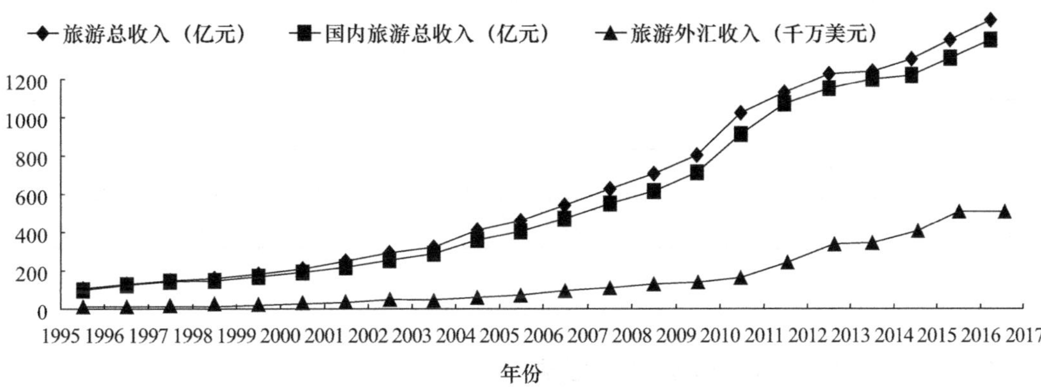

图 1-10　杭州市旅游收入的增长（1995～2017 年）
数据来源：2018 年杭州统计年鉴 .

从旅游经济总量的占有率来看，城市旅游已成为我国当前旅游的主体之一。以广东省为例，1998 年广州、深圳、珠海三座城市的旅游外汇收入占广东全省的 82%。从城市旅游接待人数来看，入境旅游者和国内旅游者都有较快增长。例如，上海从 1997 年至 2017 年，年接待入境旅游者的数量增长了 2.5 倍，年接待国内旅游者的数量也增长了 40%。城市旅游的快速发展，一方面得益于人民生活水平的提高，人们的出游意愿和能力都有了很大提高；另一方面，则是城市自身吸引力的增强，以及各项旅游服务设施的完善。很多城市除了修葺、完善传统的景点，还结合城市建设营造了新景点，其中一些已成为城市的新地标，如上海的东方明珠和新天地便是典型代表。此外，市郊农业观光旅游、工业体验旅游等新项目的开发，也扩展了城市旅游的发展空间。很多城市的商业、宾馆、交通等服务设施都有了极大发展，使游客有了更多选择，也使城市旅游变得更舒适、便捷和安全。

表 1-1 列出了 2017 年我国入境旅游收入排名前十位的城市，可以发现，这些城市在入境旅游方面都保持着快速增长。旅游业增加值是反映旅游业对国民经济贡献的一个重要指标。在我国一些重要的旅游城市，旅游产业增加值占国民生产总值的比重正在逐步提升。例如，2000 年上海市旅游产业增加值占上海市生产总值的比重为 5.2%，2017 年增长到 6.2%。可以预计，随着产业结构调整和经济转型的进一步加快，旅游产业在我国城市经济中将扮演更重要的角色。

2017 年我国入境旅游收入排名前十位的城市 **表 1-1**

排名	城市	旅游收入（万美元）	年增长率（%）
1	上海	467297	19.7
2	北京	457962	13.7
3	广州	319147	14.1
4	深圳	262328	15.8
5	杭州	112665	24.0
6	珠海	90240	3.3
7	苏州	88916	18.9
8	南京	80764	19.3
9	天津	77871	24.4
10	厦门	71880	21.7

数据来源：国家旅游局，2018.

1.4.2 国外城市旅游的产生与发展

在 19 世纪中叶以前，欧洲人的旅行主要以商业或其他职业目的为主，且主要局限于各国家范围之内的旅行。相对于人口总量，当时的旅行数量很少。

工业革命推动了新式交通工具的产生（火车和轮船等），使得较大范围、较远距离的旅行成为可能。英国 1830 年修建了利物浦—曼彻斯特铁路，1839 年开始运送旅客，每公里收费不到 1 便士，当时的速度是 30km/h。铁路时代的到来使人们逐渐抛弃了以马车为交通工具的旅行方式，使一般劳动者能够通过低廉成本和较少的时间去享受旅游的乐趣，从而使大规模、远距离的外出旅游活动逐步发展起来。之后，在英国和欧洲大陆各主要人口中心之间修建铁路干线，这些铁路干线后来又逐步延伸到一些海滨胜地。

1807 年出现的第一艘正式使用的蒸汽轮船速度快、载量大、缩短旅游时间、降低旅行成本，直接推动了旅游活动的发展。1833 年，伦敦的汽船巡游业开始用大幅广告宣传画招揽游客。到 1841 年，泰晤士河汽船巡游业的地位已经完全确立，有位出版商还专门出版了一份周刊《汽船巡游导游》。之后，通往北美洲和远东的远洋航线也陆续开通。从 1850 年到 1950 年，越来越多的欧洲人开始进行以休闲为目的的旅行，乘火车或蒸汽轮船前往旅游胜地度假。

20 世纪 50 年代以来，汽车逐渐成为最主要的交通方式。从 1950 年到 1970 年，英国拥有的私人汽车数由 200 万辆上升到 1100 万辆，到 80 年代末则上升为 2000 万辆。1950 年，英国三分之二的度假者要在假日期间乘坐火车；到 1970 年，这个数字下降为七分之一。

20 世纪 50 年代末，以美国波音 707 为代表的世界第一代喷气式客机诞生。1958

年，波音 707 喷气式飞机开始投入使用，平均飞行速度为 800～1000km/h，而老式螺旋桨飞机的速度仅为 400km。这意味着，用同样长的时间空中旅行者可以到达远得多的地点。70 年代初期，泛美国际航空公司第一次使用新型的波音 747 客机将 352 名乘客从纽约送到伦敦，这标志着大型喷气式客机服役的开始。这之后，飞机开始成为长距离旅行和跟团旅游的主要交通方式，海滨旅游开始成为大众旅游的目的地。

也正是自 20 世纪 50 年代以来，旅游在欧洲开始成为大众化的活动，旅游产业在国民经济中也越来越重要。当然，这种趋势也导致旅游市场发生了新的变化，精英阶层开始寻求更为特殊的目的地，以避开大众旅游的人流。“从 20 世纪 50 年代开始，旅游在大多数欧洲国家都不再是富人的特权，而成为一种大众化的现象。在这种情况下，更富有的旅游者不愿意去往那些拥挤的大众旅游点，因而新的旅游形式和更偏远的旅游目的地被持续不断地开发出来”（Bieber，Potier，1993）。

从图 1-11 可以看出，从 1950 年到 2010 年这 60 年间，欧洲的国际旅游到访人数 2530 万人次增长到 4.77 亿人次，增长了 18 倍。在欧洲，由于出行次数和出行距离都在增长，以休闲为目的的出行已占到总出行量的 40%～50%（以 personkilometres 计算，OECD，1999）。

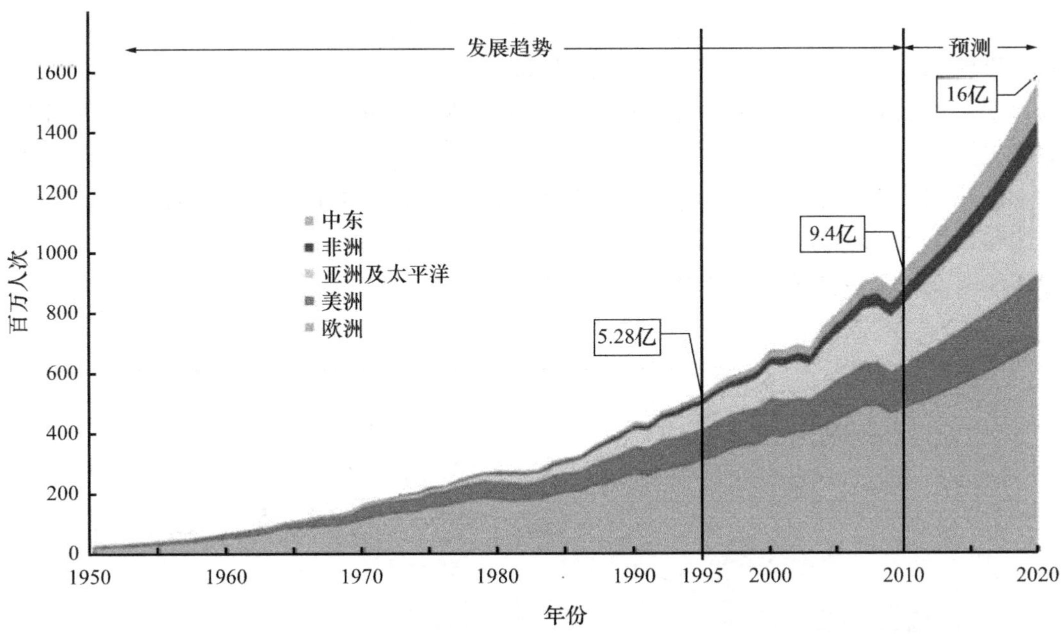

图 1-11　1950～2020 年各大洲国际旅游到访人数（发展趋势及预测）
数据来源：World Tourism Organization, 2010.

一直以来，城市就是重要的旅游目的地。发源于文艺复兴之后的“大旅程”（Grand Tour）常常被视为西方意义上旅游活动的起源。这种始于英国贵族子弟的旅行，就是以欧洲各著名城市为目的地，一方面是接触古代和文艺复兴时期的文化遗产，另外还可以了解欧洲大陆上流社会的生活方式。很多欧洲城市有着悠久的旅游城市传统，如 18 世纪的佛罗伦萨、罗马、威尼斯以及 19 世纪的巴黎、布鲁日、罗森博格（Rothengburg）。今天，城市对旅游者具有更多元化的吸引力：丰富的历史文化遗产、现代化的城市气息、繁荣的商业氛围、便利的服务系统等。

20 世纪 70 年代末至 80 年代初期，欧洲大城市普遍面临危机：城市中心区人口和经济活动大量迁出，转向城市郊区和小城镇，导致城市中心区经济衰退（Berg，1996；Hall，1996）。与此同时，城市中心区出现了拥挤、污染和犯罪等城市问题（Hall，1996；Geddes，1997）。工业城市产业结构调整为城市旅游发展提供了契机。80 年代以来，欧洲城市旅游发展迅速。在欧洲，城市旅游占旅行次数的 30% 和过夜数的 20%，在所有的目的地类型中分列第二及第三位（Inat，2001）。城市旅游的发展得益于四个方面的原因：制造业的长期衰退，高失业率带来的创新型经济活动的要求，旅游业作为新兴产业具有良好的前景，旅游开发可以帮助城市中心区复兴（Law，1993）。

作为重要目的地之一的城市在旅游出行的增长中扮演了重要的角色。在欧洲，从 17 世纪 60 年代起城市就开始作为贵族子弟“大旅程”（GrandTour）的目的地。到了 19 世纪中叶，随着铁路（蒸汽机车）和水路（蒸汽轮船）运输的发展成熟，海滨度假胜地逐渐成为最热门的旅游目的地。20 世纪 80 年代以来，城市再度成为重要的旅游目的地。法国国家统计与经济研究院（INSEE）的数据表明，1981～1992 年，法国城市中的度假次数增加了 50%，比整体度假数的增幅快了一倍。1994 年，法国人共进行了 2.1 亿人次的城市旅游，这意味着法国人人均每年进行了 4.9 次以城市为目的地的旅游。

近年来，法国城市旅游仍然保持着增长态势。如图 1-12 所示，1999～2007 年，法国城市旅馆客房数量在全国总体客房数量中所占的比重由 68.5% 提高到了 70.6%。接待能力的增强反映了城市旅游需求的增加。

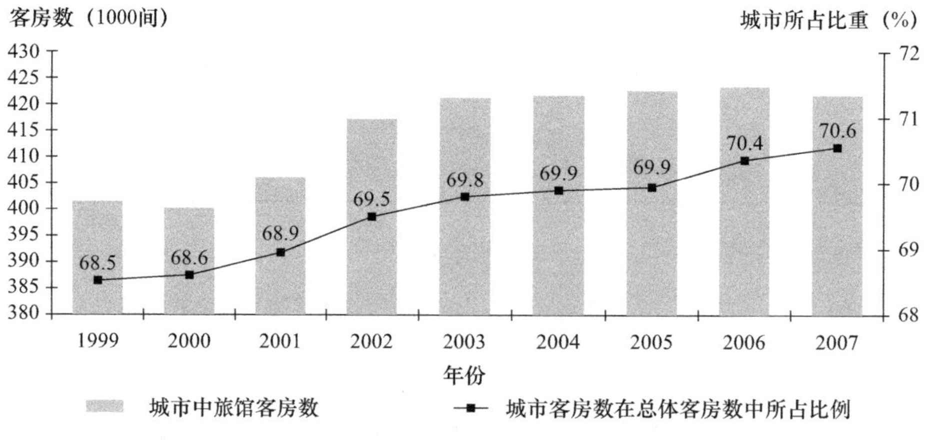

图 1-12　1999～2007 年法国城市旅馆接待能力的增长趋势
数据来源：INSEE, Direction du tourisme et partenaires régionaux.

图 1-13 则反映了大巴黎地区（图中灰色区域）旅游过夜数（overnight stay）在全

国所占的比重：得益于巴黎的巨大吸引力，大巴黎地区旅游过夜数占全法国旅游过夜数的 15.9%。此外，排名第二的 Provence-Alpes-Coted'Azur 地区占的比重为 12%，这同样得益于该地区的尼斯、戛纳和马赛等著名旅游城市。

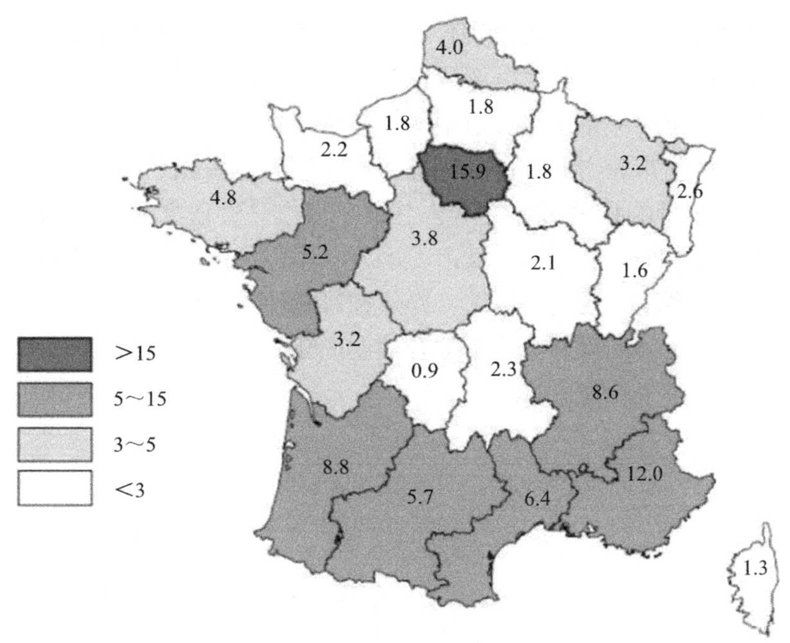

图 1-13　2000 年法国地区旅游过夜数在全国所占比重
数据来源：Direction du Tourisme/Sofrès（SDT 2000）.

1.5 城市旅游研究综述

在城市的背景中，旅游活动有三个基本要素，即访问者和居民、旅游产业、城市本身，这三个要素的互动产生了一个复杂的系统。城市旅游活动的复杂性一直制约着这个领域的研究。研究的困难有很多方面，其中最主要的一点是如何把旅游活动从其他复杂的城市功能中分离出来。由于旅游功能总是被很深地嵌入到城市的其他功能之中，研究者和决策者都有可能把它们当成短期的、季节性的活动，从而对其重视不够。

1.5.1 理论层面

城市旅游的研究，可分别被视为旅游研究和城市研究中的分支领域。尽管 Cazes 早已指出，城市旅游不是最近的现象，而是永远地存在。但正如 Pearce（2001）所指出的那样，对城市旅游的研究要基于城市旅游活动的多面性和城市性质的多面性，而无论是城市还是旅游，都具有复杂的内涵和外延，因此从城市中单独剥离出城市旅游系统进行研究具有一定的难度，以至于是否存在城市旅游这样的独立研究领域都曾经被质疑（Ashworth，1992）。

因此，城市旅游的研究要远远落后于旅游的其他方面的研究，而在城市研究中也并不是一个重点。正如 Ashworth（1989）所述，直到 20 世纪 80 年代末，城市旅游仍是一个被忽略的领域。到 90 年代中期随着几本关于城市旅游的专著相继出版，城市旅游的相关研究才正式登上历史舞台，逐渐发展成一个独特和重要的研究领域，旅游研究者和城市研究者都开始对这个领域更为重视。

城市旅游是城市这一系统与城市中的旅游活动这一子系统之间的一系列复杂对应的集合。因此，对城市旅游研究的梳理需要一个主线。Pearce（2001）通过回顾 1990 年以来有关城市旅游的相关研究文献，总结了城市旅游研究的框架体系（图 1-14）。其框架体系以尺度（地点、地区、城市、国家、国际）作为矩阵的纵轴，以主题（需求、供给、发展、营销、规划、组织、操作和影响估计）作为横轴，并强调每个单元格之间纵向、横向之间的联系。这个整合框架的建立为城市旅游研究形成系统、统一的概念体系提供了一个途径。

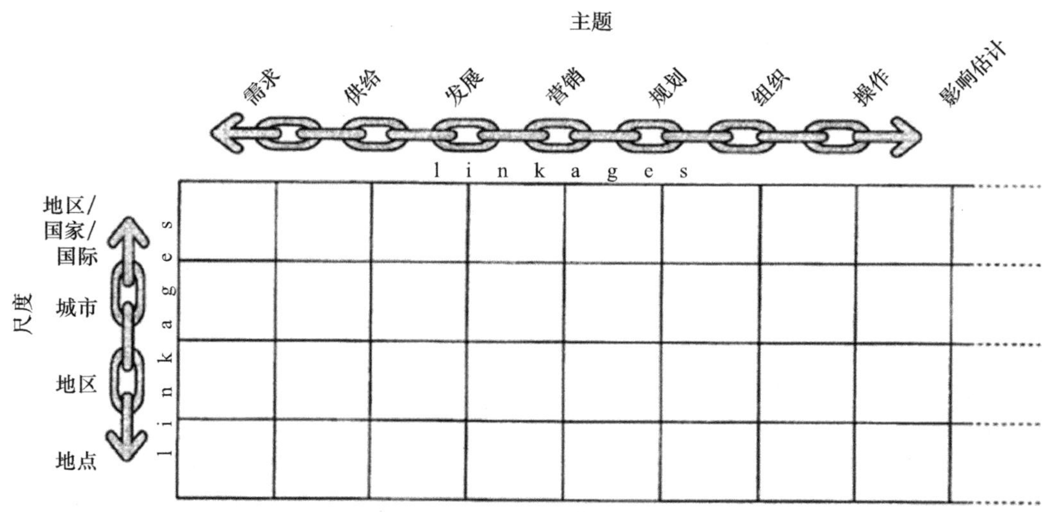

图 1-14　城市旅游研究的整合框架

图片来源：Douglas G. Pearce. An integrative framework for urban tourism research［J］. Annals of Tourism Research, 2001, 28(4): 926-946.

近年来，理论总结与概念体系的探讨已使城市旅游的研究迈上一个新的台阶，但总的来说，城市旅游的相关基础理论研究仍然相对薄弱，缺乏一个统一的学科理论体系的支撑。

城市。模型中的城市有一个概念性边界，在现实中可能并不存在。在这个边界内，访问者及居民可能去往不同的地点。同时，他们也可能穿越这个边界，出于旅游、休闲的目的去往其他城市。

旅游核心区。大多数著名的欧洲旅游城市都有一个明显的历史核心，无论对于访问者还是居民来说，这个核心都是主要的吸引地。除了拥有具有历史风貌的建筑景观环境，这个地区也有着丰富的文化、商业活动，以及其他服务设施。中心城区在相当一部分经济产业的竞争中都不如城市外围地区（如工厂、大型商业设施的外迁），但在旅游产业中，城市核心毫无争议地统帅着整个城市地区，因此城市政府对吸引旅游者特别重视。核心区的历史、建筑遗产、不可复制的文化资源、集中的服务设施是其作为旅游目的地无可取代的区位优势。而在另一些非历史性城市（如纽约）中，城市核心区虽然没有历史文化遗存，但仍然有相应的旅游吸引力资源可以代表其城市形象，因而也是访问者的首选目的地。根据本书的研究目的，在此将城市旅游核心区定义为城市中旅游活动高度集中的地区。当然，在现实情况中，一座城市可能拥有不止一个旅游核心区。

节点。节点包括两种通常相互依赖的类型：旅游吸引点和服务型节点。旅游吸引点包括所有游客和居民所访问的地点，这些地点含有一个或多个有吸引力的事物（建筑、景观、氛围等），使人们产生兴趣。一般说来，吸引点在旅游核心区内分布最为集中。然而，旅游核心区以外以及城市周边同样可能存在若干旅游吸引点，如主题公园（如迪士尼公园等各类游乐园）、古镇、古村落、度假村等。服务型节点包括各类服务设施，如住宿、餐饮、零售，以及其他为旅游活动服务的必要设施，它们是构成旅游产业的重要元素，对地方经济发展有着重要的作用。服务型节点曾一度不被看作对旅游、休闲发展有支配性作用，但是，正如 Dredge（1999）所指出的，这种情形正在改变。旅游吸引点和服务型节点之间的界限有模糊化的趋势，诸如著名餐厅、赌场及大型购物中心之类的服务型节点已经在扮演旅游吸引点的角色。在当代社会，城市的高质量服务其本身对访问者来说就是一个主要的吸引力。

枢纽。为了强调交通枢纽在旅游机动性中的重要性，在此把它作为一类单独的要素，从而有别于其他服务型节点。访问者必然要经过诸如机场、港口、火车站、汽车站、停车换乘点等枢纽以进入城市。为了表述方便，图 1-15 中的交通枢纽都位于旅游核心区之内。在现实情况中，机场、港口等交通枢纽多位于城市核心区之外。当然，火车站、汽车站等枢纽也常常位于城市核心区之内，并对空间结构有着重要影响。为了应对城市旅游的发展，很多旅游城市都依托交通枢纽建设了旅游集散中心，以便更好地满足访问者的需求。

路径。路径分为城市间路径和城市内部路径。人们通过城市间及城市内部路径在交通枢纽、旅游吸引点及服务型节点之间移动。

通道。通道位于城市间路径上，是进入旅游核心区的入口。这些通道同时具有物质上和心理上的重要功能。一般来说，在这些通道附近会有一些明显的景观及氛围的变化，或者会出现一个著名的地标，可以使访问者了解他们已经进入一个不同的区域。

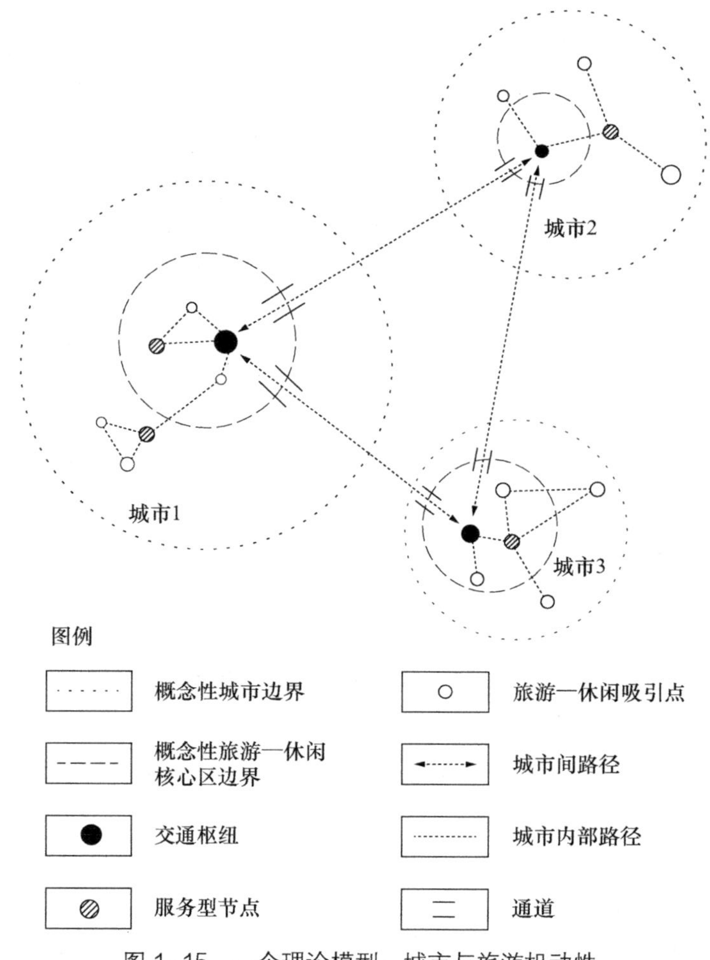

图 1-15　一个理论模型：城市与旅游机动性

1.5.2　实证层面

20 世纪 80 年代的城市旅游实证研究大都只停留在具体城市的旅游案例分析阶段，比较分散、凌乱，缺乏对城市旅游基础理论的探讨。90 年代以来，城市旅游的研究视野逐渐走向开阔。相对来说，城市旅游市场、城市旅游吸引力、城市旅游空间结构和城市旅游的影响研究是比较成熟的领域。但大体上看，仍主要是结合具体案例的探讨，且大部分仍停留在描述分析的阶段。

在城市旅游市场方面，旅游者的消费行为和偏好是研究的热点。例如，Dellaert 等（1995）构建了一个城市旅游者的选择模型，研究荷兰旅游者周末在巴黎的旅游活动；Myriam 等（1996）研究了荷兰鹿特丹博物馆旅游者的动机结构和行为类型；Bramwell（1998）研究了英国谢菲尔德旅游者和当地居民对城市旅游产品的满意度。丁正山（2004）和汪德根等（2006）运用定量分析方法，研究城市旅游客源的时空分布特征，分别讨论了南京国内旅游流的地理分布、市场份额和苏州市国际旅游客源市场时空变化特征。

从城市旅游研究的初期开始，城市旅游吸引力就成为学界关注的焦点之一。20 世纪 80 年代初期，城市旅游吸引力的研究对象主要是整个城市。自 90 年代后，其研究对象开始细分为城市内具体的事物，研究对象的不断细化使这个领域的研究工作逐渐系统化，具体包括城市内部特定区域、城市内部旅游系统、城市事件旅游、博物馆旅游、城市旅游空间、城市历史文化等方面。

空间结构作为城市旅游研究的重要领域，越来越受到旅游和城市研究者们的重视。例如，Pearce（1999）研究了代表性旅游空间（如地标性建筑）的分布及功能，以了解不同旅游者对不同空间的需求，达到城市旅游空间利用的最大化；Preston-Whyte（2001）对南非德班海边休闲空间的划分作了研究，认为休闲空间的建设应该以文化一致性为基调，并结合特色化的原生资源；Gospodini（2001）探讨了城市设计、城市空间形态和城市旅游之间的关系，认为城市的空间形态可能对旅游者的偏好产生影响，城市形态的改变以及形态与功能的二维改变带来城市旅游的多样性和可选择性；城市滨水区的再开发已成为城市发展旅游的重要途径，Gospodini（2001）对希腊城市及其滨水区的主要形态和空间特征作了分析。卞显红（2003，2004）指出，城市旅游空间结构及规划布局有单节点、多节点和链状节点 3 种模式；吴承照（1999）认为城市旅游的基本空间单元是观光游憩点、游憩中心地、主题街、旅游通道、公园道路等，不同旅游空间单元数量和组合方式不同，旅游发展空间结构也不相同；保继刚、吴必虎、吴郭泉（2002，2005）分别对广州、武汉和桂林的游憩商务区进行了实证研究。

城市旅游的影响研究是 20 世纪 90 年代后一个新发展起来的研究领域，特别是 1996 年以后，陆续有大量论文发表。城市旅游的影响研究主要从两方面展开：一方面是城市旅游的发展对城市的经济、社会文化和生态环境的影响研究，另一方面是城市发展中的相关因素对城市旅游发展的影响研究。例如，Van der Borg J 等（1993）对 7 座欧洲城市旅游业成本和效益的研究，Russo 等（2002）对欧洲四座城市的城市环境对城市旅游者的友善度影响的研究，Mc Minn（1998）对洪都拉斯伯利兹城城市旅游的相关影响的研究，Snaith 等（1999）对英国约克居民对城市旅游态度的研究，Quinn B.（2007）对威尼斯市中心居民对旅游业的适应和调节的研究等。

我们可以发现，在这些过往研究中，对城市中访问者活动与居民生活之间矛盾判断的基本出发点是城市居民的态度，主要采用居民感知的视角对城市旅游的发展问题进行分析。也就是说，在价值观的判断上，研究者事实上认为居民的利益高于访问者的利益。这种视角暗含的语义为：城市本身的发展高于城市旅游的发展，在城市旅游的大发展已成背景前提的情况下，城市居民对城市旅游的感知和态度决定了城市旅游的未来走向。另外，访问者活动对城市空间和城市交通系统带来的影响并不是现有研究的重点。

在公共政策应对方面，研究者主要关注城市旅游的管理和城市旅游规划方面的内容。例如，Bill Bramwell（1995）对大型事件举办前后的战略规划作了研究，分析了战略规划对竞赛投资、发展旅游、振兴城市经济的影响；J.Herderson（2000）

对新加坡的研究表明，规划方案的实施应当考虑当地居民的参与、历史真实性的体现和产品生命周期更替。Andreas E.Hohl（1995）通过对约克角半岛旅游发展出现的经济、环境和社会问题，提出了开发和管理上的建议；城市作为旅游目的地、居住地、工作地，具有不同的空间需求，产生的矛盾需要采取针对性的管理方法，对此，Kevin Meethan（1997）提出城市发展政策的制定应该考虑几个方面的因素，即国家政策和规划机制、可持续发展原则、扩大就业、政治的控制力和权力结构等；Bob Mckercher（2005）对中国香港在建设城市旅游地和文化遗产管理之间的关系方面进行了研究；Pearce（1998）对巴黎的研究表明，由于地方政府往往并不能通盘了解发展城市旅游的意义，旅游政策较少被整合进城市整体政策之内。Van der Borg J（1996）对欧洲城市的研究也表明，即使在很多著名的国际旅游城市，旅游业也主要是相对独立的部门。总的来说，在公共政策方面的研究中，城市旅游部门与城市规划部门之间的互动并未得到研究者足够的关注。

第2章

城市和旅游的相互关系

城市不仅仅是经济活动、文化生活及政治权力的集中地，它们也是旅游活动的中心。在城市背景中探讨旅游，从供给角度来看，城市提供了某种资源，导致了旅游活动的产生。如果这种活动产生了人的移动，则构成了旅游行为。在此将相应的资源归结为两类：构成城市旅游吸引力的资源，以及城市休闲资源。一般说来，正是这种"吸引力"（attractiveness）构成了城市旅游行为发生的首要动力，从而产生了城市之间、乡村与城市之间的移动。而城市休闲资源的供给与配置则在很大程度上影响了城市居民的休闲活动，以及这种活动带来的出行。

城市旅游和休闲资源有时很难完全区分开来：在很多著名的旅游城市中，居民也往往拥有较好的休闲资源；而一些公园、绿地、博物馆等空间及设施常常是被访问者和居民所共享的；大量的节事活动都同时面向访问者和居民（当然也会有一定的侧重）。在我国城市快速发展的过程中，一些构成城市旅游吸引力的重要资源受到了一定程度的影响和破坏，造成城市旅游吸引力下降；城市休闲资源供给方面存在的问题则造成了城市休闲方式若干不正常的现象。本章将对这些问题、现象和不足进行分析，作为公共政策改进的参考。

2.1 构成旅游吸引力的城市资源

对于旅游者来说，城市的吸引力是十分丰富的。Karshi（1990）认为，作为目的地的城市，其吸引力在于，在一个紧凑、有趣的环境中，有丰富的活动可以参与，有多样性的景观可供观赏。Erhlich & Dreier（1999）则更详细地指出，人们被丰富的历史文化、建筑物、有趣的购物场所、餐厅、夜店所构成的活力而吸引到城市中来。对构成城市旅游吸引力的资源（或因素）分类的方法有很多，其中一个基本的方法是将其分为"首要的"和"次要的"（Ashworth & Tunbridge，1990）。简言之，人们主要因为这些具有首要吸引力的资源而访问某座城市，而在其访问过程中，他们也会访问一些具有次要吸引力的资源。下面将要分析一些构成首要吸引力的资源。

在全球化的时代，机动化、信息化都高度发达，为了吸引旅游者，城市之间存在着竞争。在这种竞争中，城市特色构成了其核心竞争力。在城市旅游的范畴中，城市特色通常由那些构成首要旅游吸引力的资源所形成。在本书中着重探讨四个方面：历史遗产与文化、现代气息与第三产业、自然景观资源和节事活动。需要指出的是，城市的旅游吸引力往往是丰富而多元化的，在一座城市中就可能具备多种具有旅游吸引力的资源。

2.1.1 历史遗产与文化特征

城市旅游吸引力体现在很多方面，有各种不同的类型，如桂林的山水、拉斯维加斯（Las Vegas）的赌场、耶路撒冷（Jerusalem）的宗教等。但就世界范围来说，城市的历史资源无疑是数量最大、分布最广泛且最重要的一项吸引力（Ashworth & Tunbridge，1990）。在漫长的历史中形成的历史建筑及城市形态，这种遗产和历史事件、人物之间的关系，以及长期积累的艺术、文化遗产，共同构成了城市历史遗产所独有的魅力。

我们很难从数据上来证明，历史城市是最重要的旅游目的地。但是，毋庸置疑的是，至少在国际旅游到达人数最多的欧洲，大多数国家都将其历史遗产作为国家层面旅游形象推广的首要因素（Dilley，1986）。同样，在大多数欧洲城市中，历史遗产也是其城市形象推广的首要因素（Ashworth，Voogd，1986）。城市历史遗产的重要性绝不仅仅体现在到访重要历史建筑、纪念物的人数上。诸如伦敦桥（Tower of Bridge）、罗马斗兽场（Amphi Theatrum）、巴黎埃菲尔铁塔（Tour Eiffel）、巴塞罗那神圣家族大教堂（Sagrada Familia）等著名历史遗产固然吸引了大量游客，但其更重要的作用是作为城市象征：它们就像是这些城市的名片，任何广告、宣传、市场推广都无法取代其无与伦比的地位（图 2-1）。除此之外，城市中由历史建筑、广场、街道景观等形成的历史氛围也是重要的吸引力，在历史氛围中的观光、漫步本身就是旅游者所喜爱的活动。

图 2-1　作为城市名片的著名历史遗产

在一些城市进行的问卷调查反映了历史遗产对旅游者的重要性。2008 年伦敦所进行的旅游者调查（图 2-2）表明，无论对国外旅游者还是英国国内旅游者来说，历史与遗产都是其访问伦敦的首要动力：40% 的国外旅游者认为“历史 / 遗产”在其选择伦敦作为目的地中是非常重要的因素，36% 的国内旅游者也持同样看法；而在两个人群中，认为“历史 / 遗产”不重要的仅分别占 13% 和 19%。

历史遗产本身就属于重要的文化资源。除此之外，博物馆、美术馆、艺术中心、科学城等文化资源也对旅游者有着显著的吸引力。在图 2-2 所示伦敦旅游者的动机调查中，“博物馆 / 美术馆”对国际旅游者来说是第二重要的因素，35% 的人认为其非

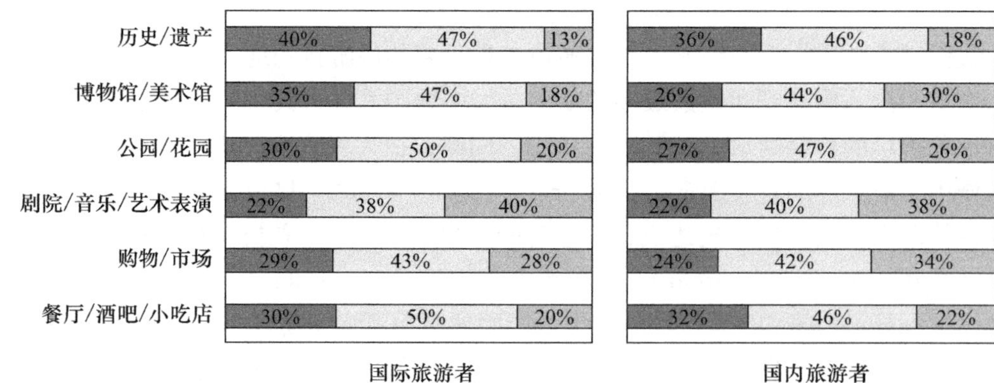

图 2-2　2008 年伦敦旅游者调查——国际及国内旅游者的到访动机

数据来源：TNS Travel & Tourism, 2008. 其中，国际旅游者有效问卷为 1830 份，国内旅游者为 661 份。

常重要。另外，国际和国内旅游者中都有 22% 的人认为剧场、音乐及艺术表演等文化资源非常重要。巴黎 2008 年进行的旅游者问卷调查也得出了同样的结论（图 2-3），在到访的首要动机（the first motivation）上，65% 的人选择了“访问博物馆、美术馆或纪念性建筑物”。

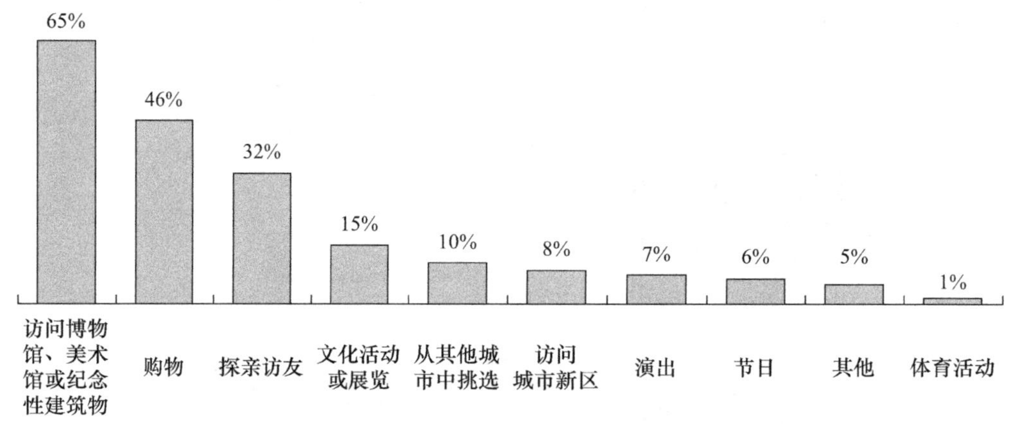

图 2-3　2008 年巴黎旅游者到访首要动机调查

数据来源：Office du Tourisme et des Congrès de Paris, 2008。调查对象为休闲观光旅游者（而非公务旅游者），有效问卷 394 份。

在 2007 年伦敦市区接待人数占前十位的旅游吸引地中，有八个是博物馆或美术馆；同年，巴黎市区接待人数前十位的旅游吸引地中，这类资源占其中一半（表 2-1）。由于伦敦市从 2002 年开始实行博物馆及美术馆免费参观，因此这类资源在排名中更为靠前。同样，由于巴黎圣母院（CathédraleNotre-DamedeParis）也是免费参观，同时又是巴黎著名的历史遗产，因此在巴黎的景点中接待人数排在第一位。可以看出，在伦敦和巴黎这两座世界级旅游城市中，接待人数排在前十位的都是历史遗产及博物馆、美术馆等文化资源。

2007 年伦敦及巴黎市区接待人数前十位的景点 **表 2-1**

排名	伦敦		巴黎	
	景点名称	人数（百万人次）	景点名称	人数（百万人次）
1	British Museum	5.42	Cathédrale Notre-Damede Paris	13.65
2	Tate Modern	5.19	Basiliquedu Sacré-Coeurde Montmartre	10.50
3	National Gallery	4.16	Muséedu Louvre	8.26
4	Natural History Museum	3.60	Tour Eiffel	6.80
5	Science Museum	2.71	Centre Pompidou	5.50
6	V&A Museum	2.44	Musée d'Orsay	3.17
7	Tower of London	2.06	Citédessciences et del'industriedela Villette	3.03
8	Natural Maritime Museum	1.70	Chapelle Notre-Damedela Médaille miraculeuse	2.00
9	St.Paul's Cathedral	1.62	Arcde Triomphe	1.54
10	National Portrait Gallery	1.61	Muséedu Quai-Branly	1.38

数据来源：伦敦的数据来自 Association of Leading Visitor Attractions, Visit Britain, Visitor Attraction Trends England, DCMS, 2008；巴黎的数据来自 Officedu Tourismeetdes Congrèsde Paris, 2009。

此外，在 2006 年，巴黎市区最重要的 50 个历史建筑、纪念碑、博物馆、美术馆共计接待访问者 6920 万人次。考虑到当年在巴黎市区住宿的旅游者共为 2700 万人，历史遗产与文化资源的重要性不言而喻。

在更广泛范围内进行的调查也反映了历史遗产与文化在城市旅游吸引力中的重要性。例如，在 2001 年欧盟多座城市对访问者进行的调查中，最重要的到访动机是"希望了解历史和文化，并感受当地的氛围"，而 51% 的访问者去过博物馆，31% 的去过美术馆，27% 的到过历史建筑，24% 的到访过纪念性建筑物，25% 的欣赏过艺术表演（表 2-2）。

2001 年关于城市访问者到访地点的调查（单位：%） **表 2-2**

访问者 / 到访地点	国外访问者	国内及本地访问者	全体访问者
博物馆	64	46	51
美术馆	40	28	31
历史建筑	40	25	27
纪念性建筑物	37	20	24
欣赏艺术表演	27	22	25
遗产中心	24	15	17
参与节事活动	14	18	19

数据来源及说明：ETC Research Group, 2005。受访者在回答问题时可以多选。

2.1.2 现代气息与第三产业

虽然历史遗产在城市旅游吸引力中的作用非常显著，但这并不意味着那些缺乏历史积淀的城市在旅游市场竞争中就完全没有机会。像纽约、拉斯维加斯、鹿特丹（Rotterdam）这样的城市每年也会吸引大量旅游者。对于这些城市来说，虽然它们缺乏"历史性"，但是仍然通过"现代性"的资源成功塑造了城市特色。这种资源至少体现在城市的现代气息和第三产业这两方面。

城市的现代气息（modern fashion）体现在现代化的建筑物、广告、橱窗等元素构成的城市景观，以及穿行在这种景观中的都市人群。纽约时代广场（图 2-4a）的氛围即是这种现代气息的体现：五光十色的广告牌和橱窗、川流不息的人群，无不显示着这座城市核心地区的活力与动感。标志性的建筑物常常是这种现代气息的重要载体：悉尼歌剧院、为 1962 年西雅图世界博览会修建的太空针塔（图 2-4b）、上海东方明珠电视塔等，这些标志性的现代建筑成功地塑造了深入人心的城市形象，自身也成为重要的旅游吸引地。鹿特丹在第二次世界大战中被夷为废墟，在重建时城市鼓励各种风格现代建筑的出现。经过几十年的努力，今天许多国际知名的建筑师事务所以鹿特丹为基地，城市享有作为建筑学发展及教育平台的声誉，是许多建筑爱好者向往的胜地（图 2-4c）。

a 纽约时代广场

b 西雅图太空针塔

c 鹿特丹

图 2-4 城市的现代气息

图片来源：纽约时代广场来自 http://hairjay.deviantart.com/art/New-York-Time-Square-103084569，西雅图太空针塔来自 http://www.planetware.com，鹿特丹为作者自摄。

城市的现代性还体现在第三产业的成熟与发达。餐饮、购物、娱乐等服务性产业本身就可能构成旅游者的到访动机。在图 2-2 所示伦敦旅游者的动机调查中，29% 的国际旅游者认为“购物 / 市场”非常重要，30% 的认为“餐厅 / 酒吧 / 小吃店”非常重要；而在国内旅游者中，认为这两项非常重要的分别是 24% 和 32%。在图 2-3 所示巴黎旅游者的到访动机调查中，有 46% 的旅游者将“购物”作为首要动机，这个比例仅次于排在首位的“访问博物馆、美术馆或纪念性建筑物”。

在一些城市中，博彩业构成了旅游产业的重要环节，如拉斯维加斯、摩纳哥（Monaco）、中国澳门等。1995 年，美国旅行社协会进行的一项调查表明，拉斯维加斯是全美排名第二的夏季旅游目的地；而 1996 年拉斯维加斯便成了全美排名第一的国内旅游目的地。博彩业吸引了大量的旅游者：1995 年全市近 9 万套客房的入住率为 88.2%。而在中国澳门，2006 年 93 亿美元的旅游者总消费中，有 70 亿美元为博彩消费，所占比重高达 75%。

2.1.3 自然景观资源

拥有独特自然景观资源（沙滩、山水等）的城市常常是著名的旅游城市：法国的尼斯（Nice）及中国的三亚、桂林、秦皇岛等就是其中的代表。例如，三亚市素有“东方夏威夷”之称，以椰风、海浪、阳光、沙滩、海鲜、热带水果等著称，2018 年三亚市接待过夜游客人数 2099.7 万人次，旅游总收入达 514..73 亿元。而“山水甲天下”的桂林市 2018 年接待中外游客首次超过 1 亿人次，达到 1.09 亿人次。在城市旅游的版图上，这些以自然景观闻名的旅游城市有着显著的重要性。

法国的蓝色海岸地区拥有地中海漫长的海岸线，海面平静、阳光充足、沙滩宜人，是享誉全球的度假胜地，拥有尼斯、戛纳、摩纳哥等重要旅游城市，其中又以尼斯为中心。尼斯从 19 世纪开始便是重要的度假地，现在是法国仅次于巴黎的旅游目的地，其吸引力从其拥有的旅馆数量也可以体现出来（图 2-5）；2003 年共接待游客 138 万人次，旅游产业总产值 1.5 亿欧元。

图 2-5 尼斯天使湾（Bay Nice Anges）

2.1.4 节事活动

近些年来，节事活动的数量在全球范围内都在增长。节事活动越来越多地被作为吸引旅游者、改善城市形象、提高城市知名度的手段。大型节事活动，无论是体育赛事、政治会议、综合展览还是其他形式，都会获得大量的电视转播机会，从而最有效地增强举办地的知名度（Guskind，1988）。在过去，很多节事活动仅仅是为本地居民举办，但今天更多地增加了促进旅游业发展的动机，有的时候甚至专门就是为了吸引旅游者而举办的。

Getz（1991）列举了六个举办节事活动的理由，即吸引访问者，在非旅游高峰时节吸引访问者，吸引媒体注意力及提升城市形象，增强本地区现有旅游吸引点的活力，鼓励重复访问，促进地区复兴。在全球化的时代，节事活动的蔓延在某种程度上是城市竞争的结果：没有哪座城市愿意放弃这样的机会。

随着北京奥运会、上海世博会、广州亚运会的成功举办，我国城市举办大型节事活动的能力得到充分展示。节事活动对城市旅游及经济、社会发展的作用已经得到很多城市的重视，节事活动的数量在增多，类型和规模也趋向多元化。

节事活动在欧洲城市的发展已较为成熟，从音乐、戏剧、歌剧到体育、休闲、观光等，每年欧洲城市都会举办大量的节事活动，其已经成为一个重要的旅游吸引力。在表 2-2 所示调查中可以看到，有 19% 的城市访问者参与过节事活动。不同规模和类型的城市都不乏知名的节事活动，如作为首都的巴黎［白夜（Nuit Blanche），巴黎沙滩（Paris Plage）］、爱丁堡（音乐节）、柏林（电影节），中等城市中 Aix-en-Provnce（艺术节）、萨尔斯堡（音乐及戏剧节），小城市（镇）中 Orange（民俗文化节）、Marciac（爵士音乐节）。

会展旅游是重要的城市旅游类型之一。在一些城市，相当一部分旅馆过夜者来自于这种类型的旅游者。旅游者在参加会展活动时的消费通常会高于一般旅游者的平均消费，而会展活动在一年中的大部分时间都可以举办，因此会展旅游被视为重要的新兴产业，是城市旅游的重要基础之一。第二次世界大战后，欧洲一些城市进行了大规模的会展设施建设，诸如巴黎、柏林、维也纳等著名旅游城市，同时也是重要的会展城市。

以大巴黎地区为例，2007 年在 205 个地点举行了 905 场正式会议，会议参与者超过 5 万人次。2007 年巴黎共有展览建筑面积 570 万 m^2，共举行 443 场商业展览，吸引访问者 920 万人次，产生消费 3.65 亿欧元。会展旅游的成功得益于巴黎会展设施的完善，也增强了大巴黎地区在国际上的竞争力（图 2-6）。整体来说，欧洲城市在会展旅游方面在全世界处于领先地位。例如，全球前十位的会议城市中，有超过一半是欧洲城市（图 2-7）。

诸如巴黎白夜和巴黎沙滩（图 2-8）这类节事活动原本是为城市居民设立的，然而，由于“时空压缩”带来的可达性增加、相对耗时和花费减少，它们也吸引了众多来自巴黎大都市区、全法国甚至欧洲范围的旅游者。据统计，2010 年巴黎沙滩共接待访问者超过 600 万人次。

在欧洲很多后工业化城市中，节事活动更多地被用来作为振兴业已衰落的城市中心的工具。利用节事活动的机会，城市政府整修滨水地区、旅游景点或其他城市公共空间。在全球化、信息化的时代，节事活动可以为城市从潜在的旅游者和投资者处“吸引”更多的注意力，从而在城市间的竞争中更好地凸显自己。

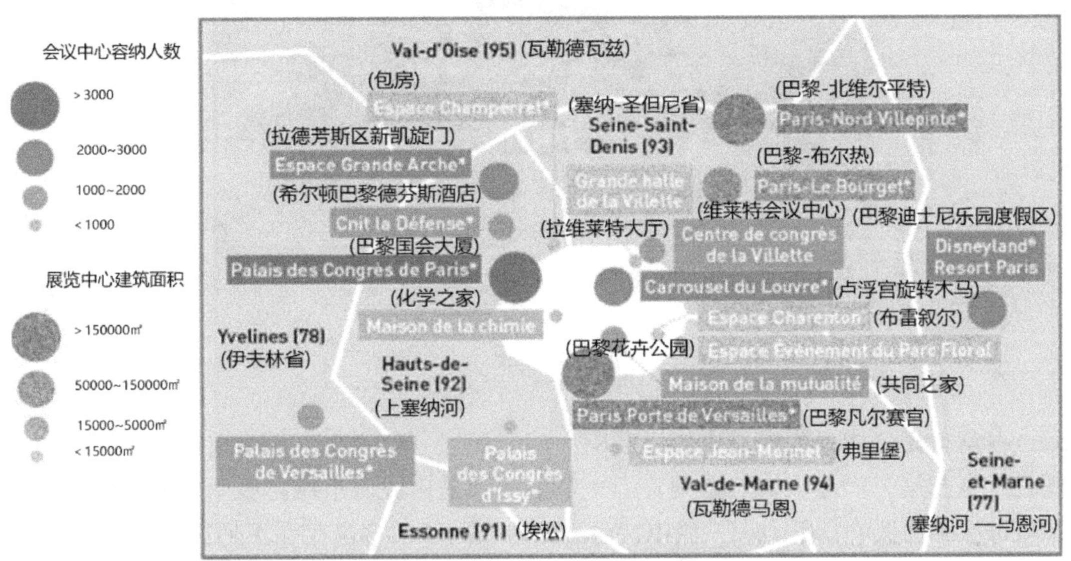

图 2-6　大巴黎地区 18 个主要的会展中心分布

图片来源：Letourismeà Parisen 2008, Officedu Tourismetdes Congrèsde Paris.

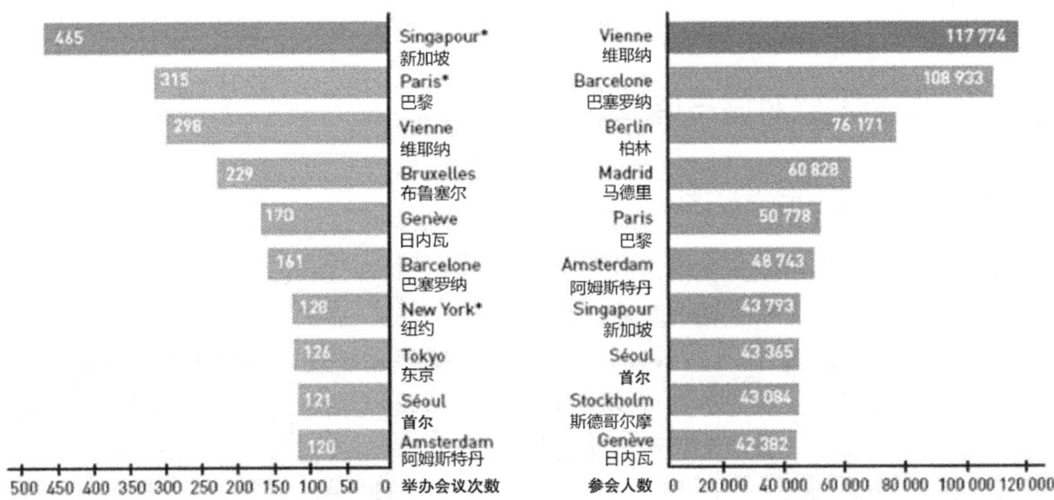

图 2-7　全球十大会议城市

图片来源：Letourismeà Parisen 2008, Officedu Tourism et des Congrèsde Paris.

带“*”者为该城市所在大洲排名第一的会议城市。

图 2-8 巴黎沙滩

2.1.5 小结

本章首先分析了构成城市旅游吸引力的资源。一般说来，历史遗产与文化资源、现代气息与第三产业、自然景观资源、节事活动是构成城市旅游吸引力的主要资源。在城市旅游的核心竞争力——城市特色方面，我国城市普遍存在不足，这也是我国城市旅游长远发展必须克服的一大障碍。城市特色通常由那些构成首要旅游吸引力的资源所形成。在塑造城市特色方面，城市规划理应有所作为。优美、清洁宜人的环境则是旅游发展的前提条件，在治理污染、改善环境方面，我国大部分城市都还有很大的努力空间。

2.2 旅游发展对城市造成的影响

2.2.1 旅游在城市经济中的重要地位

旅游产业的发展给欧洲城市造成了深远的影响，对现代欧洲城市的研究无法避开旅游领域。旅游深刻影响了城市政策、经济活动、企业、立法者以及城市官员的行为（Stock，2006）。毫无疑问，对于几乎所有致力于发展旅游业的城市来说，旅游对经济发展的贡献都是其发展旅游的首要动力。首先，访问者在目的地城市的消费是对地方经济最直接的贡献，通常为旅游产业的收入。除了旅游者消费带来的直接影响，旅游对城市经济带来的间接和诱发影响同样不可忽视。旅游产业需求的增长会带动地方制造业和其他经济部门的增长，以提供旅游产业所需的商品和服务，同时也增加了目的地城市的就业机会，通常将这类影响称为间接影响。诱发影响则是指旅游业发展带给本地居民的收入增长（直接或间接由旅游业带来的额外收入），从而刺激本地消费，带动地方经济发展。

20 世纪 80 年代后期，工业化国家一些基础较好的大城市，由于政府采取积极的城市复兴政策，实行产业结构调整，经济开始复苏（Yadav，1987；Ellin，1996）。开发城市及其周边地区的旅游资源对优化地区产业结构可以起到重要的作用：为城市提供新的就业机会，创造了新的收入；良好的旅游产品提高了城市地区的生活质量，增加了城市商业的吸引力，促使城市成为商务以及度假旅行的目的地（Hall，1996；Berg，1996）。对于处在后工业化时代的很多欧洲城市来说，旅游产业是城市经济发展的核心动力之一。

在旅游研究中，有时按目的地类型将旅游活动划分为城市旅游、海滨旅游、乡村旅游和山地旅游。在这些类型中，一般来说，城市旅游的花费是相对最高的。换言之，在这些类型中，城市旅游对地方经济的直接贡献最为显著。以法国为例，如图 2-9 所示，2005 年法国城市旅游在过夜数上所占的比重为 29.3%，排在第二位；但在旅游者消费中所占的比重为 38.2%，排在所有目的地类型的第一位。

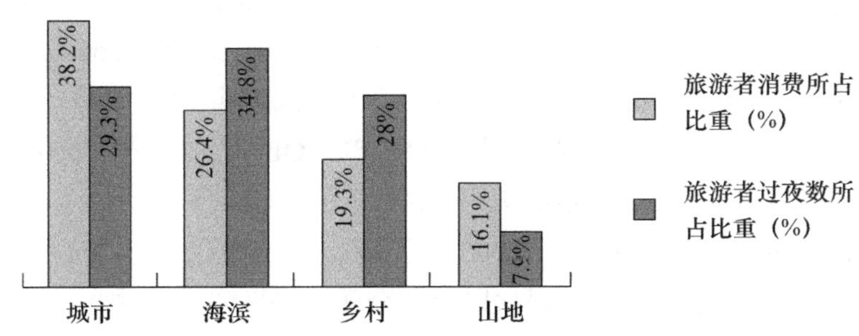

图 2-9　按目的地类型进行的分类（法国，2005）
数据来源：Tourismaccounts（TourismDirectorate）.

表 2-3 说明了法国国内旅游者在各种目的地类型中的平均花费，可以看出，在几乎所有的消费类型中，旅游者在城市中的花费都是最高的，其中尤其以住宿（15.86 欧元）、餐馆（6.98 欧元）和消费品（6.35 欧元）的花费最为显著。这一方面说明城市由于自身功能的丰富性，满足了旅游者多样化的消费需求；另一方面，也体现了旅游业对城市经济发展的贡献。

2000 年法国国内旅游者在各种类型目的地中的平均花费［单位：法郎/（人·晚）］　表 2-3

类型＼目的地	海滨	山地	乡村	城市	其他
住宿	85	90	100	125	75
餐馆	27	23	38	55	40
休闲	17	28	20	30	31
服务	17	14	19	27	25
消费品	25	28	25	50	40
食品	43	43	40	42	37

续表

类型 \ 目的地	海滨	山地	乡村	城市	其他
本地出行	15	16	20	25	15
合计	229	242	262	354	263

数据来源：P.Lejoux CEIL 2002.

按照 2004 年法国的统计数据，国外旅游者在城市旅游中平均每天花费 128 欧元，本国旅游者花费 94 欧元。在各目的地类型（城市、海滨、乡村、山地）中城市旅游的日均花费最高。在巴黎，旅游者平均每日的花费为 209 欧元（其中日本游客 276 欧元，中国游客 248 欧元，英国游客 245 欧元，美国游客 209 欧元）。对于巴黎的经济贡献，仅旅馆一项，2005 年的税前收入为 36.2 亿欧元。在伦敦，旅游业同样对经济有着重要贡献，2008 年旅游业总收入为 100.5 亿英镑。对于国外旅游者来说，在伦敦的每次旅游花费平均为 402 英镑，平均每天花费 89 英镑（visitlondon.com）。

旅游对城市经济的贡献还直接体现在就业方面，2005 年巴黎旅游产业共提供 14.8 万个就业岗位，占当年巴黎总就业岗位数的 12%（Office du Tourisme et des Congrès de Paris）。整体来说，旅游消费在法国国民生产总值（GDP）中的比重为 6.4%，达到 1008.1 亿欧元（Tourism Directorate，2005）。

总的来说，由于全球化进程的深化以及"金砖四国"等发展中国家的崛起，欧洲国家在制造业等传统产业方面的竞争力在下降。同时，由于社会的发展，旅游和休闲已经成为大众化的常态的生活方式。因此，旅游产业在欧洲城市经济中的地位就显得愈加重要。

2.2.2 旅游对城市的周期性影响

访问者对目的地城市空间带来的影响是一个逐渐发展的过程，不可能一蹴而就。关于旅游目的地演化发展的研究，Gilbert（1939 年）最早做过相关的研究工作。但是，目前得到学术界公认的旅游目的地生命周期理论是由 Butler（1980）提出的。Butler 认为，一个旅游目的地的开发不可能永远处于同一水平，而是会随着时间不断演变。他用一条近 S 形的曲线来描述旅游地的演化过程，并将旅游的演化过程划分为探索、起步、发展、稳定、停滞、衰落或复苏这 6 个阶段（图 2-10）。

Butler 认为，旅游目的地的衰落往往与过度的商业化或者旅游接待超过一定的容量有关，旅游开发应该保持在特定的容量范围之内。在这个基础上，Sheela（1997）进一步总结了旅游目的地生命周期各阶段的特征（表 2-4）。学界对 Butler 的旅游目的地生命周期理论进行了广泛的应用、验证和讨论。实证研究表明，只有少数案例符合 Butler 的预测曲线，大部分研究的结论与该理论模型相去甚远。然而，这些实证研究都认同：不同旅游目的地的生命周期有着不同的特点，特别是衰退与复苏阶段的表现差异尤为突出，旅游目的地生命周期理论只是一个较好的描述工具。

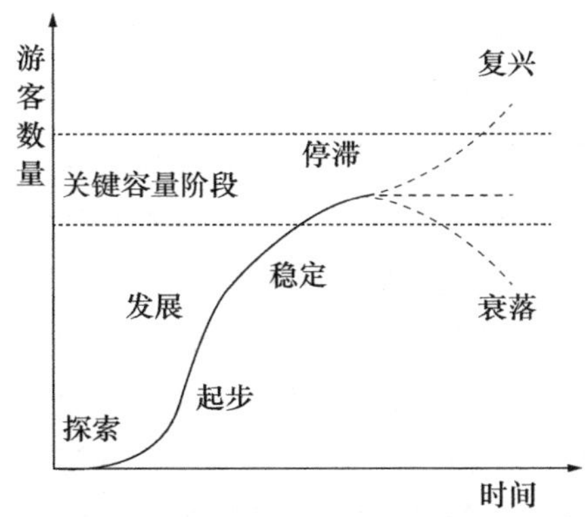

图 2-10　旅游目的地生命周期曲线图

图片来源：Butler R W. The Concept of a Tourist Area Cycle of Evolution: Implications for Management of Resources［J］. Canadian Geographer, 1980（1）.

旅游目的地生命周期各阶段特征　　　　**表 2-4**

阶段	特　征
探索	只有少量的“探险者”（adventurous tourists），没有旅游基础设施； 没有经过开发的旅游吸引物； 访问者属于特殊类型
起步	当地居民和旅游业之间的相互影响有限，提供一些基础性的旅游服务设施； 不断的广告宣传，出现明显的旅游季节性； 旅游市场范围开始形成
发展	增加更多的旅游设施，加大广告宣传力度； 外来投资占控制地位； 高峰期外来访问者数量远远大于当地居民，居民开始有抵触心理
稳固	旅游业已成为当地经济收入的一个主要行业，但增长速度开始趋向平稳； 形成明确的旅游区界限； 一些早期的旅游设施老化，失去吸引力； 当地采取措施延长旅游季节
停滞	访问者数量和旅游容量都达到极限； 形成明确的旅游形象，但是已经不被访问者青睐； 宾馆客房出租率开始下降，房产所有权更换率变高
复兴 / 衰落	随着目的地公共政策的不同，走向复兴或者衰落

数据来源：Sheela Agarwal.The resort cycle and seaside tourism: an assessment of its applicability and validity［J］. Tourism Management, 1997, 18（2）.

对于旅游目的地生命周期的相应实证研究，绝大部分都是以单一性旅游目的地（如岛屿、山地、海滨等）作为研究对象，而对城市旅游目的地的相关研究较少。相对来说，城市目的地的发展和演变受到更多因素的影响和制约。与单一性目的地最大的不同在于，城市本身具有完整的、多样化的功能，而旅游只是这些功能中的一个。同时，由于构成旅游吸引力的资源不同，城市旅游有着多种类型，其本身也有着多元化的可能。例如，巴塞罗那既有丰富的历史遗产和文化资源，又有现代性的奥林匹克公园，同时还有条件优良的海滩等。因此，对城市旅游目的地生命周期一般性规律的研究是困难的。Grabler（1997）应用统计分析的聚类方法对欧洲43座城市进行旅游目的地生命周期分析，就得出了6类不同的生命周期曲线。

然而，大量的城市旅游发展实践也表明，Butler旅游目的地生命周期理论中的某些判断对城市目的地是适用的：城市旅游发展也会呈现出阶段性的特征；访问者容量对城市旅游发展来说也是一个重要门槛，过多的访问者会带来各种问题；公共政策在很大程度上也会决定城市旅游的发展质量等。因此，下面将主要采取定性分析的方法，结合欧洲和中国的案例，探讨访问者和居民给城市的共享带来的影响。这种共享对城市带来的变化不是静态的，而是一个动态发展的过程，因而在不同城市及同一城市的不同阶段会有不同的表现形式。

2.2.3 小结

本章主要分析了旅游的发展给城市空间带来的影响。这种影响是一个互动的过程，既包括访问者带来的直接影响，也包括城市（居民）的自发适应过程，以及城市政策带来的主动改变。访问者和居民对城市空间的共享在旅游核心区最为明显，形成了新的用地功能混合，并在很大程度上重塑了城市公共空间。在某些城市和地区，也引起了旅游过度商业化和旅游“绅士化”的现象。

与起源阶段的旅游业不同，现代旅游业与经济、社会、文化的联系是如此紧密，“为了取悦旅游者，城市必须有意识地塑造旅游者所希望的物质景观……持续性地改变城市景观以接纳旅游者已变成城市政治经济的一项永久性特征”（Fainstein & Judd, 1999）。因此，事实上展现在旅游者眼中的“城市”，在很大程度上是城市政府和旅游产业所希望旅游者看到的城市的某一部分。如何塑造更具竞争力和吸引力的城市，将是城市政策的一个重要议题。为了同时满足访问者和居民的需求，城市规划在城市功能结构和城市公共空间这两个方面都需要作出相应的努力。

第3章

城市旅游面临的新形势

各年龄段的访问者被城市以及大都市地区所吸引，这使得中心城市的结构和功能都发生了巨大变化（Knafou，2007）。在一些重要的旅游城市，这种变化集中体现在城市旅游核心区的形成与发展上，同时，也带来城市功能多元化、公共空间的变化、旅游商业化和旅游“绅士化”等现象。事实上，这些现象也主要集中在城市的旅游核心区中。

3.1 需求的根本性增长

为什么人们需要旅游？基本上这是一个心理学范畴的问题。人们消费旅游产品和服务，是因为人们认为它们可以带来与日常生活所不同的令人愉快的感受（Urry，1989）。休闲的基本动机则可以归结为寻找快乐和放松。这些动机可以归结为需求产生的内生型因素，即为了快乐、新奇的体验、文化需求等。另外，还有一类可以称为外生型因素，如个人（家庭）可支配收入、闲暇时间、个人的体力及精力等。外生型因素并不是动机本身，但却对动机的产生和实现有着实质性影响。

作为人类重要的需求，在经济、社会全面进步的今天，旅游的重要性日益增长。毫无疑问，对于个体来说，旅游行为的选择受到诸多因素的影响，如经济收入水平、闲暇时间、年龄、身体状况、兴趣爱好等。研究者可以通过调查、访问等形式，将影响旅游及休闲行为的因素进行归纳、分析、总结，从而提炼出社会整体层面的影响因素。

对于旅游出行来说，一个重要的影响因素就是出发地与目的地之间的距离，可以分为地理距离、时间距离、经济距离和感知距离。虽然地理距离是一成不变的，但是随着社会的发展，时间、经济和感知距离都在发生改变。在交通、通信、互联网技术急速变革的今天，城市网络正发生着前所未有的“时空压缩”，相对于距离的大幅度缩减，对旅游活动产生了深刻影响，进而也改变了城市间的竞争关系。

从北京、上海及广州等城市的交通调查数据来看，20 世纪 80 年代以来，由于居民出行强度的增大和城市人口的增多，我国城市居民出行总量有了显著增长。同时，休闲为目的的出行在整个出行结构中比重有了明显升高，这部分出行的增长对城市居民出行总量的增长有很大推动作用。因此，即便我们不考虑访问者的影响，城市交通系统本来就已经面临着更大挑战。

北京市居民出行次数及出行总量的变化 **表 3-1**

年份	人口（万人）	出行次数（次 / 日）	日出行总量（万人次）
1986	582	1.61	939
2000	831	2.77	2301
2005	1107	2.64	2920
2010	1962	3.49	3875
2014	2152	3.43	4445

数据来源：北京市第三次交通综合调查汇报稿。

从表 3-1 可以看出，1986 年居民出行次数较低，人均仅为 1.61 次/日，这与当时社会经济相对落后、居民出行需求较低密切相关；而随着经济的发展，2010 年和 2014 年居民人均出行次数均在 3.4 次/日以上。就出行量而言，从 1986 年到 2014 年，出行量翻了两番。在这个过程中，城市人口大幅度增长，由 582 万增加到 2152 万，直接导致出行总量的增加，而经济的发展也在一定程度上刺激了出行次数的提高，进而导致总量的增长。

在出行目的上，1986 年，通勤出行占北京市居民出行的绝大部分，达到 73.5%。到了 2000 年，居民出行结构已经有了很大变化，通勤出行所占比重有了明显降低，但仍然达到 57.8%。与此同时，包括休闲健身、文化娱乐等目的在内的其他出行所占比重上升至 28.8%。到了 2005 年，通勤出行的比重进一步下降到 47.5%，而包括休闲出行在内的非通勤出行比重进一步上升。

从上海的情况来看，在居民日出行次数方面，由 1986 年的 1.79 次/日增长到 2009 年的 2.23 次/日（图 3-1）。同时，这个时期上海市常住人口由 1300 万增长至 1921 万。相应地，从 1995 年至 2009 年，在上海市居民的日出行总量上，通勤出行和非通勤出行都有显著增长，而由购物、娱乐和业务等目的组成的非通勤出行增长更快（图 3-2）。在出行目的构成中，“购物”的比重由 5.2% 增长至 20.2%，“娱乐”由 4.0% 增长至 5.9%；相应地，“上班”的比重由 51.6% 下降至 40.9%（图 3-3）。

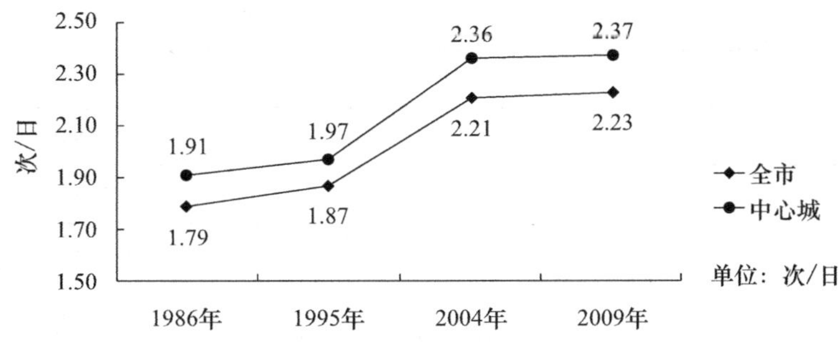

图 3-1　上海市居民人均出行次数增长情况（1986 年、1995 年、2004 年、2009 年）
数据来源：上海市第四次综合交通调查总报告。

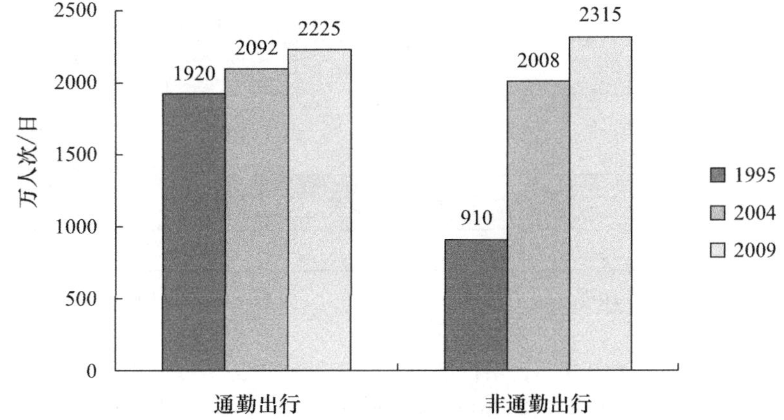

图 3-2　上海市居民通勤与非通勤日出行量（万人次）变化（1995 年、2004 年、2009 年）
数据来源：上海市第四次综合交通调查总报告。

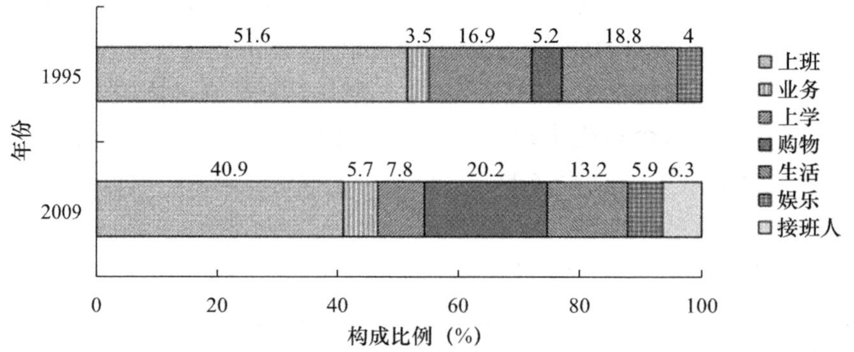

图 3-3　上海市居民出行目的地构成变化（1995～2009 年）

数据来源：1995 年数据引自毛保华 等 . 城市综合交通结构演变的实证研究［M］. 北京：人民交通出版社，2011，2009 年数据引自上海市第四次综合交通调查总报告。

在广州，我们也可以观察到类似的变化。从 1984 年到 2005 年，广州市居民的日平均出行次数由 2.14 次上升至 2.73 次，日出行总量由 440 万人次上升至 709 万人次（表 3-2）。与此同时，上班、上学等通勤出行的比重由 69.6% 下降为 45.8%，而“生活购物”的比重由 11.6% 上升至 32.5%，“文娱体育”由 5.2% 上升至 7.5%（图 3-4），以休闲为目的的出行有了极大增长。

广州市居民出行次数及出行总量的变化（1984～2005 年）　　表 3-2

年份	出行次数（次 / 日）	日出行总量（人次）
1984	2.14	4402000
1998	2.11	6470000
2003	1.86	6480000
2005	2.73	7098000

数据来源：毛保华 等 . 城市综合交通结构演变的实证研究［M］. 北京：人民交通出版社，2011.

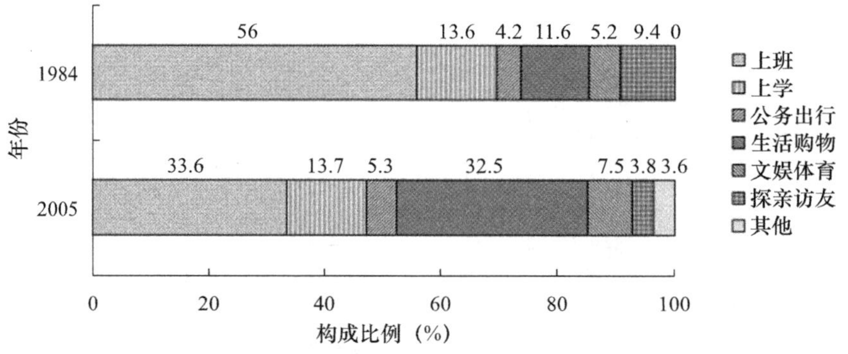

图 3-4　广州市居民出行目的地构成变化（1984～2005 年）

数据来源：毛保华 等 . 城市综合交通结构演变的实证研究［M］. 北京：人民交通出版社，2011.

3.1.1 经济条件

收入，更准确地说应该是可支配收入，在人们对旅游的需求中起着关键性作用。在商品化社会，个体的收入直接决定了其消费商品和服务的能力。随着经济的发展、人们收入的提高，其旅游及休闲消费能力将得到增强。因此，他们在旅游及休闲活动中的选择更多。在欧洲（“二战”后至 20 世纪 70 年代）和我国（改革开放至今），都曾经历这样类似的过程：人均国民收入的持续增加，伴随着旅游活动的快速发展。

在此首先用北京的数据来作进一步探讨。图 3-5 清晰地表明了改革开放以来（1978～2008 年），北京城市居民人均可支配收入（disposable income）和人均消费性支出（consumption expenditure）强力增长的趋势。图 3-6 则描述了 30 年来北京城市居民恩格尔系数（The Engel Coefficient）稳步下降的趋势。另外，考虑到通货膨胀的因素，用来反映实际购买力的可支配收入指数可以更好地反映人们收入的实际增长。要考察收入对旅游、休闲消费及活动的影响，这 30 年可以大致划分为三个阶段。

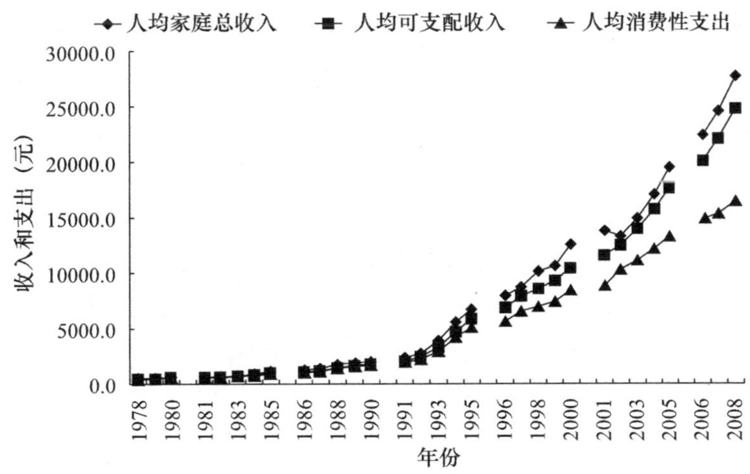

图 3-5 北京城市居民收入和支出的发展趋势（1978～2008 年）
数据来源：北京统计年鉴（2009）

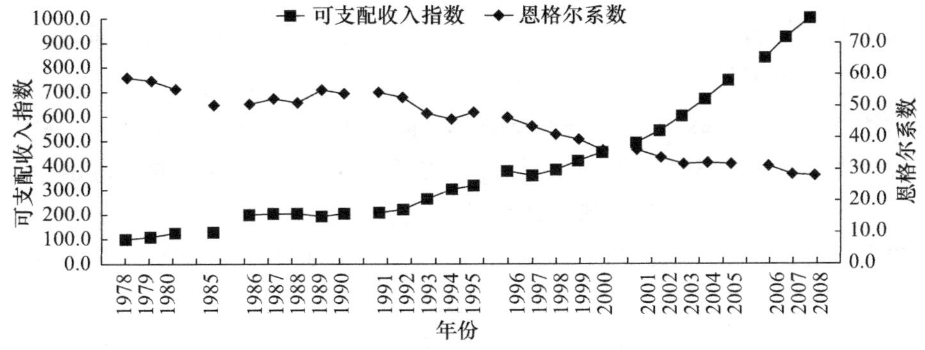

图 3-6 北京城市居民可支配收入指数及恩格尔系数变化趋势（1978～2008 年）
数据来源：北京统计年鉴（2009）

从 1978 年到 1992 年，可支配收入指数增长了 127%。同时，恩格尔系数从 58.7% 下降到 52.8%。在 1991 年，北京城市居民的人均 GDP 达到 1032.7 美元（首次超过 1000 美元）。这段时期的一个显著标志是家庭耐用性消费品的普及。1978 年家庭拥有洗衣机的比率几乎是零，而到 1992 年这个比率变成 96.1%，彩电和电冰箱的户拥有率则增长到 101.3%。电视和 VCD 的普及为普通人带来新的休闲模式。同时，电冰箱和洗衣机等电器则大大节省了家务劳动的时间，这意味着人们有了更多的闲暇时间。在这个阶段，国内旅游开始增长，且多为单位组织的集体形式。

从 1993 年到 2001 年，邓小平南方谈话后中国经历了新一轮的高速经济增长，期间可支配收入指数增长了 90%，而恩格尔系数从 47.8% 下降到 36.2%。2001 年，北京城市居民人均 GDP 首次超过 3000 美元，达到 3260.6 美元。在这个阶段，家用计算机的普及、互联网的繁荣对休闲方式产生了极大影响，计算机及网络游戏吸引了大量人群，网吧也开始成为新的休闲场所。2001 年底，家庭健身设备的拥有率达到 1.05%。从 20 世纪 90 年代初开始，出境游开始成为新的旅游热点。这个时期的目的地主要集中在亚洲，如新加坡、马来西亚、泰国等。

从 2002 年到 2007 年，北京市可支配收入指数增长了 70%，2007 年人均 GDP 首次超过 7000 美元。这个阶段有两个与休闲有关的重要趋势。首先是住宅的更新或更换，新型住宅强化了其休闲功能。人均居住面积增长到 20m^2，而在 1988 年仅为 10.3m^2。住宅的平面布局也更多地考虑到休闲活动，如起居室面积的增加。在大部分新建社区中，都配备了相应的休闲设施（如健身器材等）。其次是私人小汽车的快速增长。私人小汽车为人们的休闲活动提供了前所未有的丰富选择，也极大地扩张了人们休闲 / 旅游活动的空间范围。这个阶段的旅游发展呈现出多样化趋势。在 2006 年，北京城市居民一年中平均进行特殊旅游活动（如探险、登山、露营等）的次数是 4.5 次，而在 10 年前仅为 1.5 次。出境游的目的地则从亚洲扩展到欧洲、大洋洲和北美洲。

可以预计，随着我国在带薪休假制度、退休及养老金制度、医疗保险制度及教育收费制度等方面的改革持续推进，如果大众能切实享有更多的福利和社会保障，旅游的需求会进一步得到释放。

而在很多欧洲国家，从第二次世界大战后一直到 20 世纪 70 年代也都普遍经历了一个持续的经济繁荣和生活水准提高的阶段。在法国，人们把从 1945 年到 1975 年称为“光荣的三十年”（Les Trente Glorieuses），来说明这个时期的经济增长、繁荣以及深刻的社会变革。在这 30 年中，年平均经济增长率为 5%，这在当时来说是一个了不起的成就。工业和农业都快速实现了现代化。高度就业、工资增长和更多的节假日带来新的消费和休闲模式。实际收入和消费能力的增长，使得新兴富足的中产阶级开始享受前所未有的高水准生活。

“光荣的三十年”期间，旅游开始成为一种普遍的生活方式。在中产阶级的生活中，体验自然、探亲访友、欣赏艺术、观赏历史文化遗产、去第二住宅度假、参与节事活动等活动开始成为一种常态。从 1951～1966 年，外出度假的人数从 800 万人次上升到 2000 万人次。在 20 世纪 60 年代初期，法国人平均外出度假的天数已达到 21 天。1961 年，法国人在夏季外出度假的比率增长到 34%，1966 年则增长到 39%，这意味着当年有超过 1500 万法国人在夏天去各种目的地度假。1974 年，法国人去度假的比率达到 50%。从 1961 年到 1981 年，每年至少外出度假一次的人数增长了两倍。

3.1.2 闲暇时间

经济发展、劳动生产率的提高及文明程度的进步都促进了闲暇时间的增加，这种增加主要体现在两个方面。

制度性闲暇时间的增加。制度性闲暇时间的增加主要来自制度性工作时间的减少。例如，从 1948 年到 1988 年，法国人的工作时间减少了 40%（表 3-3）。这个变化主要来自于三个方面：首先，人们平均用来工作的年份减少了 10 年；其次，在每个工作年份中，工作时间减少了 3 个星期；最后，在每个工作周中，工作时间减少了 7h。

1948～1988 年法国人工作时间的减少 **表 3-3**

年份	制度性工作时间（h）	占整个一生的比重（%）
1948	120000	20
1988	70000	11

数据来源：Transport and leisure，OECD，1999.

在制度性工作时间减少的同时，人们的寿命普遍增长。法国是世界上最早进入老龄化社会的国家。早在 1965 年，法国 65 岁及以上老年人口比例就超过了 7%，进入老龄化社会，目前法国的老年人口比例已超过 15%。在老龄化社会，老年人构成了旅游市场中一个重要的群体。例如，在 2004 年，65 岁及以上的人群平均度假 37 天，远超过总人口平均度假天数（26 天）；1979 年，60～69 岁的人口占总人口的 7%，其所占的度假天数也占总量的 7%；到了 2004 年，这部分人口占总人口的 9%，而所占的度假天数比重则增加到 13%。

我国近年来的情形也与之类似。从 1995 年开始，中国开始实行一周五天工作制；从 1999 年开始实行春节、五一劳动节、国庆节三个“黄金周”长假制度。根据 2013 年 12 月 11 日《国务院关于修改〈全国年节及纪念日放假办法〉的决定》第三次修订，目前中国人每年拥有 11 天的法定节假日。尽管如此，在 2019 年，非工作日 120 个；而在 1995 年之前，非工作日仅为 59 个。同时，作为缓解就业压力措施的一部分，大多数企业和政府部门的退休年龄都提前了。基本上，男性将在 55 岁退休，而女性的退休年龄为 50 岁。因此，对于普通人来说，在他们还如此“年轻”时就将进入退休生活。随着中国进入老龄化社会，如何提高越来越多的退休人群的生活质量？毫无疑问，这是决策者需要继续推进深化改革来解决的重大问题。

家务劳动时间的减少带来的闲暇时间增长。现代化家用电器及设施的普及从另一个方面增加了闲暇时间。洗衣机、电冰箱、吸尘器以及现代化厨房设施等设备大大减少了诸如做饭、清洁、洗衣等家务劳动的时间。由于传统上中国女性负担了大部分家务劳动，这一技术进步对增加女性的闲暇时间有重要意义。

另外，从20世纪90年代开始我国服务性产业得到迅速发展，这也同样带来家务劳动时间的减少。例如，各种档次的餐馆、做饭及清洁等钟点工服务、照顾小孩及老人的保姆服务等。所有这些新的社会分工，都从整体上增加了闲暇时间。

3.2 时空压缩转变

我国自改革开放以来的经济高速增长，极大地促进了基础设施体系的建设和完善。交通技术条件的进步和信息技术（以互联网为代表）的应用与发展，从两个方面加速了“时空压缩”的进程，极大地促进了旅游的发展。我们可以把交通和互联网归结为旅游活动的促进型因素。

3.2.1 “时空压缩”理论概述

全球化在很大程度上改变了原有的时空观念。事实上，“理解当代全球化过程的关键，在于理解全球化带来的尺度的相对化，而不是全球化在一个既定尺度上的影响”（Kelly & Olds，1999）。这样的“相对化”体现在两个过程中：“时空延伸”（time-space distantiation）和“时空压缩”（time-space compression）。前者指的是社会关系的延伸过程（如由于互联网等新技术的进步），在这样的过程中，人们的社会角色在更长的时间周期内、更大的距离和空间范围上、更多层面的活动中被重新定位；后者指的是由于技术条件以及社会组织方式的优化，人流及物流的速度加快，从而时空距离相对缩小的过程。

“时空延伸”与“时空压缩”的概念主要来源于社会学的研究。传统的社会学理论通常把时间和空间作为一种可以客观测量的概念，而当代社会学理论更多地强调时间与空间的相对性，并把这两个变量作为社会行为研究中的关键因素。例如，吉登斯（Giddens）认为，现代性与全球化联手改变了我们对时间和空间的认知。他强调，理解现代性的关键之一便是认识时空延伸及分离。现代社会不仅使时间与空间相分离，而且也使空间与场所相分离。由于邮件通信、电报电话、互联网等科技和社会组织方式的推动，人类的生活方式发生了巨大变化，时间与空间的无限伸延导致社会被不断地重组。

与吉登斯观点不同，在理解20世纪晚期西方社会的政治、经济转变方面，哈维（Harvey）更多地强调“时空压缩”。他认为，现代性改变了时间与空间的表现形式，并进而改变了我们经历与体验时间和空间的方式。而由现代性促进的时空压缩过程在后现代时期已被大大加速，迈向“时空压缩”的强化阶段。“强大的发明潮流，集中聚焦在加快和快速的周转时间上。决策的时间范域（现在已经是国际金融市场上分秒必争）缩短了，而且生活方式的风尚变换迅速。这一切伴随了空间关系的激烈重组、空间障碍的进一步消除，以及一个资本主义发展的新地理形势的浮现。这些事件引发了强烈的时空压缩的感受，影响了文化和政治生活的每个面向。”哈维通过对现代西方社会变迁的历史地理学研究，指出有四个因素会形成“时空压缩”的进程：先进的传播和运输技术，分配过程不断增加的合理性，加速通货运行的原水平或世界水平的货币市场，在某些地理场所（如城市、民族、地区等）内不断减少的资本空间关联。当代信息技术和交通条件使我们可以快速穿越空间，移动自己及物品，使社会生活空间被大大压缩，从而带给人们前所未有的时空压缩感。

哈维认为，自 20 世纪 60 年代以来，西方资本主义世界出现的空前激烈的“时空压缩”，导致社会政治和私人领域以及公共领域出现大量即时的和碎片化的时间，这意味着一个特殊的后现代时代的来临。“时空压缩”影响着整个社会的经济、阶级、文化和日常生活，缩短了生产、交换和消费的周期，并且使消费时尚发生根本性转变，即从消费物品转向消费服务，从而逼迫人们去面对和处理更多的新奇物、资源和一次性消费品。在哈维看来，在从现代主义到后现代主义的文化转变过程中，至关重要的因素是人们对时间和空间经验方式的转变。传播速度的提升，彻底改变了人们对全球时间和全球空间的体验。

在地理学领域，学者们也建构了类似的概念。加内尔（Janelle，1968）提出了“时空融合”（time-space convergence）的概念，来解释近 200 年以来人类社会由于交通技术变革带来的剧烈空间收缩。持续不断的技术进步，使得人类在陆地和海洋中移动的速度大幅度提升，而相对成本则在下降。在半个多世纪的时间内，航空技术的革新把以往需要花数月、数天的长距离旅程缩短到数小时。虽然当前人类在交通技术的进步上正处于一个高速增长之后的平稳时期，但加内尔所描述的“时空融合”进程仍然通过诸如多模式联运、新建道路和高速铁路网络等渠道在地方（区域）层面继续。

除了交通技术，信息技术的发展与变革也从另一个方面为“时空压缩”提供了技术支持。从电话、电报到手机、互联网，再到今天的全球卫星定位系统（GPS），信息技术深刻改变了人类的工作与生活方式。与交通技术当前处于平稳发展期不同，信息技术本身仍然处于一个快速增长和变革时期：技术的革新及其对生活方式的改变仍然有着无限的可能。人们的交通、沟通可以选用的方式越来越多，其方便、迅捷程度也日益增加。人们获取各种信息的渠道也是如此，在任何以往不熟悉的目的地，都可以通过技术手段即时获取所需要的出行及其他生活资讯。在这样的情况下，地理距离已经不再是沟通、出行和其他很多行为的首要障碍。

3.2.2 交通技术条件的进步

交通基础设施和交通工具的发展可以使人们更快速、方便、舒适及相对便宜地到达目的地，从而为城市吸引更多的访问者。在区域（城际）交通层面，高速公路、高速铁路和廉价航空对大众旅游发展的促进作用非常重要。

（1）第二次世界大战后欧洲的发展

欧洲各国从20世纪50年代开始进入高速公路大规模建设时期，至70年代网络主要骨架基本建成。各国家大中城市之间基本连通了高速公路，形成了国家高速公路网。在此基础上，欧洲道路协会把连接各国首都和重要城市的高速公路进行了规划整合并编号，组织形成了欧洲高速公路网络。在铁路方面，90年代初期，法国、德国、意大利、西班牙、比利时、荷兰、瑞典、英国等欧洲大部分国家，大规模修建本国或跨国界高速铁路，逐步形成了欧洲高速铁路网络。

在廉价航空方面，1987年欧盟放松管制，实行天空开放政策，航空公司只要持有许可执照就可以在欧盟境内任意城市之间经营航线，这给低成本航空公司提供了广阔的发展空间。如今，廉价航空网络已基本形成，以巴黎为例，2005年就有126座城市与其有廉价航空的航线联系，2008年则增长到178个（图3-7）。网络的成熟使得廉价航空在欧洲旅游市场具备充分的竞争力。根据国际航空协会估算，2010年廉价航空公司承担了整个欧洲民用航空市场运力的10%～12%。高速公路、高速铁路和廉价航空网络的逐步成熟与完善加快了欧洲政治、经济一体化，也推动了旅游的发展。

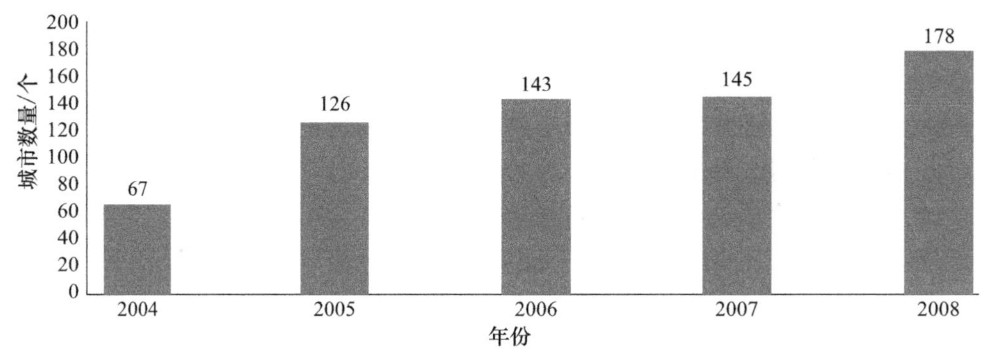

图3-7　与巴黎有廉价航空联系的城市增长情况（2004～2008年）

图片来源：Letourismeà Parisen 2008, Officedu Tourismetdes CongrèsdeParis.

（2）我国近年来的发展

在当前及今后一个时期，我国高速公路的建设及私人小汽车的普及、高速铁路以及民用航空的发展与完善，将持续地促进旅游业的发展。

① 私人小汽车及公路

20世纪90年代以来，私人小汽车保有量在我国得到了迅猛发展。以北京市为例（图3-8），截止到2010年2月底，北京市汽车保有量已达413.2万辆，其中私人小汽车329.1万辆。北京机动车保有量2003年8月、2007年5月，先后突破200万辆、300万辆大关，分别用时6年半和3年9个月，而东京这一过程分别用时5年和10年；而从300万辆到400万辆，北京市仅用了2年7个月，而东京实现这一变化却用了 12 年的时间。进入 21 世纪以来的 10 年间，北京市机动车年均增长 25.1 万辆，2009 年净增量更是高达 51.5 万辆，一年的净增量就几乎与香港机动车保有总量相当。这样的增长速度在全世界都是罕见的。而北京的情况也仅仅是全国的一个缩影，在全国各大、中甚至小城市，私人小汽车保有量的增长都非常迅速。

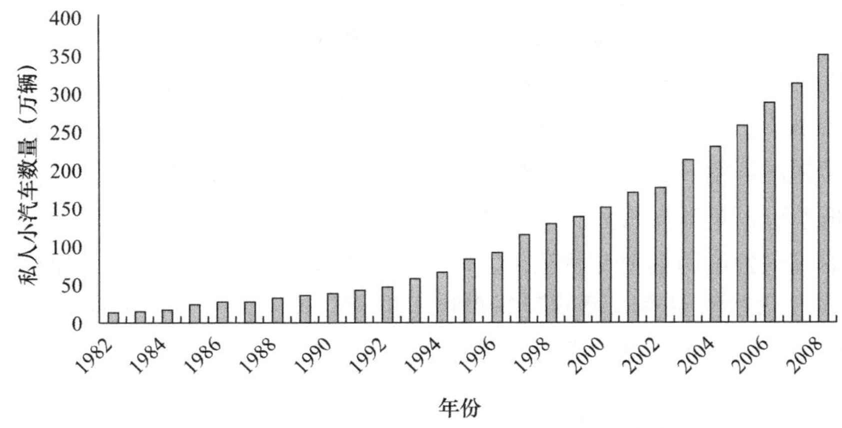

图 3-8 北京市小汽车增长趋势（1982～2008 年）

与私人小汽车增长相对应的是交通基础设施的高速发展。20 世纪 80 年代中期，高速公路还仅仅是西方发达国家的一种标记，在当时出版的《中国公路交通图》中，高速公路一直是空白；而在 2008 年版的《中国公路交通图》上，北京—沈阳、北京—上海、成都—贵阳—南宁—北海，同江—三亚、北京—珠海、连云港—霍尔果斯、上海—成都等，已经形成了高速公路大通道。按照我国交通发展规划，到 2020 年，全国高速公路里程已达到 10 万 km。高速公路网为人们的出行带来了便利，极大地缩短了目的地之间的时间距离。例如，从沈阳驱车至北京从 17 小时缩短为 6 小时；驾车走京沪高速公路从北京直达上海，只需要十几个小时；古丝绸之路连云港—霍尔果斯全线贯通高速公路后，全长 4395km 只需 50 多小时。

私人小汽车和交通基础设施的并行发展，使得人们前所未有地扩大了旅游活动目的地的选择范围及选择的自由度。对于有车一族来说，自驾车出游已经成为新的潮流。

② 铁路

随着中国高速铁路“四纵”“四横”客运专线以及几个重要路段客运专线的陆续建成通车，“上海—武汉—广州”“北京—上海—广州”两个循环线已逐渐形成，连接中国京津冀、长三角、珠三角三个主要经济区，并进一步向中部、西南和东北辐射。继长三角、珠三角的 1h 生活圈之后，全国的一日生活圈也在悄然成型。“杭州游览，苏州买衫，广州宵夜”，再也不是神话。

由新的铁路网络形成带来的时空距离的大幅度缩短将对旅游发展产生深远的影响。例如，在北京，在京津城际铁路开通运营后，到天津全程只需 28min，仅 2009 年元旦小长假就有 10 万人次乘城际列车去天津游玩。

③ 航空

在航空方面，国家民航总局计划在主要大城市之间建立空中快线网络。从2009年起，多家航空公司宣布开通空中快线。其中，中国国际航空公司开通了北京—成都、北京—重庆、北京—上海、北京—杭州、北京—广州、北京—深圳空中快线，还开通了北京—香港空中快线。在现有京沪快线基础上，东方航空公司和上海航空公司也加开了上海—西安空中快线。而南方航空公司则继续运营广州—长沙空中快线。空中快线可以提高航班密集度、简化乘机旅客手续、缩短飞行时间，提高了服务质量。

在廉价航空方面，2005年春秋航空公司成立，我国有了本土廉价航空企业，廉价航空公司正逐步发展成熟。由于受到高速铁路线路扩张的冲击，传统航空公司也已经开始降低票价以及提高服务质量。在大幅度打折的市场竞争下，推出比火车票还便宜的机票的航空公司远不止春秋航空公司一家，而是基本上家家都有。随着票价的降低和空中快线网络的完善，民航服务必将向更大众化、便捷化的方向发展。这意味着，在旅游出行时，航空也将成为更多人的选择。

3.2.3 信息技术的应用与发展

（1）信息技术的促进作用

从旅游者的感受和体验来看，在准备和计划旅行时，互联网是最有效的手段。2000年在美国进行的调查表明，在准备和计划旅行时选择互联网作为信息获取渠道的人占28%，高于选择旅行社的人，并远远高于选择旅行指南和报纸杂志的人（图3-9）。同年英国进行的一项调查表明，在回答“在计划旅行时，下列哪种途径为您提供了最全面的信息”这一问题时，31%的人选择了互联网，高于其他途径（图3–10）。

信息技术的应用与发展同样加速了“时空压缩”的进程。对于旅游出行来说，这主要体现在两个方面。首先，网上预订系统（主要是交通及住宿）的日益成熟，在很大程度上促进了旅游市场的充分市场竞争，消费者获得了前所未有的信息透明，因而从整体上降低了旅游及休闲活动的成本；网上预订系统同样使得旅游及休闲出行变得前所未有地方便，人们可以从容地安排行程，旅途中的不确定因素大大减少，旅行的舒适程度大大提高。

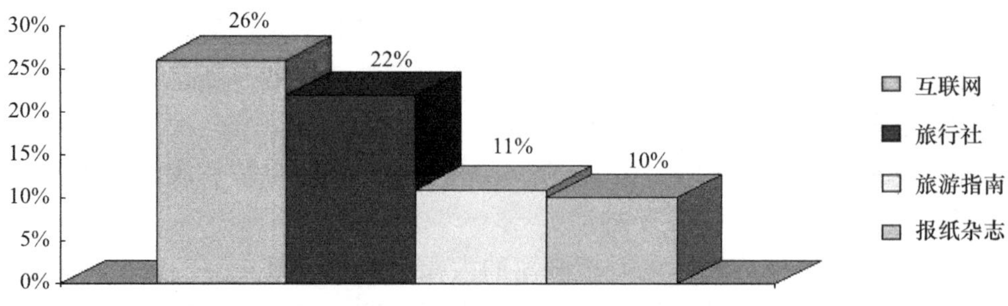

图3–9 美国人在准备和计划旅行时所选择的途径
数据来源：Concierge，2000.

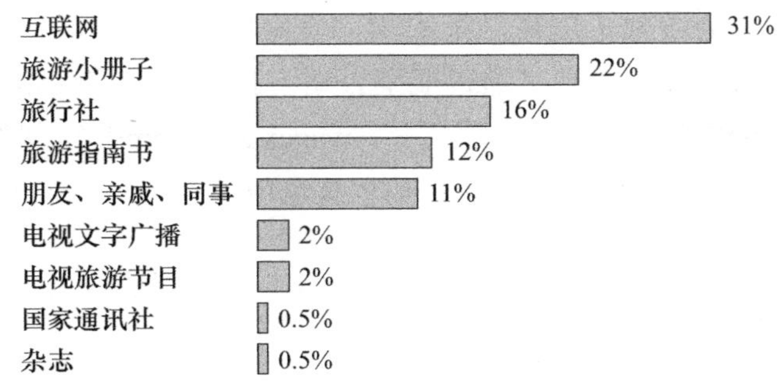

图 3-10 在准备和计划旅行时最有效的信息获取途径（英国调查）
数据来源：MORI e-Tracker Survey, May 2000.

另外，互联网的普及使得目的地信息的获取不再是一件难事。人们在出行之前，便完全可以通过互联网充分了解目的地的各种信息，包括景点方位、开放时间、当地公交系统、地方美食、节事活动等。因此，即便是对于首次访问者来说，他们面临的也并不是一个完全陌生的环境。信息渠道的畅通无疑缩短了与目的地之间的心理距离，也提高了出行的效率、方便程度和舒适程度。全球定位系统（GPS）、手机上网功能的出现更极大地增强了人们即时信息的获取能力，即便在一个完全陌生的城市，人们也完全可以通过这些技术手段获知方位、时刻、距离，并选择合适的出行方式和路线，以及选择所想要的旅游及休闲活动。此外，美景、美食和丰富多彩的文化等大量目的地信息通过互联网以及多媒体渠道（文字、图像及视频）进入人们的视野，也极大地增强了人们出行的欲望。

（2）欧洲的发展

欧洲国家互联网旅游市场近十年来一直保持明显的增长态势，普遍发展较为成熟（图 3-11）。以法国为例，2007 年，法国拥有 3100 万网民，占全部人口的 48.6%。当年互联网旅游业（e-tourism）营业额为 52 亿欧元，占当年旅游市场总体份额的 10%～15%。同年，有 38% 的法国人通过 Internet 网预订过至少一次旅行。在旅馆住宿方面，

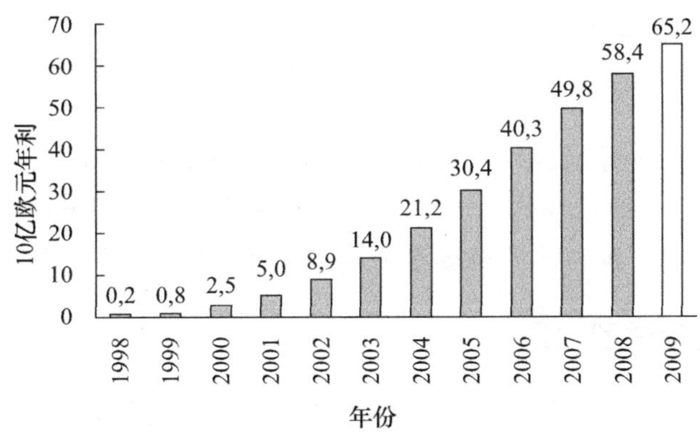

图 3-11 1998～2009 年欧洲互联网旅游市场的增长
图片来源：Carl H. Marcussen, Centre for Regional and Tourism Research,23March2009.

通过互联网预订的比例占到了住宿总量的 7%～8%。在机票方面，大约 35% 的机票是通过互联网预订的，余下的则是通过航空公司直接出售。在铁路方面，2007 年法国国家铁路公司（SNCF）通过其互联网（Voyages-sncf.com）实现的销售额达到了 18.6 亿欧元，占当年 SNCF 总销售额的 25%。这也使得 Voyages-sncf.com 继续在法国互联网旅游业保持排名第一的地位。

（3）我国的发展

20 世纪 90 年代以来，我国互联网事业得到迅速发展，如图 3-12 所示。截至 2018 年 12 月，中国网民规模达到 8.29 亿人，普及率达到 59.6%。此外，中国互联网应用的消费商务化特征走强趋势明显，其中旅游预订增长了 9.1%。目前，互联网旅游与传统旅游品牌在旅游市场中已经开始相互渗透，而互联网旅游凭借自身信息资源的优势对传统旅行社的冲击是显而易见的。携程网、穷游网等旅游网站通过旅游论坛的形式，为自助旅游者提供了极大的方便：得益于旅游者（以及潜在旅游者）之间的互动、交流及对目的地（包括景观、体验、服务等各方面）的评价，人们可以得到关于目的地的真实的第一手信息。很多旅游预订网站开通的使用后评价功能则在很大程度上促使旅游服务业者改善服务水平、提高服务质量，从根本上保障了旅游者的利益。

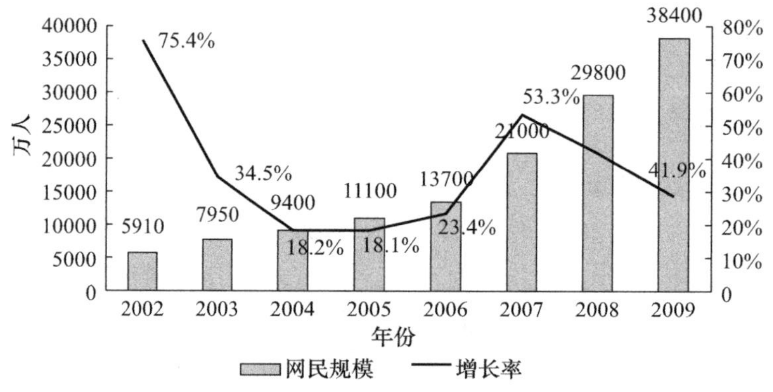

图 3-12　中国网民规模与增长率（2002～2009 年）
数据来源：第 25 次中国互联网络发展状况统计报告．中国互联网络信息中心（CNNIC）.

但同时我们也应该看到，互联网旅游的模式在我国还处于发展成长期，在 2006 年的市场份额还不到整体市场的 10%，互联网预订系统的使用者目前还仅占全体网民的 7.9%。这意味着网上预订旅游市场在中国还有着广泛的增长空间。

3.2.4　其他促进型因素

除了交通和互联网，还有一些其他因素，如接待设施与服务、专业型旅游服务、语言、政策等，在客观上也推动了“时空压缩”的进程，对旅游、休闲的发展同样有至关重要的促进（或制约）作用。

（1）接待设施与信息服务

世界上第一家旅馆诞生于 18 世纪，然而真正意义上的旅馆业发展成熟于 19 世纪。同样得益于交通的发展，其为各种档次的旅馆带来足够的客流。另外，旅馆业的成熟也推动了大众旅游的发展。例如，1978 年，北京市仅有 7 家涉外酒店，用来接待国外旅游者的床位实际上不到 1000 张。当年我国开放了入境旅游，国际旅游者人数猛增，导致北京、上海、桂林等旅游城市客房严重不足，其中尤以北京市最为紧张。经过 30 年的发展，我国入境旅游接待水平有了很大提高。2017 年，我国入境旅游人数达 1.39 亿人次，其中外国人 2916.53 万人次，国际旅游（外汇）收入达 1234.17 亿美元。到 2017 年末，全国共有星级饭店 10645 家，客房 147.06 万余间，床位共 250.55 万张，已能满足海内外游客的各层次需求。

目的地的信息服务对旅游者（尤其是自助旅游者）至关重要，对于来到陌生目的地的游客来说，完善的信息服务系统可以帮助他们迅速熟悉、了解目的地，完成各种活动，事实上起到了弱化“时空壁垒”的作用。旅游信息服务中心是所有欧洲旅游城市必备的设施，可以为来自世界各地的游客提供景点方位、旅馆预订、交通信息等各类信息服务（图 3-13）。除此之外，还可以通过道路信息标识系统、地图、旅游信息手册等手段来使访问者了解城市。

图 3-13　法国北部某镇旅游中心

（2）专业型旅游服务

专业型旅游服务是旅游市场发展及深化的产物，以旅行社为代表，提供各类旅游服务，旅行团是其中最主要的一类服务。另外，也可以单独提供签证申请、交通及住宿预订等服务。旅行社提供的高度职业化的旅游服务，使旅行变得更容易和舒适。旅行社在我国发展迅速，截至 2018 年底，全国共有旅行社 21649 家。近些年来，越来越多的人愿意将多点观光型旅游转为单点的休闲度假型旅游，很多旅行社已经注意到这种新的追求个性化的需求，提供的休闲度假产品也更加丰富，并纷纷推出半自助游系列产品。这种半自助游的形式在城市旅游（休闲）活动中有着广泛的应用前景。

互联网的发展也改变了旅行社的营销模式。很多旅行社纷纷推出网上业务，提供咨询和预订服务。近年来，“旅游超市”的模式得到较快推广：由一家旅行社单独设置或由多家旅行社合作建设，采用超市的营销理念，为旅游者提供广泛的选择和多样化的服务。例如，旅游者可自行选择旅行时间（开始及结束）、目的地、可承受价格范围，以网站为中介，旅行社可以提供多种组合的服务。

（3）语言

英语作为一种国际语言，正在被更多的国家和人所接受。世界上大约有 30 亿人能够使用英语。在我国，由于英语是中学及大学的必修课程，绝大部分年轻人都在学习英语。英语的普及也起到了减弱“时空壁垒”的作用。共通的语言能使旅游者在很大程度上降低对目的地的陌生感，无论是出境游还是入境游，英语都为旅游者带来方便。

（4）政策

政策因素对于旅游的发展至关重要，包括旅游及休闲发展政策、节假日政策等。以出境游为例，1990 年 10 月我国开放个人出境游，公民可以去新加坡、马来西亚和泰国进行旅游。在这之后，随着出境游政策的进一步放开，到 2007 年已有 132 个国家和地区成为我国公民个人出境游目的地。2000 年，我国出境游人数为 1050 万人次，到了 2007 年这一人数增长到 4090 万人次。政策的调整无疑是促进这一发展的重要因素。

又如，2009 年 2 月 23 日，广东省正式颁布《关于广东省试行国民旅游计划的若干意见》，希望能据此加强科学引导，加大财政支持投入，完善配套政策措施，让旅游真正成为社会的主流意识和全民活动，成为推动经济社会较快发展新的引擎。

在当代我国全面建成小康社会决胜时代，国家提出了全域旅游的发展思路，更是经济新常态下应对全面小康社会大众旅游规模化需求的新理念、新模式和新战略。2016 年 12 月 26 日，国务院在官方网站公布《国务院关于印发“十三五”旅游业发展规划的通知》，明确了“以转型升级、提质增效为主题，以推动全域旅游发展为主线”。2017 年 3 月，李克强总理在政府工作报告中指出：“完善旅游设施和服务，大力发展乡村、休闲、全域旅游”。国家全域旅游的全景、全业、全时、全民建设要求，为居民旅游提供了强有力的保障。

在节假日政策方面，自 1999 年我国开始实施“黄金周”休假政策，其极大地促进了旅游业的发展。2019 年国务院办公厅印发《关于进一步激发文化和旅游消费潜力的意见》，其中国有景区门票降价、带薪休假进一步落实、夜间文旅经济大力发展，将极大地促进旅游业。但是，也出现了很多问题，如交通和景点的拥挤、服务质量的降低、"趁火打劫"式的票价飙升等。有鉴于此，国家有关部门增加传统节日元旦、清明、端午、中秋为法定假日，形成元旦、清明、端午、中秋、五一、十一、春节传统节日的假期系统。这其中的几个新的两到三天的小长假，给旅游 / 休闲市场带来不小的变化。比起以往的一年三个"黄金周"，更多、更短的假期分散了客流，在一定程度上降低了交通、旅游系统的压力。在小长假中，中短途旅游是市场主体，城市旅游是市场的热点之一，厦门、三亚、北京等城市都是国内游的热点目的地。例如，2019 年"五一"小长假，厦门市共接待中外游客 210.68 万人次，实现旅游收入 24.37 亿元。北京市共接待国内游客 685.1 万人次，旅游总收入 78.5 亿元。三亚市接待过夜游客 7.3 万人次。在较短的假期内，对于访问者来说，由于城市通常具有良好的服务设施和便捷的交通联系，因而具有较强的吸引力。

当然，要彻底解决旅游资源超负荷运转的问题，还需要贯彻执行 2008 年起实施的《职工带薪年休假条例》。只有保证人们自由选择年休假时间的权利，才能真正推广个性化、分散化、多元化的旅游方式，以合理利用交通、旅游资源，提高人们在旅游/休闲活动中的满意度。

3.2.5 "时空压缩"带来的影响

人们在选择旅游（休闲）目的地时受到很多因素的限制，信息获取渠道是其中重要的一个。尽管某些目的地旅游价值很高，但由于信息获取渠道不畅等原因，这些目的地没能为人们所知，人们就不可能到这些地方进行旅游及休闲活动。人们对目的地的选择方式主要是外延性决策，外延性决策的一个显著特征是决策者对旅游信息进行程度不同的搜寻（闫平贵等，2009）。在所有目的地中，只有被感知的目的地和人们承受能力范围内的旅游目的地才会进入旅游/休闲行为决策，成为真正候选的目的地。

人们对目的地的选择必须在感知环境范围内进行，感知环境是影响选择行为的首要因素。造成"时空压缩"的信息化进程，特别是互联网的普及导致了信息传递的方便与迅捷程度大幅度增加，人们接触信息的机会和途径获得了革命性的增长，信息和知识的可获得性日渐趋同，感知环境范围不断扩大。由于更多的目的地进入了人们的感知范围，人们获得了更多的选择机会。

被感知到的目的地是否会成为人们现实的旅游 / 休闲选择，还取决于居住地和目的地之间的距离。社会学的观点认为，距离并不完全是两点间的自然距离，还包含完成两点间交往的时间和成本。距离与两点间的交通、气候、自然屏障、社会屏障等因素相关联，具有多重特征，可分为地理距离和心理距离。地理距离是两点间的空间实际距离；心理距离是对克服地理距离所消耗的时间、资金以及各种文化、社会因素的综合感知和心理预期，具体包括时间距离、经济距离、文化距离等。时间距离、经济距离是指现有交通和技术条件下克服空间距离所用的时间和费用，文化距离是指文化上（如语言、风俗等）的认同程度。高速发展的交通技术降低了出行成本，提高了出行能力；便捷的信息传递使旅游者接触信息的机会和途径摆脱了空间的制约作用；在交通和各种媒体工具（电视、电影、报纸、互联网等）的共同促进下，不同文化之间的沟通和相互认可程度也提高了。在这样的情况下，虽然地理距离保持不变，心理距离随着“时空压缩”的进程而变小了。

得益于“时空压缩”进程带来的感知范围扩大和心理距离缩减，旅游出行有了大量增长。在不同的历史时期，欧洲和中国都经历了这个类似的过程。这种增长体现在三个方面：旅游出行绝对数量的增加，旅游出行在所有出行中比重的上升，旅游出行范围（距离）的扩大。

改革开放30年以来，我国的入境旅游、出境旅游和国内旅游都得到了持续、快速的发展。这样大幅度的增长当然是由多方面的因素促成的，但前文所分析的“感知范围扩大和心理距离缩减”显然是重要因素之一。2008年，国家旅游局发表的《中国旅游业改革开放30年发展报告》中着重强调了这一点：

“进入新世纪，中国现代化交通网络逐步形成，旅游交通瓶颈总体解决，并对旅游出行方式产生了明显影响。到2007年，中国境内民用航空定期航班通航机场148个，定期航班通航城市146个；全国铁路营运里程达到7.8万公里，位居世界第三；全国公路总里程达358.37万公里，有11个省的高速公路里程突破2000公里。除了正常定点的航班、列车以外，旅游包机、旅游专列、自驾车旅游成为潮流。环保、信息、能源等基础设施建设突飞猛进，为旅游业提供了更为良好的发展条件”。

欧洲国家普遍在20世纪五六十年代完成了第二次世界大战后重建和交通基础设施网络建设，并在90年代开始发展信息技术和产业。因此，由机动化和信息化带来的“时空压缩”进程事实上体现在超过半个世纪的历史进程中。与此不同的是，我国的机动化、信息化进程几乎在同时进行，而且发展的速度也更快，因而其带来的“时空压缩”进程也更为强烈。

更为重要的是，30年来（尤其是近10年以来）的机动化水平高速发展并不意味着我国未来的发展即将减缓或停滞。事实上，由于在诸多人均指标上我国与发达国家仍然有较大差距，按照人均收入与机动化水平的相关关系，在我国经济持续增长的预期下，我国的机动化水平在未来一个时期内仍将快速发展。

例如，在千人小汽车保有量和年人均小汽车客运周转量这两个反映小汽车拥有和使用的主要指标方面，我国与日本、欧洲和美国等发达国家和地区均有明显差距（图3-14，图3-15）。而从当前我国的政策来看，并没有对小汽车发展作出有效的限制。又如，从2000年到2008年，我国民航客运收益增幅达184%，而同期欧洲民航客运收益增幅仅为29%，北美仅为7%。但是，2008年我国国民人均每年乘飞机仅为0.2次，而美国国民为3次，是我国的15倍（OECD，2010）。

上述数据表明，在经济发展速度、交通产业政策等背景条件不发生本质变化的前提下，未来我国机动化水平仍有很大的增长空间。这意味着人们的旅游出行能力还将继续增长，旅游出行也将持续增加。需要特别指出的是，由于我国人口基数巨大，如果我们重复发达国家的发展历程，那么人均机动化水平的提升将带来巨大的总体能源消耗和环境问题。这是研究者和决策者都必须深入思考的问题。

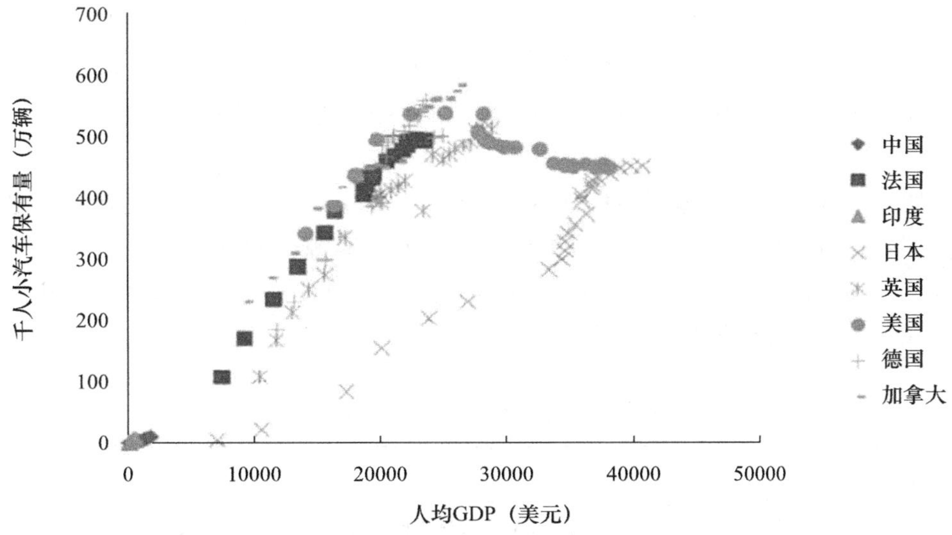

图 3-14 千人小汽车保有量与人均 GDP 的关系

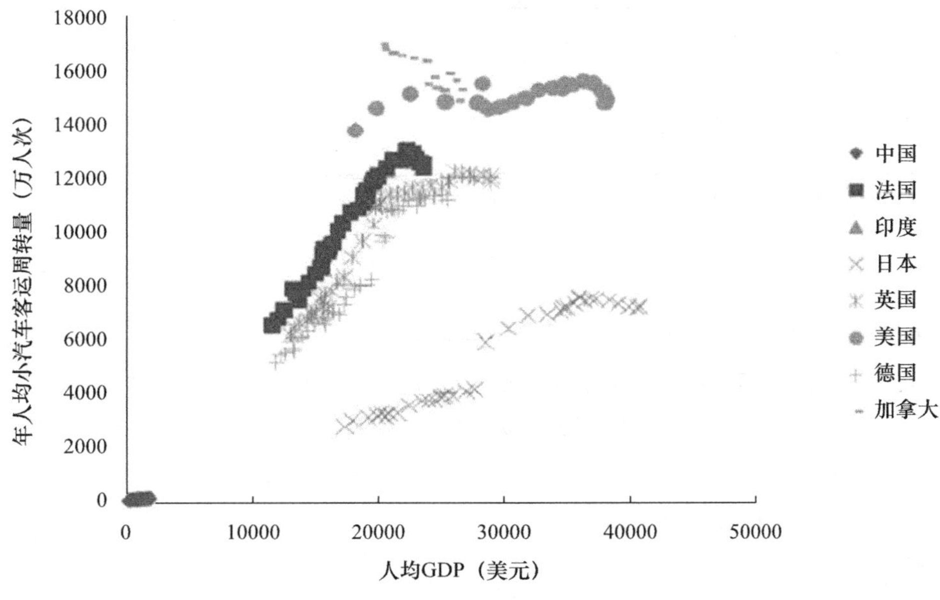

图 3-15 年人均小汽车客运周转量与人均 GDP 的关系
数据来源：OECD，2010.

由于人均收入、文化习惯、交通条件等多方面的原因，城市居民比农村居民表现出更强的出游意愿和能力。以经济较为发达的广东省为例，农村地区居民出游率为 41.1%，而广州市居民出游率为 197%，深圳市更是达到了 243%。

20 世纪 80 年代以来，我国旅游学界开始对目的地的客源市场进行研究，包括客源市场的影响因素、市场细分、时空结构和市场预测等方面，涉及的目的地包括自然观光地和旅游城市等多种类型。就城市目的地的相关实证研究来看，虽然从研究对象、数据来源和统计口径等方面都有差异，但仍然可以从中得出对其总体发展趋势的判断。

总的来说，我国城市旅游国内客源市场时空结构的演变趋势是：客源市场在空间上逐步分散，集中度下降，而目的地城市的吸引半径在不断扩大（保继刚等，2002；孙景荣等，2009；张安民等，2009）。这些经验数据也为上文中的假设提供了一定的验证。

例如，表 3–4 中的数据表明，1987～1999 年，桂林市国内旅游的吸引范围在不断扩展：1001～1500 公里范围内的客源地所占的客源份额在下降，由 1987 年的 86.31% 下降到 1999 年的 72.46%；而 1500 公里范围以外的客源份额呈现出上升趋势，从 1987 年的 13.69% 增加到 1999 年的 27.54%。

桂林国内游客客源地的空间分布演变 **表 3-4**

年份	1987 年		1999 年		1987～1999 年
吸引范围（km）	客源份额（%）	累计份额（%）	客源份额（%）	累计份额（%）	演变趋势（%）
≤ 500	38.25	38.25	28.69	28.69	−4.99
501～1000	34.01	72.26	33.94	62.64	−0.21
1001～1500	14.05	86.31	9.82	72.46	−30.11
≥ 1501	13.69	100	27.54	100	+ 101.17

注：1. 以桂林市为中心，以其至各省、自治区、直辖市的政府所在地的铁路里程代表该客源地旅游者到桂林的空间距离。
2. 数据来源：保继刚，郑海燕，戴光全 . 桂林国内客源市场的空间结构演变 . 地理学报，2002（1）.

类似的，表 3–5 中的数据表明，从 2004 到 2008 年，在丽江国内旅游客源地的空间分布中，只有远程市场（大于 3500km）的客源份额在增加，从 17.53% 增加到 27.33%，增长了 55.9%。而其他客源市场的份额均呈下降趋势，其中 1500 公里以内的市场份额由 2004 年的 35.06% 下降到 2008 年的 32.56%，下降了 7.13%；1500～2500 公里范围内的市场份额下降了 5.61%；2500～3500 公里范围内的市场份额下降了 22.74%。

丽江国内游客客源地的空间分布演变 **表 3-5**

年份	2004 年		2008 年		2004～2008 年
吸引范围（km）	客源份额（%）	累计份额（%）	客源份额（%）	累计份额（%）	演变趋势（%）
＜ 1500	35.06	35.06	32.56	32.56	−7.13
1500～2500	20.32	55.38	19.18	51.74	−5.61
2500～3500	27.09	82.47	20.93	72.67	−22.74
≥ 3500	17.53	100	27.33	100	+ 55.9

数据来源：孙景荣，张庆，余超 . 丽江古城国内客源市场时空结构演变研究 . 旅游市场，2009（12）.

3.3 城市旅游发展的趋势

得益于各种交通及信息技术条件的进步，“时空压缩”背景下城市间路径得到了强化。而接待设施与信息服务等促进型因素的发展也进一步弱化了“时空壁垒”。旅游的发展为城市带来大量“外来者”——访问者。一旦城市成为访问者的目的地，当地居民的生活便不可避免地要在某种程度上被访问者的活动所影响。旅游给城市带来的另一个直接影响就是，访问者和居民对城市的共享。这种共享主要体现在访问者和居民对城市空间及相关设施的共同占有和使用上。具体来说，本书将从城市空间和城市交通系统这两个方面来考察这种影响。这种影响是一个互动的过程，既包括访问者带来的直接影响，也包括城市（居民）的自发适应过程，以及城市政策带来的主动改变。

3.3.1 共享的城市

由于“时空壁垒”的减弱，在一些重要的旅游城市，城市中相当一部分资源和功能已经为居民和访问者所共享（图 3-16）。在一定意义上，访问者通过“用脚投票”

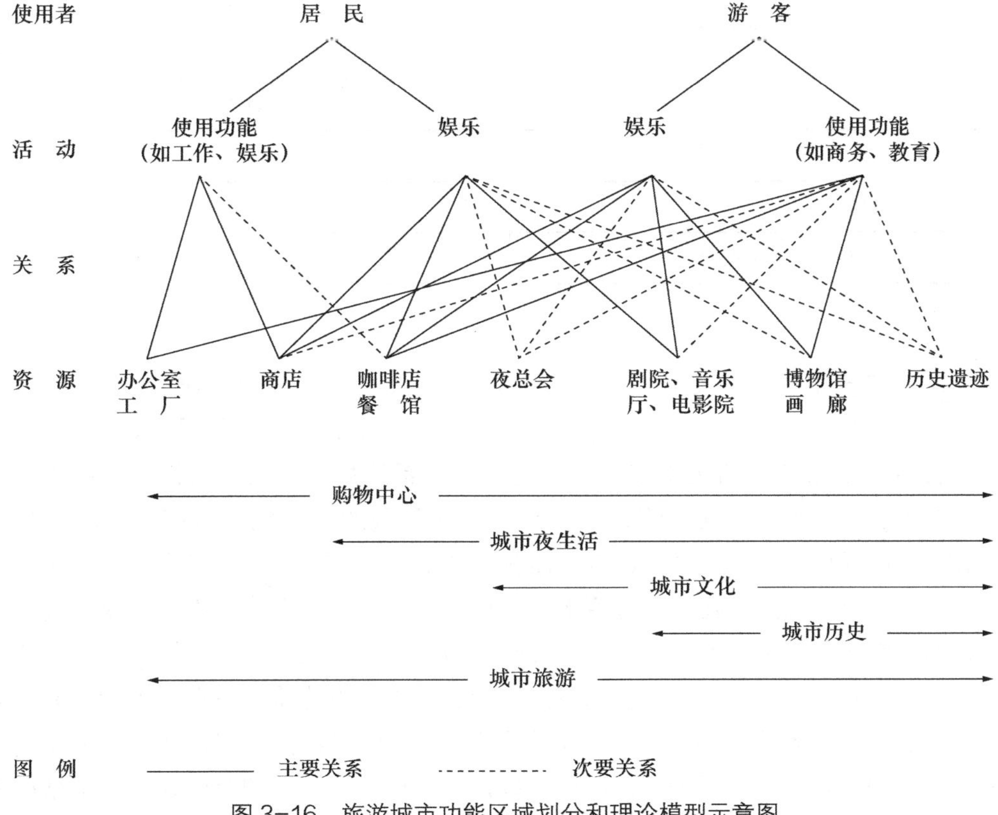

图 3-16 旅游城市功能区域划分和理论模型示意图

图片来源：Burtenshaw 等，1991. 转引自史蒂芬·威廉姆斯 . 旅游［M］. 昆明：云南大学出版社，2006.

选择了目的地城市，因而共享是竞争的结果；另外，公共部门对这种共享的促进和保障又会使城市更好地赢得竞争。

这种共享带来了城市功能结构和城市公共空间的变化。此外，不动产价格、生活成本的升高等趋势还会带来新的居住空间分异。应该说，这些现象在大部分旅游城市都存在。但是，各城市旅游发展阶段的不同、所拥有的旅游资源不同、公共政策应对的不同，使得这些现象表现的程度各异，在同一城市的不同地区也有差异。

为了衡量不同城市所承受的访问者带来的不同影响，Vander Borg 等学者（1996）提出了“访问者/居民比例”来对这种影响进行量化。由表 3-6 可以看出，在一些著名的旅游城市，访问者人次相对于居民人数的比重很大。在威尼斯的中心历史城区，访问者和居民的比例竟然达到 89.4 : 1。即便不考虑这样极端的例子，在其他城市，这个比例也相当高。

欧洲部分城市的访问者 / 居民比例 **表 3-6**

城市	访问者 / 居民
艾克斯–普罗旺斯	8.0
阿姆斯特丹	5.9
布鲁日	23.4
佛罗伦萨	9.8
牛津	11.5
萨尔兹堡	36.0
威尼斯（中心历史城区）	89.4
威尼斯（市域范围）	27.6

数据来源：Vander Borgetal，1996.

当然，应该注意到，表 3-6 中列出的城市主要是小城市（艾克斯–普罗旺斯，牛津）以及中等城市（布鲁日，佛罗伦萨），自身人口基数较小。但是，即便在巴黎、伦敦这样的大都市地区的旅游核心区，由于访问者的数量巨大（尤其在高峰旅游季节），其对城市空间环境的影响也十分可观。在我国的一些旅游城市，访问者和居民的比例同样很高。例如，2018 年，桂林市人口 538.15 万，桂林市接待游客总量 10915.31 万人次。因此，在某种程度上，这些旅游城市事实上已经不仅仅属于其原有居民，而成为居民和访问者“共享”（share）的城市。

访问者在目的地城市空间活动的范围包括旅游吸引点（旅游景点等）和服务型节点（住宿、购物、餐饮、娱乐场所等），同时还包括访问者在城市中驻足、漫步、观光的所有空间与场所。一般来说，我们可以认为，访问者活动的范围即构成了城市中访问者和居民共享的区域。同时，目的地城市的旅游核心区是访问者活动最为集中的区域，因而也是访问者和居民共享程度最高的区域。

（1）旅游核心区的形成

Hayllar（2008）指出，无论是从供给还是需求的角度来说，旅游都不会在城市范围内不间断地均匀蔓延，而是集中在相对较小的特定地理区域内——旅游区，而游客常常是在这些旅游区之间移动的过程中体验城市最精彩的部分。例如，金准（2008）通过携程网游记对北京自助访问者进行的研究表明，绝大部分旅游活动集中在城区之中，由城市中心向外，访问者的活动呈现出明显衰减（表 3–7）。造成这种现象的主要原因是，在所有 177 个访问节点中，有 87 个处于《北京市城市总体规划（2004—2020 年）》中所划定的旧城保护范围之内，而这不到 50% 的访问节点所形成的访问次数占总访问次数的 70%。

北京旅游活动向外衰减现象 **表 3-7**

区域	旅游活动频次（%）
城区	72.3
近城区	19.8
城郊区	7.9

数据来源：金准 . 我国现阶段城市化对城市旅游的影响——以 1990 年以来的北京为例［D］. 北京：中国社会科学院，2008.

Jansen-Verbeke（1998）根据历史城市旅游化阶段中城市空间的不同使用功能将其划分为：单一旅游功能区，如教堂、城堡、纪念物、博物馆等与城市其他部分联系较少的特殊地区；旅游与城市其他功能混合区，如商业区、酒吧、餐馆、宾馆等；无特定旅游功能区。在一些城市旅游化的进程中，这三种功能区都会有不同程度的变化，从而引起城市整体功能结构的变化。

通过对大量欧洲中等历史城市的研究，G.J.Ashworth & J.E.Tunbridg（2000）将旅游历史城市的演变分为四个阶段（图 3-17）：在第一个阶段，所有的城市功能都局限在原有的历史城市内部，城市的商业中心也位于历史城区内部。在第二个阶段，随着城市的扩张，在旧城区的附近形成了新的商业中心。在第三个阶段，追求利润的最大化促使企业开始占用历史城区内部的土地，同时地方政府对历史城区的建设开始进行管制，二者之间出现了矛盾。官方和民间的共同努力促使人们重新认识和评估历史遗产，并将其作为城市的一种重要旅游资源加以保护、规划和利用。因此，在新的商业中心和旧城中心区的交界处附近形成了旅游历史城区，它包括与旅游相关的旅馆、餐厅、旅游公司等。在最后一个阶段，随着旅游需求的不断增加，其他历史景点也被发现，并在其周围形成了相关的旅游服务设施。

我们可以认为，第三个阶段对旅游核心区的形成最为关键，这实际上是一种内城遗产化的过程。在欧洲的历史旅游城市中，这种过程常常塑造了一个或多个明显的旅游核心区。

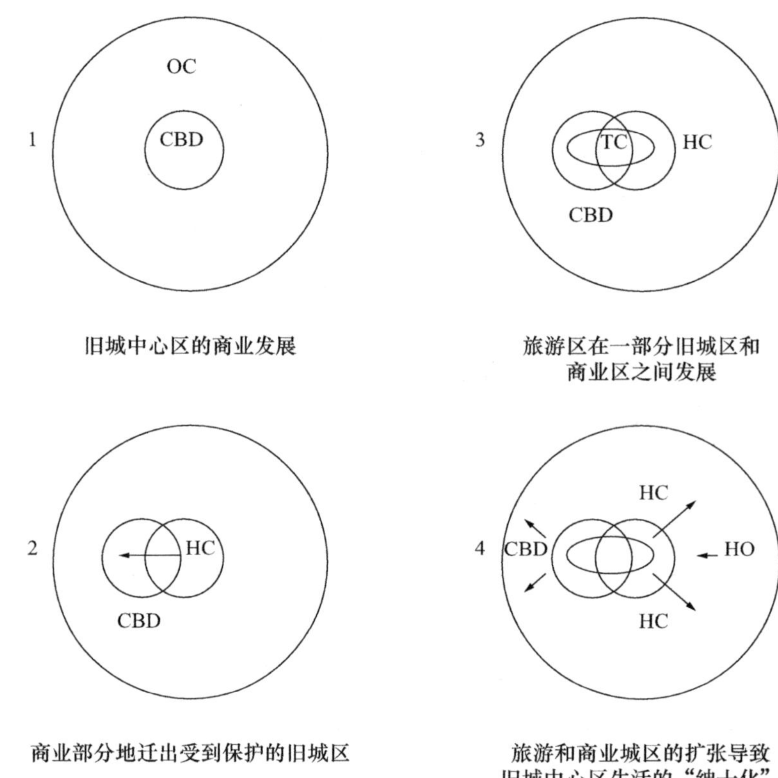

图 3-17　旅游历史城市模型

图片来源：Ashworth G J, Tunbridge J E. The Tourist-Historic City：Retrospect and Prospect of Managing the Heritage City［M］. New York: Pergamon, 2000.

以巴黎市为例，在巴黎城区 105.4km^2 范围内（图 3-18 中环路以内的范围），2006 年接待了约 2700 万过夜访问者（不包括一日访问者）。当年的巴黎城区人口为 220 万。从图 3-18 中可以看出，绝大部分旅游吸引物均分布在巴黎城区内的核心地区，即主要建成于 19 世纪之前的马莱区（Le Marais）及主要建成于 19 世纪奥斯曼改造时期的城区。

在这两个区域内，集中了绝大部分最重要的旅游吸引物（年均访问者超过 500 万人次，如巴黎圣母院、埃菲尔铁塔、卢浮宫、蓬皮杜中心等）、重要旅游吸引物（凯旋门、奥赛博物馆等）以及其他旅游吸引物（大小皇宫、圣贤祠等）。由于这些区域内历史风貌保存完整，街道、广场、绿地等公共空间本身便构成对访问者的重要吸引力。同时，这里也是餐馆、咖啡厅、剧场、商店集中的地区，吸引了大量的居民休闲活动。除了访问各旅游吸引物，访问者的活动还包括漫步、用餐、喝咖啡、欣赏演出、逛商店等。因此，我们可以认为图 3-18 中两片相邻的深色区域共同构成了巴黎市最主要的旅游核心区。此外，蒙马特区（Montmartre）虽然在空间上与上述两个区域分离，但因其拥有圣心教堂（Sacré-Coeur Basilica）、红磨坊、大量艺术家工作室、画廊等重要旅游资源，事实上也形成了一个规模较小的旅游核心区。

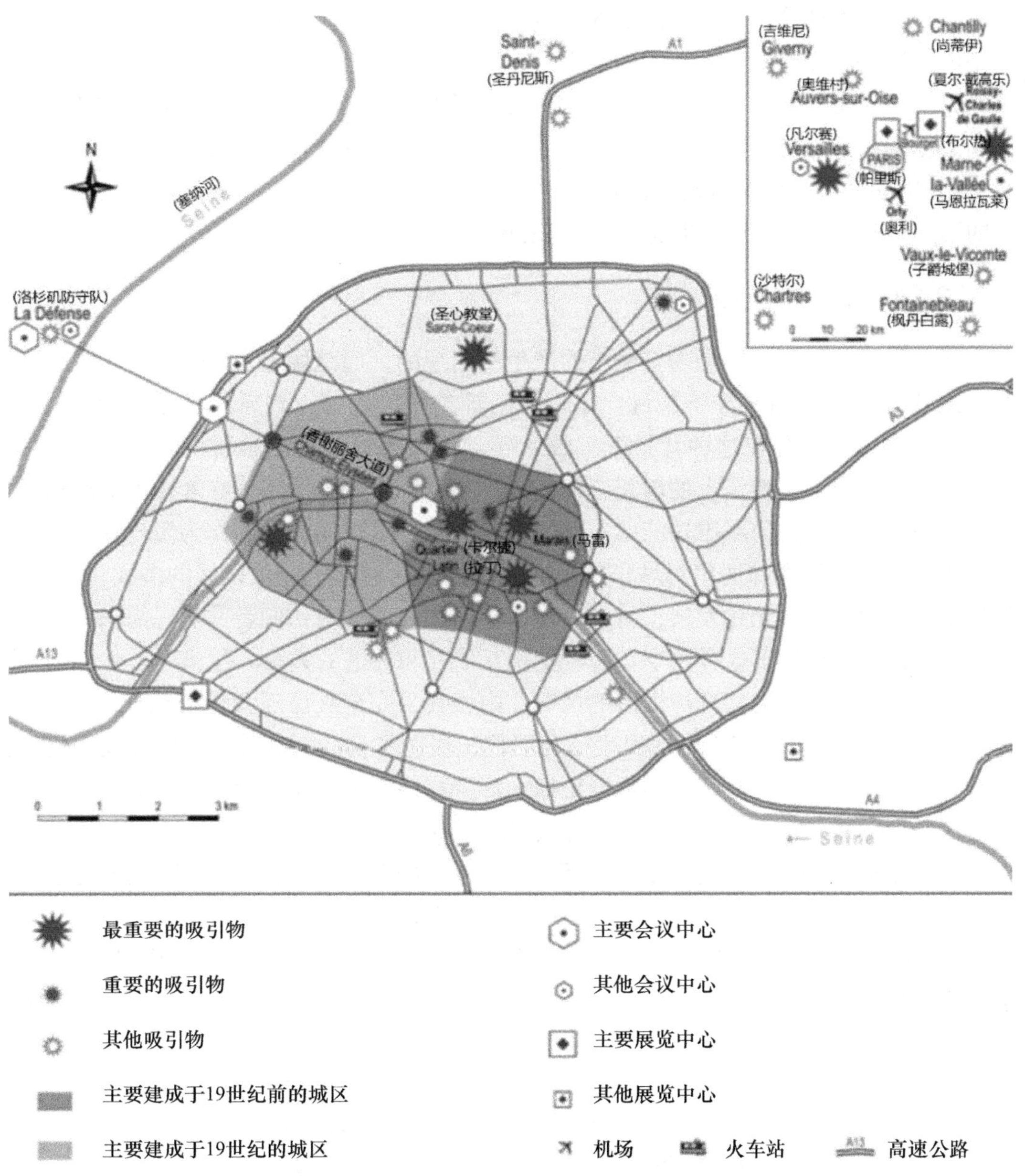

图 3–18　大巴黎地区旅游吸引物分布

（图片来源：Freytag T. Tourist practices of repeat visitors in Paris. SGD. 4, 1-25, 2008.）

城市旅游核心区的形成，根源于这个地区拥有的丰富、持久的构成旅游吸引力的资源和城市休闲资源。在一般情况下，拥有丰富历史遗产和文化资源的地区对访问者的吸引力往往比较强大而持久，是城市旅游核心区形成的良好依托条件：除了重要吸引物，历史城区的浓厚生活氛围本身也构成了重要的旅游吸引力；持续的客流，为旅游吸引物的维护和服务业的发展提供了经济支撑；而完善的服务业又会吸引更多访问者到来，同时也为地方居民服务。这也是大部分欧洲城市旅游核心区往往集中在历史城区的根本原因。

在我国，大部分发展较为成熟的旅游核心区也是如此。例如，上海城隍庙地区主要是依托城隍庙和豫园对访问者的吸引力而逐渐发展起来的，南京的夫子庙地区则是依托夫子庙和秦淮河，苏州的观前街则主要依托玄妙观等。但是，拥有丰富的历史遗产和文化资源并不是城市旅游核心区形成的唯一条件。有些并不具备这一条件的地区（如深圳华侨城、广州天河城、香港中环），如果具备其他条件（如主题公园、高度发达的第三产业），也同样可以形成旅游核心区。

（2）城市功能的多元化

城市的旅游功能并不是随着城市的产生而出现的，而是城市发展到一定阶段的产物。20 世纪以来，由于经济条件、闲暇时间等条件的改善，普通人群的旅游、休闲需求逐渐增长。正是在这种背景下，1933 年《雅典宪章》提出游憩功能是城市的四大功能之一。随着旅游需求的增长，访问者不断涌入目的地城市，在客观上对城市功能提出新的要求。任何城市功能的实现，都需要特定的空间和设施作为实现这种功能的物质载体。访问者和居民对城市空间的共享带来对城市空间及设施的多样化需求，促进了城市功能的多元化发展；另外，城市功能的完善和对访问者、居民需求的更好满足，则进一步促进了这种共享。两者是相互依存和促进的关系。

在欧洲，除了威尼斯这样极端的情况（内城几乎完全被访问者及其旅游活动所占据），很多城市内城还有大量居民生活与居住，居民和访问者有着复杂的互动。仍以巴黎市为例，其旅游核心区并不像威尼斯内城那样高度博物馆化，而是具有完整、多样化的城市功能。在旅游核心区内，有大量居民在居住、工作和休闲。

从巴黎的行政区划（图 3-19）来看，图 3-18 中所反映的旅游核心区主要是巴黎第 1 区～第 9 区的范围。在这个区域内，分布着大量的旅馆（图 3-19）。同时，从表 3-8 中可以看出，第 1 区～第 9 区仍然有大量人口居住。而从图 3-20 中可以发现，从居住人口与就业人口的叠加来看，巴黎市的主要旅游核心区（图中黑线内范围）内

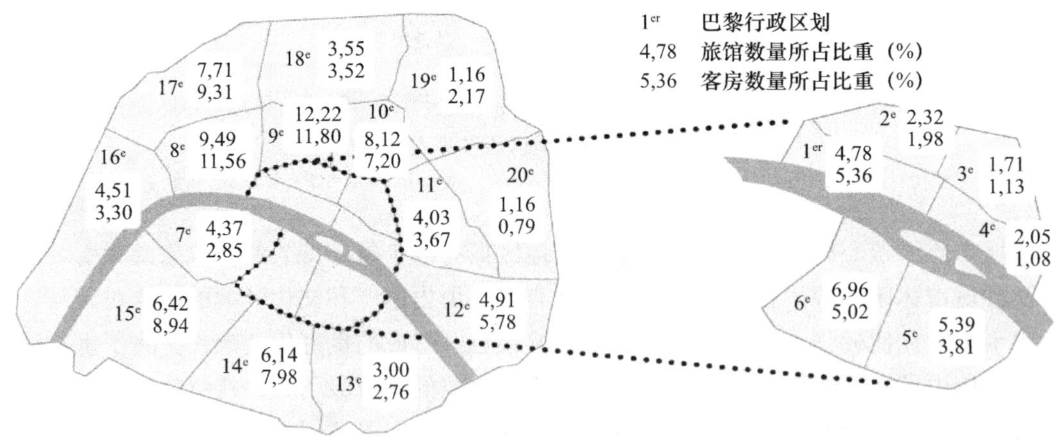

图 3-19　巴黎 2008 年各区旅馆及客房数量分布

图片来源：Le tourisme à Paris en 2009, Office du Tourism et des Congrès de Paris.

2008 年巴黎各区居住人口分布 **表 3-8**

1 区	2 区	3 区	4 区	5 区	6 区	7 区	8 区	9 区	10 区
17889	21417	34994	29395	62205	46182	57428	39655	59028	92679
11 区	12 区	13 区	14 区	15 区	16 区	17 区	18 区	19 区	20 区
153427	142926	180460	135538	235300	155993	162913	192042	187603	194504

数据来源：Le tourisme à Paris en 2009, Office du Tourism et des Congrès de Paris.

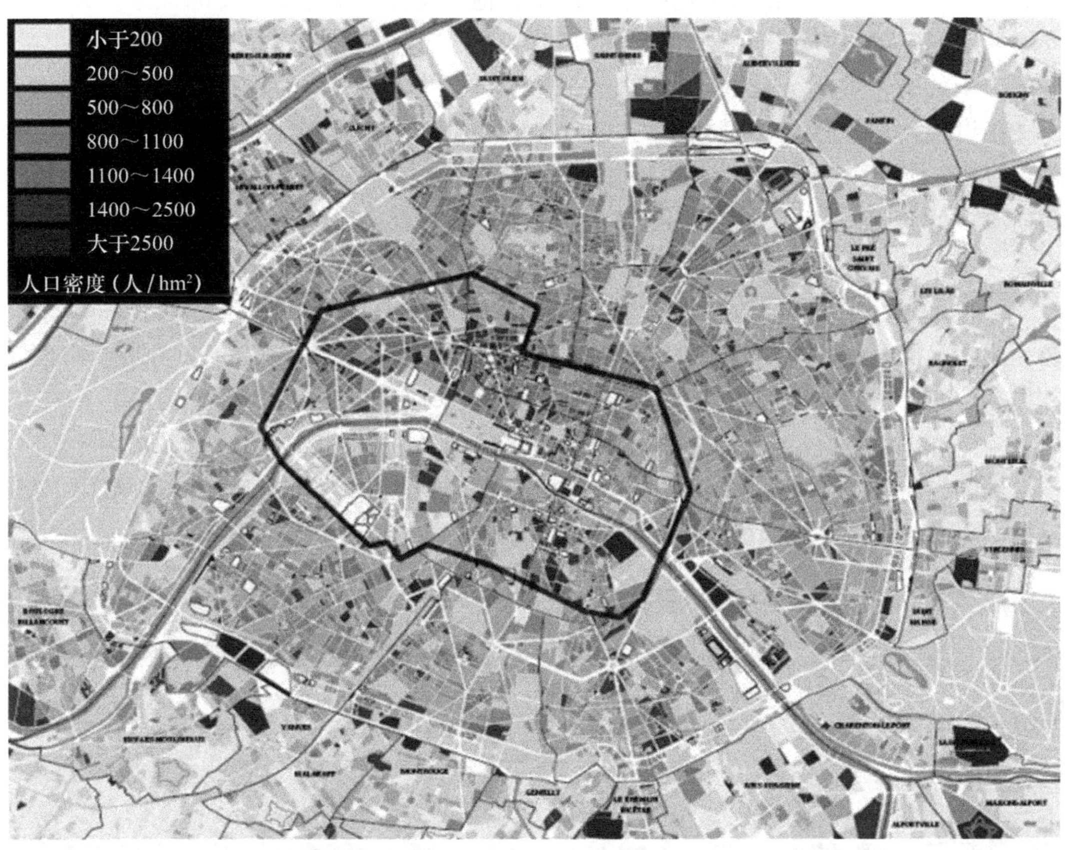

图 3-20　巴黎 2008 年城区人口密度（居住人口＋就业人口）
图片来源：PARIS 21e SIÈCLE. Mairie de Paris.

人口密度仍较高。这也说明了该地区除了旅游、休闲功能之外，还具备显著的居住和就业功能。

在欧洲旅游城市中，这是一个普遍性的现象：旅游核心区同时是重要的居民生活区。除了居住功能以外，旅游核心区还有大量公共空间（街道、广场、绿地等）和服务型设施（如餐饮、娱乐和文化设施等）为访问者和居民所共享。这不仅包括在旅游核心区内居住的居民，还包括整个城市地区中的居民。例如，在伦敦的西部城区中，40% 的剧院观众通常是当地人，其余 60% 分别由国内和国外访问者组成，这两类访问者各占一半。

城市功能的多元化促进了土地的混合使用。以巴黎市蒙马特区为例，除了是著名的旅游目的地，该区还有约30000名居民，土地混合使用特征明显（图3-21及图3-22）。该区最重要的旅游吸引点是圣心教堂和圣皮尔斯教堂（the Church of St-Pierre），此外还有小丘广场、皮嘉尔广场、红磨坊、浣衣舫和爱之墙等著名景点，每年吸引约600万人次的访问者。

圣心教堂是蒙马特地区最大的旅游吸引物，与埃菲尔铁塔、凯旋门同为巴黎市的象征。在具有同样独特的建筑、宗教和象征意义的教堂前广场，更可以俯瞰巴黎城的全貌。但访问者们并不仅仅为这些景点而来，他们还去游览这个独特的社区，频繁地光顾邻近的广场、居住区、画廊、小商店、餐馆、咖啡馆以及夜总会，去感受这里独特的历史建筑、生活氛围和艺术遗产。这些活动多集中在著名的小丘广场及其附近，而文化设施和服务设施明显地集中在连接圣心教堂和小丘广场之间的街道两侧。在小丘广场的一到两个街区背后，访问者的人流密度则急剧下降，居住功能逐渐取代了面向游客的商店（图3-22）。在这样一个地区，访问者和居民的活动空间有着明显的交集。

一般来说，这种功能的多元化在旅游核心区内表现最为显著，集中了居住、旅游、休闲、商业服务、办公等多种城市功能。这种聚集性、多元化的城市功能格局能够提高访问者体验的丰富性，增强目的地吸引力。而访问者和居民共同带来的人流密度又为服务设施提供稳定的消费人群，促进了服务设施的成熟和完善。

例如，在阿姆斯特丹旧城中心区，城市功能呈现出明显的多元化特点：集中了居住、文化、商业及其他服务业等多种功能。除了与旅游、休闲有关的城市功能，这里

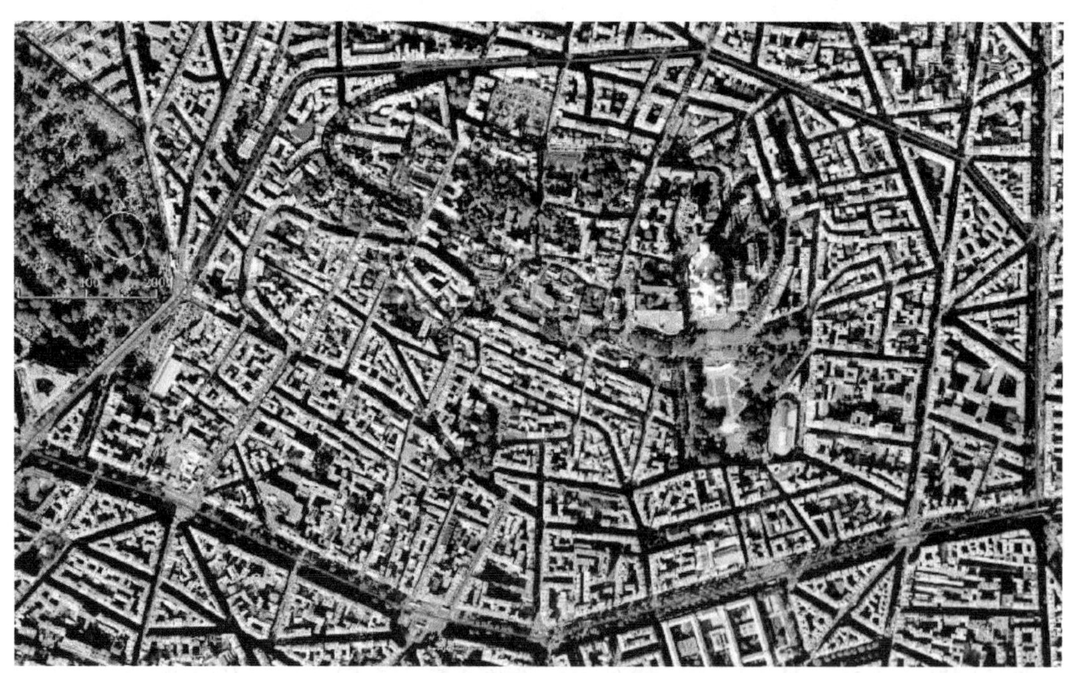

图3-21　巴黎Montmartre区范围及街坊形态
图片来源：Google Earth.

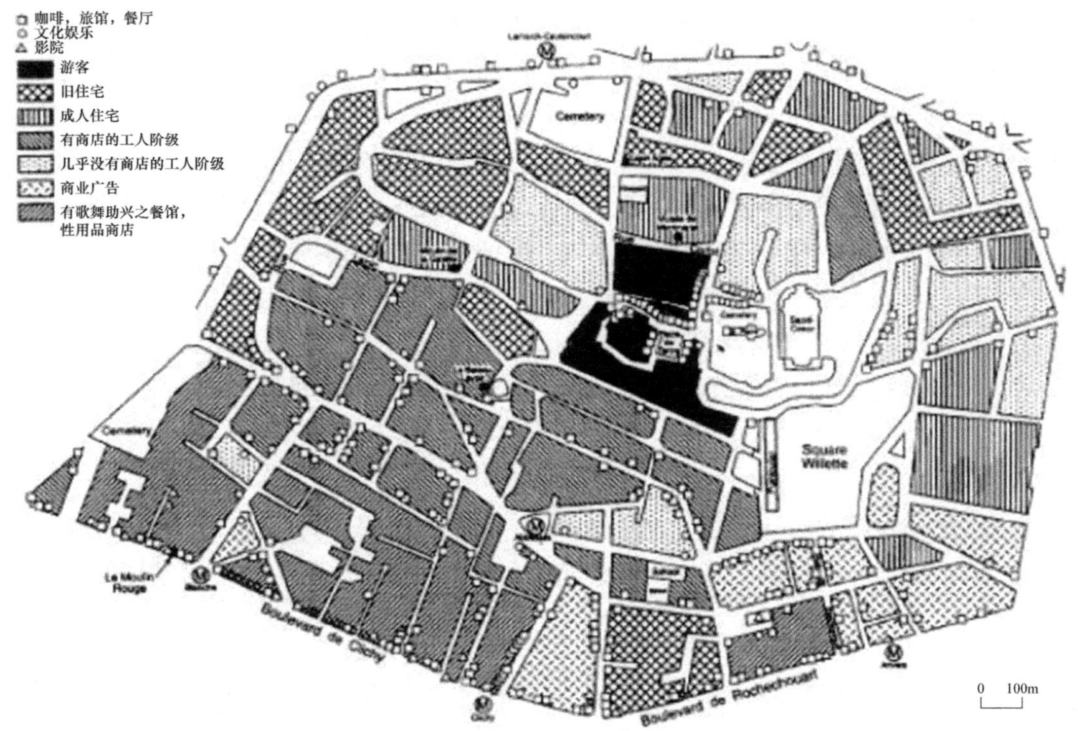

图 3-22 巴黎 Montmartre 区的用地功能

图片来源：Tourist districts in Paris: structure and functions, Douglas G Pearce, Tourism Management, Vol. 19, No. 1, pp. 57, 1998.

还分布了大量公司总部和政府机构（图 3-23）。这些办公设施主要分布在中心区保存完好的 17、18 世纪的著名历史建筑中。这些历史建筑往往内部空间较大或租金太高，从而不适于居住，而被一些商业公司或政府机构所租用。这些办公空间依托旧城传统文化氛围和著名历史建筑，可以提升公司或政府部门的形象，扩大影响力。而旅游核心区中的办公、商务功能可以增强地区经济结构的多样性，降低对旅游业过度依赖带来的风险。

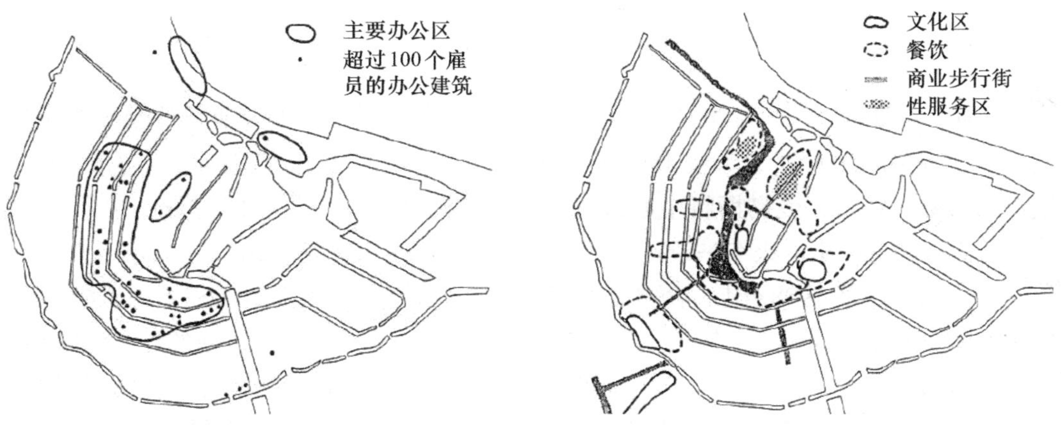

图 3-23 荷兰阿姆斯特丹中心区办公空间分布（左）及其他城市功能布局（右）

图片来源：Ashworth G J, Tunbridge J E. The Tourist-Historic City［M］. New York: Belhaven, 2000.

需要指出的是，城市功能多元化的过程并不仅仅是城市对旅游发展的自发适应过程，公共政策的制定和实施（特别是历史地段改造及城市复兴）在其中扮演着重要角色。

例如，哥本哈根中心区的改造就是一次较为成功的实践。改造延续了中心区历史上形成的多样性、混合性的特征，在中心区4或5层的历史建筑中，由下向上依次安排商业服务、办公和居住等功能，保证了建筑单体内部的综合性功能；在区域范围内也实现了多功能混合。“在白天，城市变得更多样化而更具活力，而到了晚上，市中心的居民以及良好分布的夜间设施成就了一个更安全更友善的市中心。”从图3-24可以看出，完善的商业服务设施为居民和访问者创造了丰富的夜间生活。

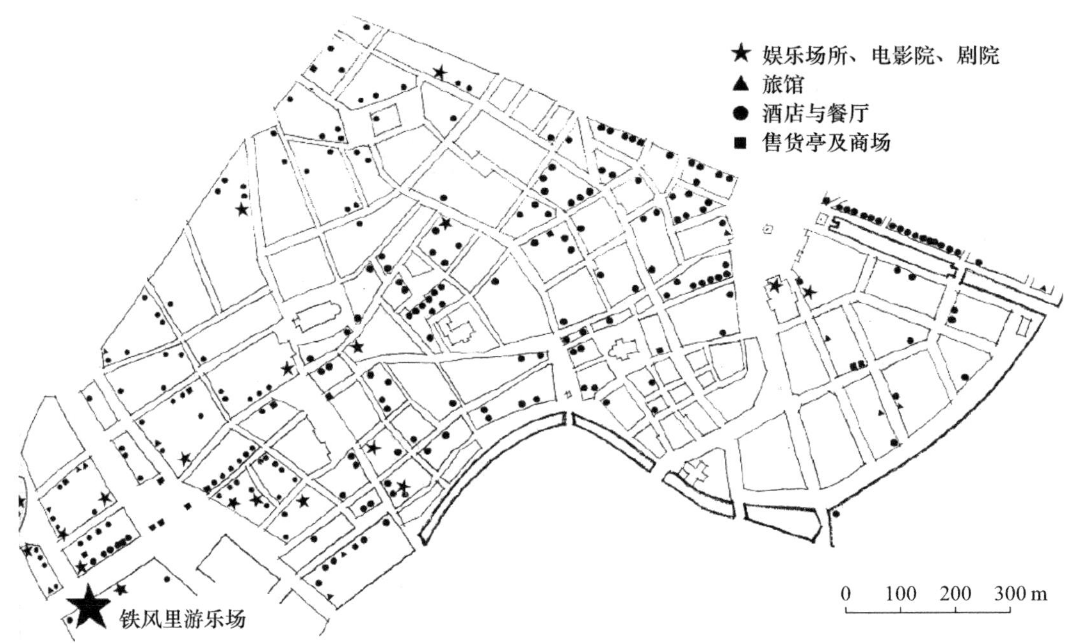

图3-24 丹麦哥本哈根中心区“夜间地图”

图片来源：扬·盖尔，拉尔斯·吉姆松.公共空间·公共生活［M］.北京：中国建筑工业出版社，2003.

又如，在20世纪60～70年代，曼彻斯特中心区出现了诸如失业、社会贫困等严重的衰退现象。80年代，大曼彻斯特市顾问委员会最早提出了把曼彻斯特建成旅游城市的目标。随后，曼彻斯特中心区进行了大量的休闲娱乐设施的建设，包括1986年完成的由废弃的中心火车站改造而成的展览中心、由公路货运站改建而成的科学与工业博物馆，以及1998年以后增加的音乐厅、北部的大型超级市场和影视旅游综合广场等（图3-25）。曼彻斯特初期的城市复兴以旅游、休闲和娱乐设施的建设为触媒，促进了城市功能的多元化发展，改善了城市形象，增强了对居民和访问者的吸引力：中心区的常住人口由1970年的几百增至2001年的上万；仅1998年城市就接待了超过320万人次的访问者，并获得了4亿多英镑的旅游收入。

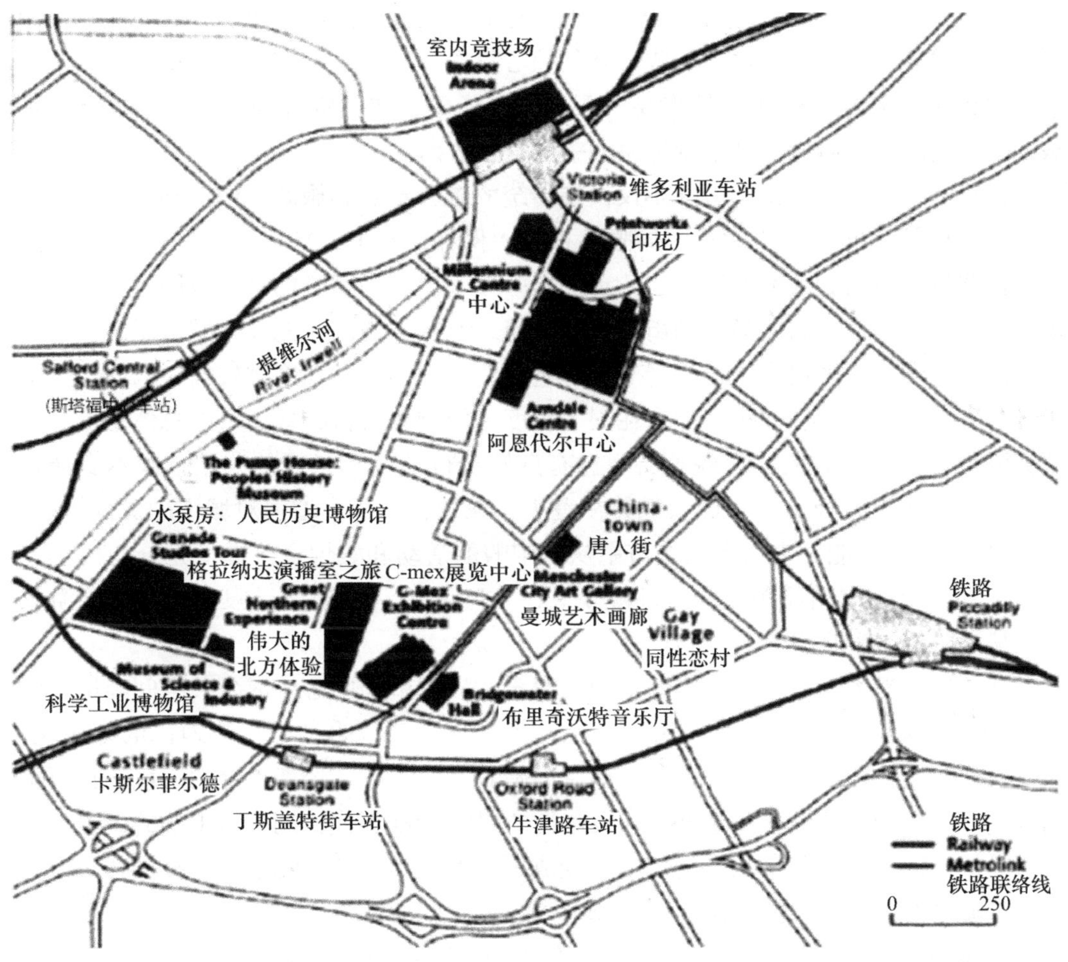

图 3-25　曼彻斯特城市中心的旅游景点和休闲场所

图片来源：史蒂芬・威廉姆斯. 旅游［M］. 昆明：云南大学出版社，2006.

（3）公共空间的变化

毫无疑问，访问者和居民对城市空间的共享主要体现在对城市公共空间（广场、绿地、公园、街道、购物及娱乐场所等）的共同拥有和使用上。在很多欧洲城市，自第二次世界大战结束后，城市公共空间普遍经历了一个重塑的过程，公共空间的品质在很大程度上被旅游的发展所改变。

人类的所有活动都在空间中发生，但空间不仅仅是一个物理容器，它更是一种社会和文化现象（Fitzpatrick & LaGory，2000）。一直以来，城市公共空间就是作为人们会面、问候、交换信息、举行活动的场所。20 世纪中叶以来，在工业化国家，新的交通、贸易和沟通模式极大地改变了人们在城市中的生活方式（Gehl & Gemzoe，2000）。在这些城市，普遍经历了去工业化的过程。城市越来越多地为居民和旅游者的消费需求所服务，而不是为制造工业产品服务（Prosser，1993）。Judd & Fainstein（1999，2003）把这种由旅游业取代制造业的城市称为“转型的城市”（converted cities)。在这些城市中，文化及娱乐等产业的重要性日益突出，城市形象、文化资源和生活品质等“软实力”逐渐构成其新的核心竞争力。在这种转型中，城市公共空间不再仅仅为了满足本地居民的需要，而是城市形象、文化资源和生活品质的空间承载，公共空间的品质成为城市竞争力的一个重要方面。

在目的地城市中，访问者并不仅仅在传统的旅游景点和旅游区中活动。在一些特殊的例子中，访问者的活动范围局限性很强。例如，在 Las Vegas，几乎所有的访问者都在赌场、旅馆和大型购物中心活动。但一般来说，访问者的活动范围还包括城市中心商业区、本地小商店集中的街道、公共建筑及普通街区。尤其在城市旅游核心区内，访问者活动高度集中，访问者对公共空间使用的频率和强度都较高。因此，访问者对公共空间的感知和评价，都会在很大程度上影响其对目的地城市的总体感受。一个充满活力、尺度宜人、风貌独特、拥有良好步行环境和景观的公共空间本身便构成对访问者的重要吸引力，可以使其在漫步、观光、休憩中增强对城市的深入体验，“一个良好的城市能为来访者在城市中从事闲暇的活动和娱悦自己提供充分的机会”。反之，如果公共空间萧条、步行环境缺失，访问者的活动便会局限于孤立的旅游景点，从而降低城市吸引力。

第二次世界大战之后的一个时期内，很多欧洲城市的中心城区公共空间经历了衰落的过程。例如，20 世纪 50～60 年代的“卫星城”建设带动了巴黎地区的郊区化，大量人口和产业向郊区迁移，中心城区则面临着人气下降、经费不足的困境；在哥本哈根，城市机动化的进程给老城带来灾难性的影响，60 年代初期，市中心的街道上随处可见拥挤的汽车，几乎所有的广场都变成了停车场，市民在无奈中选择迁移，又加剧了老城区的萧条和冷落（图 3-26a、b）。

为了改变这种状况，这些城市普遍在 20 世纪 70～80 年代开始进行公共空间复兴的努力，包括限制私人小汽车的使用，历史建筑的修复，广场与街道的修整和重建，商业设施的规划与建设等。例如，在哥本哈根，中心城步行区面积在 1968 年是 2.05hm^2，1986 年扩大到 5.5hm^2，1995 年继续增加为 7.1hm^2。这使得城市公共空间发生了根本性变化，户外活动人数增多，活动形式与内容更为丰富。从动机上来说，这些措施首先是为了提高内城的公共空间品质和居民的生活质量。另外，这些变化增强了城市特色和对访问者的吸引力，从而提高城市在旅游市场的竞争力（图 3-26c、d）。

访问者和居民的多元化需求丰富了城市公共空间的构成元素，在一定程度上改变了公共空间的氛围，增强了其活力。例如，作为世界上最著名的大街之一，巴塞罗那的兰布朗大道（La Rambla）坐落于巴塞罗那老城的核心地区，全长 1.5km，从加泰罗尼亚广场（Plaza Catalunya）至哥伦布雕像，通往巴塞罗那港口。道路在两旁留出了很窄的车行道，其余部分全部为步行区域。兰布朗大道充满了生气，林荫道上有花店、活体雕塑和艺术家的表演，街道两旁则有咖啡馆、餐厅和纪念品商店。这里是巴塞罗那最著名的旅游地，但同样是老城重要的生活区。兰布朗大道旁有这座城市最古老的市场 La Boqueria，五颜六色的水果、糕点、面包、海鲜和其他西班牙特色食品都以合理的价格出售，因此无论是旅游者还是居民都乐于来此购物。大道两旁是历史悠久的居住区，点缀着重要的历史建筑，如巴塞罗那主教堂（Catedralde Santa Eulalade Barcelona）等。此外，在居住区中还分布着大量的旅馆、夜总会和餐馆。这种充满生活情趣的历史街区具有其他空间不可比拟的多样性与活力，本地居民的日常生活与异国情调、历史与艺术氛围共同构成了一种无法抵挡的城市魅力（图 3-27）。

a　　b

c　　d

图 3-26　哥本哈根中心城区公共空间改造前后的对比

图片来源：a、b 图来自扬•盖尔，拉尔斯•吉姆松．公共空间•公共生活［M］．汤羽扬，王兵，戚军，译．北京：中国建筑工业出版社，2003；c、d 图来自 https://www.tripsavvy.com/shopping-in-copenhagen-1626726 和 https://community.ricksteves.com/travel-forum/general-europe/short-pants-in-baltic-capitals.

图 3-27　巴塞罗那 La Rambla 大街

图片来源：左上图来自 https://www.internationaltraveller.com/la-rambla-barcelona-6-places-to-linger/，左下图来自 https://hotelarclarambla.com/fr/blog/la-rambla-10-historical-facts/，平面图来自 www.barcelona-tourist-guide.com.

另外，过多的访问者及其活动会引起居民的反感，降低城市公共空间对居民的吸引力。在旅游商业化和旅游“绅士化”较为明显的城市与地区，这种现象尤为突出。例如，在威尼斯，由于广场、道路和桥梁挤满了游客的身影（图 3-28），公共空间被各种游客行为所占据，根据 Indovina 的调查测算，威尼斯历史中心的公共空间的 34% 为游客所使用，49.3% 为居民所使用，12.6% 为通勤者所使用，4.1% 为学生所使用。在核心地段（如圣马可广场等地），56.9% 的公共空间为游客所使用。过多的访问者导致很多居民只能被动地选择避开这些原本属于他们的公共空间，在出行时也尽量避免中心广场和主要街道，而选择那些游客较少的路线。

图 3-28　威尼斯：游客充斥的街道

此外，以旅游、休闲发展为动力的历史地段改造会导致传统空间肌理的改变。“过去的街坊类似于一个细胞，通过细胞壁与外界发生关联和相互作用，并以此保证细胞的独立性以及细胞内部的完整性及内部要素的交融；而改造后的街坊则类似于细胞壁的功能退化，它所形成的是与外界的隔离，并且屏蔽掉与外界的交流，将其筑成自己的城墙，进而创设了城市地区的‘孤岛’或城堡”（孙施文，2007）。在这样的情况下，部分公共空间会失去原有的社会和文化功能，丧失其固有的场所精神。

3.3.2　城市旅游与休闲同质化趋势

（1）城市中的非首次访问者

在旅游市场上，访问者可被划分为两类：首次访问者和非首次访问者。作为旅游目的地城市，往往拥有数目众多的景点、独特的城市氛围与风貌，还能为访问者提供购物、美食、文化娱乐等多元化的活动。由于时间、精力的限制，访问者通常难以在单次旅行中到访目的地城市中所有的景点；而对城市文化的探索、城市氛围的体验，则需要更多的时间来完成。因此，城市旅游市场中非首次访问者是一个很重要的群体。

随着“时空压缩”的进一步发展、出行成本的降低，非首次访问者将占到更大比重。例如，香港旅游发展局（2000）的数据表明，每年香港的访问者中，首次访问者和非首次访问者的数量基本相当，而非首次访问者的数量近年来呈增加趋势。另外，由于人们去往其他城市休闲变得越来越容易，城市居民以周边城市为目的地的旅行正在增多，这类出行也为目的地城市带来越来越多的非首次访问者。以上海市为例，市民在周末和节假日前往邻近省份旅游活动中，出游率和评价最高的前三名目的地均依次为苏州、无锡、杭州。

事实上，城市旅游的管理和从业者已经开始把重复访问者作为一个单独的市场目标群来考虑（Jagnow & Wachowiak，2000）。

（2）访问地点和行为的同质化趋势

一般说来，居民休闲出行和旅游者出行的需求并不尽相同，如居民休闲出行需求有更大弹性（在外界条件变化时更容易更改或者取消出行），而旅游者对信息有着更多的需求等。但同时也应该看到，在出行条件改善和信息渠道畅通的背景下，居民休闲需求和访问者（尤其是非首次访问者）的需求有越来越多的重合之处，在访问地点和行为上都呈现出同质化趋势。

例如，城际交通的高速化使得城市之间“一日生活圈”的范围在扩大，也使得人们在城市之间旅行花费的时间有时甚至比在城市内部出行还要少（如北京到天津只需28min，而北京城区内的交通堵塞状况日益严重，城区内通勤花费数小时已是家常便饭）。这种由交通技术进步带来的时空条件变化使“居民”和“旅游者”这两个身份之间的界限趋向模糊。人们在家里吃完早饭，到目的地城市吃午饭，还可以赶回家里吃晚饭。在这种时空环境中，在目的地城市的休闲行为并不会和当地居民的休闲行为有本质上的差别。

在地点的选择上，一些对游客吸引力很强的景点本身便是市民休闲活动的好去处，如杭州的西湖、北京的香山。另外，对于那些拥有丰富旅游吸引力资源的城市来说，访问者的兴趣将不仅仅集中在访问某些旅游景点，城市自身的氛围、文化及富有特色的市民生活本身便构成了重要的吸引力。因而，随着“时空壁垒”的弱化和重复访问者（repeat visitor）数量的增加，访问者的活动空间将从那些传统的节点（著名景点、面向游客的餐饮及其他服务设施等）扩散至更广阔的地域。多项实证研究表明，对比初次访问者，重复访问者停留的时间更长，游览的范围更广，对当地居民生活和文化遗产更感兴趣（Li & Cheng，2008；Oppermann，1997；Mc Kercher，Wong，2004；Lau，Mc Kercher，2004）。

Freytag（2008）对巴黎的实证研究表明，非首次访问者更希望了解和融入城市真实的日常生活，他们更愿意到本地居民喜欢去的地方，而不是一些旅游气息很浓的景点。如表 3-9 所示，在大多数情况下，访问者去往“传统”旅游景点的比例随着到访巴黎次数的增加而降低。其他一些大都市地区的实证研究也得出了类似的结论，如在纽约的哈勒姆地区（Harlem）、柏林的克雷斯堡地区（Kreuzberg）等（Huning & Novy，2006）。

到访景点与访问城市次数的关系：以巴黎为例　　表 3-9

景点	首次访问者（%）	2 或 3 次访问者（%）	4 次及以上访问者（%）
卢浮宫	82.9	48.1	31.7
巴黎圣母院	62.2	69.2	34.9
埃菲尔铁塔	72.0	53.8	30.2
凯旋门	72.0	67.3	52.4
凡尔赛宫	46.3	38.5	23.8
蓬皮杜中心	36.6	26.9	25.4
拉德方斯	24.4	30.8	15.9

数据来源：Freytag 课题组巴黎 2007 年问卷调查，有效样本量为 201 份。

同时，一些非传统旅游区却逐渐进入访问者的到访范围。例如，巴黎圣马丁运河（Canal St. Martin）原本是本地居民的休闲区域，近年来也开始吸引大量访问者（图 3-29）。这些访问者认为，在这种传统的居民生活区中更能体会城市真正的氛围。

图 3-29　巴黎圣马丁运河（St. Martin Canal）旁休闲的人群

非首次访问者更多地倾向于“避开”传统的旅游区，根据个人的兴趣、爱好和需要来安排个性化的访问路线。对他们来说，本地居民的生活方式是其安排活动的重要参照。因此，他们去往当地居民用餐的餐馆、购物的商店和休闲的场所，甚至学习当地的语言，以增加与居民交流的机会。

很多经验研究表明，在访问者所进行的活动方面，非首次访问者更多地愿意参加诸如购物、享受美食等本地化的活动，而首次访问者则更多地寻求新奇的体验（Anwar & Sohail，2004；Fallon & Schofield，2004；Lau & McKercher，2004）。表3-10反映了巴黎调查得出的类似结论：到访巴黎 4 次甚至更多的访问者对于“照相”的兴趣明显降低，而他们进行购物、文化活动和享受夜生活的比例则相对较高。

在目的地城市所进行的活动与访问城市次数的关系：以巴黎为例　　表 3-10

活动	首次访问者（%）	2 或 3 次访问者（%）	4 次及以上访问者（%）
照相	68.3	80.8	42.9
美食	47.6	53.8	42.9
夜生活	46.3	40.4	52.4
文化活动	43.9	30.8	49.2
喝咖啡	29.3	46.2	38.1
购物	24.4	36.5	31.7
看时装秀	18.3	25.0	19.0

数据来源：同表 3-9。

由于信息渠道前所未有地畅通，访问者（无论是首次还是非首次访问者）完全可能按照自己的意愿，选择具有真实城市生活气息的景点或消费场所，而避开通常为游客所准备的“旅游区”。在网络上，有大量由访问者自行撰写的游记（通过博客、BBS 等多种平台）。这些游记真实、详尽地记录了访问者自身的感受，并对具体的旅游景点、服务设施（餐饮、住宿等）和文化活动做出了自己的评价，成为其他访问者了解目的地城市的重要渠道。另外，众多预订网站的“过后评价”系统也较为真实地反映了目的地城市服务设施的服务水平，从而有助于访问者选择高性价比的服务设施。而在很多旅游指南书籍上，编者常常用“受到本地居民喜爱”“是本地居民乐于光顾的场所”等字眼来向访问者推荐餐馆、酒吧、咖啡厅、夜总会等消费场所。

由于一般来说城市生活区的消费、服务比起旅游区性价比会更高、更具有原汁原味的地方特色，“精明”的访客便通过这些渠道自发、明确地选择活动与目的地。这样的选择无疑强化了访问者和居民的趋同性。

在这样的情况下，至少在城市的旅游核心区中，访问者和居民对城市空间共享的范围在扩大。同时，在访问者的数量和到访频率增长的情况下，访问者和居民对城市空间共享的程度也在加深。在一定程度上，机动性的发展增加了居民和访问者活动的交集，促进了两者对城市的共享。

3.3.3 旅游发展背景下的城市竞争

正如大卫·哈维（1991）所指出的，城市间正经历着新的竞争，“城市和地区现在似乎正在花更多的精力来塑造积极的、高质量的地方形象。这一点并不难理解，考虑到艰难的后工业化和经济转型过程，很多资本主义世界的重要城市除了在成为金融、消费和娱乐中心的目标上各自竞争，事实上并没有太多选择。自从 1973 年以来，城市间的这种竞争和企业化过程就在加剧，城市正通过营造引人入胜的城市空间来吸引更多的资本和人流”。在我国，虽然总体上来说仍然处于转型阶段，但很多城市同样将旅游作为拉动经济发展的重要战略之一，因此也面临类似的竞争。旅游的发展，增强了这种城市之间的竞争。

城市并不仅仅在吸引访问者。由于机动性的发展，城市居民同样可能被吸引去往其他城市和目的地进行旅游、休闲活动，这同样强化了城市之间的竞争，也对城市发展提出了新的要求。

“用脚投票”最早由美国经济学家蒂伯特（Charles Tiebout）提出：在人口流动不受限制、存在大量辖区政府、各辖区政府税收体制相同、辖区间无利益外溢、信息完备等假设条件下，由于各辖区政府提供的公共产品和税负组合不尽相同，所以各地居民可以根据各地方政府提供的公共产品和税负的组合来自由选择那些最能满足自己偏好的地方定居。居民们可以从不能满足其偏好的地区迁出，而迁入可以满足其偏好的地区居住。

从最初的定义引申开来，“用脚投票”被用来解释一些其他社会现象，如人们在职场中的流动、资本在城市之间的选择等。事实上，在旅游活动中，人们对目的地的选择也是一种“用脚投票”的过程：在综合考虑出行成本、目的地消费及目的地可能获得的收益（旅游上的满足）等因素后，访问者将做出决定并最终完成出行。由于交通和信息技术条件的进步，同时语言和政策等壁垒正在弱化，旅游得到极大的促进与发展。这意味着，人们在选择旅游目的地时有了更大余地和自由。

“时空压缩”对人们出游规律的影响，主要是通过改变目的地的距离属性、提高目的地的可达性和可进入性、扩大客源地访问者的行为空间和感知环境来实现。对访问者的影响表现在目的地选择的变化、出游半径的扩大，对目的地城市的影响则表现在客源市场规模的扩大和腹地范围的扩张。

在“时空压缩”背景下，由于交通技术条件进步带来的出行成本（时间及相对花费）降低，人们在相同的出行成本条件下可以去往更远的目的地进行旅游及休闲活动。因此，对于访问者来说，其可以选择的目的地范围在扩大；而对于作为目的地的城市来说，其面临的竞争将更为激烈。如图 3-30 所示，在原有的机动性条件下，旅游城市 A 的主要客源来自于城市 D 和 E，旅游城市 B 的主要客源来自于城市 C。而在“时空压缩”的条件下，访问者可选择的范围扩大：城市 D 和 E 的居民可以去往 B 进行旅游活动，而城市 C 的居民同样可以去往城市 A。面对访问者更大的选择自由，城市面临的机遇和挑战并存：如果在竞争中胜出，便有可能迎来更多的访问者；反之，则会失去以往的客源。

在旅游市场的竞争中，城市往往是同时作为目的地和客源地。在作为目的地城市的同时，其居民同样也可能被其他城市吸引而成为访问者。因此，“时空压缩”在为城市带来更多访问者的同时，也完全可能将更多的居民“推离”城市，去往其他目的地进行旅游活动。从这个意义上来说，除了访问者，本地居民同样是城市需要“争取”的群体。一座具有竞争力的城市，不仅需要具有对访问者的吸引力，也要能较好地满足本地居民的休闲需求。由于旅游行为在一定程度上存在替代关系，一座能为本地居民提供优质、充足休闲资源的城市无疑能更好地将他们“留在”本地休闲。

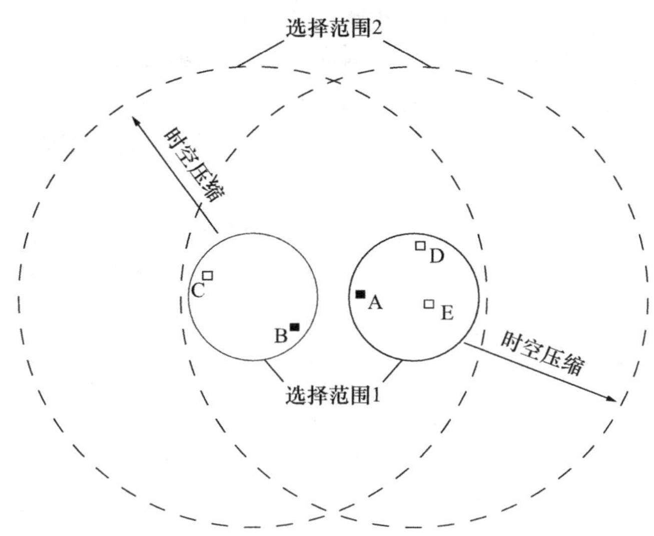

图 3 30 “时空压缩”背景下访问者选择范围的扩大

3.4 对城市空间的要求

在一些优秀的旅游城市，城市（至少在其旅游核心区）所展现出来的结构和面貌事实上在很大程度上为共享所影响，同时这种结构和面貌又较好地促进（迎合）了这种共享。因此，这些城市在功能结构和公共空间方面的特点，可以作为其他城市在规划过程中的一种参考。

3.4.1 城市功能结构

旅游是城市的重要功能，对城市发展具有重要意义。同时，随着社会经济的发展，这种重要性仍在不断增加。然而，在城市化和工业化的进程中，旅游作为城市功能往往没有得到足够的重视，而城市的功能结构也较少考虑到访问者的需求。因此，为了适应访问者和居民对城市空间的共享，城市功能结构需要进行相应的调整和优化。

城市的旅游核心区集中了丰富的旅游、休闲资源，往往构成了对访问者最强烈和持久的吸引力。因此，对于有条件的城市，公共部门应有意识地塑造、培育旅游核心区的形成。旅游核心区往往依托于城市最著名的旅游景点，然而其形成要远比修缮、维护单个的旅游景点更为复杂。对于历史悠久的城市来说，需要处理好旧城和新城的关系，保护好城市传统空间形态以及塑造具有特色的城市风貌，这对于其旅游核心区的形成至关重要。以北京市为例，在20世纪50年代初行政中心位置的布局问题上，以梁思成先生为代表的“梁陈方案”主张建议把中央行政中心放到西郊，为未来北京城的可持续发展开拓更大的空间，避免大规模拆迁的发生。由于众所周知的原因，“梁陈方案”没有被采纳，而梁先生当年所预料的许多弊端大多都陆续在城市发展的历程中出现。又如，同样是文化古都的罗马，由于没有大规模的工业，城市主要是作为行政和旅游中心，因而历史上新城也是围绕着旧城发展，呈同心圆模式向外扩张。由于这种模式同样带来很多问题，人们逐渐认识到城市新区发展必须避开古城。因此，罗马确定了在旧城快速干道以东发展的原则，并取得了良好的效果。

多样化的功能结构是历史地区的魅力所在，也是提升城市活力的前提条件。由于不能很好地适应现代城市的发展，很多城市的历史地区面临着结构性衰退。由于这些地区往往是城市旅游吸引力的重要依托，对其的保护和复兴便显得尤为重要。但是，历史地区的保护和复兴仅仅依靠单一的物质空间保护是难以实现的。即便可以延续历史地段的物质景观，但“冻结”式的保存方式往往带来地区的博物馆化，无法实现真正意义上的经济振兴。因此，物质环境的保护应结合传统功能的延续性，通过用地功能的调整推动地区经济发展，从而为历史空间的保护和物质环境的改善提供必要的经济支持。“除了视觉的、建筑的和历史的品质外，对地区功能特征以及对保护建筑有利的经济功能的考虑应作为保护的重点。”

为了避免城市旅游的过度商业化带来的问题，城市公共部门（包括旅游管理部门和城市规划部门等）有必要作出有效的引导和管制，将与旅游相关的商业服务设施控制在有限的空间范围之内，促进商业服务功能的集中互补，并确保城市其他地区保持传统的生活性空间。类似地，如果缺乏公共政策的有效干预，当旅游发展带来的房价及生活成本上升发展到一定程度，便会出现旅游“绅士化”的现象。过高的房价和物价会降低本地居民的生活质量，挤压本地居民的住房需求，引发新的公共服务不公平，并使得本地社群难以分享旅游发展带来的好处，不利于城市旅游的可持续发展。

此外，城市设施的布局要更好地满足访问者的需求和旅游业发展对城市各项设施的要求。在宾馆、酒店等旅游业服务设施的布局中，要充分考虑城市旅游长远发展的前景和潜力。同时，在商业区、影剧院、博物馆等设施的布局中，除了考虑居民生活、交通组织等，也要充分考虑访问者的使用要求。在城市交通、供水、供电、排污等基础设施的规划中，除了从城市居民的生产和生活需要出发，还要充分考虑和估测访问者的使用需要，来确定相关设施的规模与布局。

3.4.2 城市公共空间

从起源上看，城市公共空间是居民进行公共交往、举行各种活动的开放性场所。因此，休闲本来就是城市公共空间的重要功能之一。在旅游发展背景下，城市公共空间越来越多地也被访问者所使用。因此，其整体质量直接影响到城市的综合竞争力和访问者的满意度。一般来说，公共空间的吸引力取决于其是否具有活力、优美的景观环境和宜人的氛围。另外，公共空间本身所具有的活力以及城市中心地区公共空间的充裕也在很大程度上决定了城市中心的活力（孙施文，2006）。

凯文·林奇提出，成功的城市空间必须满足的三个主要原则即可读性、结构与个性、可意象性，他认为环境意象是观察者与所处环境双向作用的结果。可读性是指城市景观表面的清晰性，是容易认知的城市各部分并形成一个凝聚形态的特征；结构与个性是指个体与周围事物的可区别性，事物与观察者及事物之间的空间或形态上的关系，以及事物在实用或情感方面对观察者的意义；可意象性即可读性，是指事物不仅仅被看见，而且是清晰、强烈地被感知。

在这些原则中，对于旅游的发展来说，公共空间首先需要体现城市特色，使居民和访问者获得更强的归属感及与众不同的体验。“某些地方以其与众不同的特征或意象而被认为独具特色或令人难忘”，这种特征或意象通常植根于当地居民的日常生活之中，是人们通过体验和记忆形成的对某一个特定地点的依恋感。这种特色对访问者来说也极其重要，因为它们可以使访问者获得更强的体验，并形成深刻的记忆。

旅游体验是一种连续性的空间移动过程。一些成功的公共空间多具备空间体验的动态性设计，将不同时期的建筑和街道空间组织成相互关联的景观序列，借助人们的想象力将城市景观塑造成一个连贯的“戏剧性事件”。例如，Gordon Cullen将城市设计的基础建立在体验、感受和场所的特殊性上，强调场所之间内在的视觉联系。“……如果我们以一个移动的人（步行或者坐车）的观点来进行城镇设计，就很容易发现整座城市将如何成为一段可塑的经历，一段穿行在压力和空白中的旅程，一个围合与开敞、压迫与放松相奏鸣的序列。”他在案例的研究中这样描述人们穿越城市传统空间的体验，“通过系列的突然对比，人们的眼球受到了冲击，连贯的行进过程变得不凡，给这个平面带来了生命（就像轻轻推醒一个在教堂中将要睡去的人）”（图3-31）。

需要指出的是，历史氛围并不是形成公共空间魅力的唯一条件。在城市新区，同样可以形成具有吸引力的公共空间。例如，经过半个世纪的建设，面积750hm^{2}的巴黎德方斯地区已经成为工作、居住、娱乐设施齐全的现代化商务中心。多功能的设施、良好的可达性和人性化的规划设计共同促成了具有活力的公共空间。首先，通过铁路快线（RER）的延伸和列车容量的增加（双层车厢），从巴黎西部重要地标凯旋门（Etoile）到达德方斯地区仅需4min。同时，为了提供良好的步行环境，德方斯地区建设了大量绿地和宽敞的人行广场。目前，区内绿地面积超过了67hm^2，包括Diderot公园、Arche花园，以及占地25hm^{2}的Amdre Malraux县立公园等。区内绿化设计多出自艺术家之手，园林、林荫道、雕塑、喷泉等错落有致地布置在汽车通道、人行道等多层平台上，营造出和谐、舒适的公共空间。再加上标志性建筑——德方斯拱门，使得这一地区成为新的观光胜地（图3-32）。

图 3-31　Gordon Cullen 的城市景观透视序列

图片来源：（英）戈登·卡伦.简明城镇景观设计［M］.王珏，译.北京：中国建筑工业出版社，2009.

图 3-32　巴黎德方斯地区（一）

图 3-32　巴黎德方斯地区（二）

3.4.3　对城市交通系统的要求

随着旅游的发展，访问者和居民对城市交通系统的共享越来越成为一种常态。作为城市旅游发展不可或缺的支持系统，城市交通系统需要同时为居民和访问者服务。由于城市交通系统往往主要是基于居民的需求而规划建设，公共部门需要作出相应的调整和改善，以求更好地满足访问者的需求。

Anderson（1996）总结了休闲通勤者和以就业为出行目的的普通通勤者的三个不同点：首先，无论交通状况是否拥挤，普通通勤者都必须到达他们的工作地点；而如果交通堵塞或停车难等问题会大大降低出行的乐趣，休闲通勤者可以选择去别的地点休闲或者干脆待在家里。其次，普通通勤者常常选择最近的（最快的）路线去上班，而休闲通勤者并不特别在意路线的长短，他们常常愿意选择一条风光更好的路线，哪怕花的时间更长。再次，由普通通勤者带来的交通堵塞是长期存在的，而休闲通勤者带来的类似问题只在一年中的某些时段存在，通常是节假日或旅游高峰时期。

作为目的地城市，其道路系统必然要承受访问者及其带来的私人小汽车或旅游巴士的压力。对于那些急于发展旅游业的城市来说，往往会通过拓宽及新修道路、增设停车场等措施，试图满足由于旅游发展带来的机动车需求。但是，通过增加道路基础设施容量来解决交通问题往往是不可持续的，由于基础设施水平改善而吸引的更多外来机动车将再次超过城市道路系统的承载力，从而形成新的交通问题。

完善的城市公交系统对旅游的发展有很大的促进作用。例如，伦敦市拥有 12 条线路，全长超过 400km 的地铁系统以其庞大、完善的网络为居民和访问者提供了便捷的交通服务。地铁网络覆盖了城市的各角落，通过方便的换乘系统人们可以方便、快捷地到达城市的每一个地方。反之，如果城市公交系统不够便利，对于部分居民而言可以通过选择私人小汽车来解决，但绝大多数访问者只能通过城市公交系统出行，这就必然直接影响访问者的活动方式及其对城市的评价。

考虑到访问者的使用特点，城市公交需要在舒适度、信息系统等方面作出努力。

此外，在很多旅游城市，还有必要规划专门为访问者服务的旅游公交系统，方便游客进行观光活动。无论是对于享受都市夜生活的访问者还是居民来说，夜间公交都是必不可少的保障。为了适应访问者的需要，城市道路系统也需要在信息标识上作出改善。城市步行环境的质量对旅游活动有着深刻的影响。良好的步行环境是城市交通系统不可或缺的组成部分，也是城市旅游吸引力的重要体现。

3.4.4 小结

我国改革开放以来和欧洲第二次世界大战后的发展历程都表明，人均可支配收入的增加、社会福利制度的完善和闲暇时间的增长，都从根本上刺激了人们的旅游需求。另外，由于交通技术条件的进步以及信息技术的应用与发展（同时得益于其他促进型因素的发展），我国城市网络正处于一个“时空压缩”的时期。在这样的背景下，旅游的发展存在两大趋势：首先，旅游出行正大量增加；其次，旅游与休闲行为呈现出同质化的趋势。在一定程度上，机动性的发展增加了居民和访问者活动的交集，促进了两者对城市的共享。

第4章

旅游发展带来的城市问题

4.1 城市空间问题

4.1.1 旅游商业化

购物和餐饮是旅游者最普遍的活动之一。作为休闲场所的商业空间充满活力，为人们提供了社会联系的场所，这种场所往往由居民和旅游者所共享（Cheek & Burch，1976）。在购物场所的步行环境中，阳光、绿化、水流以及休息空间点缀在零售商店之间（Whyte，1980）。在这些良好环境中的商业空间通常包括时装店、画廊、餐厅、酒吧、高档礼品店等，并常常与重要的文化设施（剧场等）相邻。凭借着优越的区位、浓郁的历史氛围与建筑特色，欧洲城市中的传统商业区一直是访问者的重要目的地。对于很多人来说，购物带来的乐趣构成了旅行的动机之一（Kent，Shock & Snow，1983）。

因此，以购物和餐饮为主的商业服务功能是构成旅游吸引力的重要资源，访问者和居民共同使用承载这些功能的空间与设施。一方面，访问者和居民的需求刺激了商业服务功能的集聚和完善；另一方面，为应对这种需求，城市规划等公共政策的干预又促进了商业服务空间的形成。因此，旅游商业化是城市旅游发展到一定阶段的必然产物。

一般来说，商业街及商场构成了承载商业服务功能的主要空间场所。在空间形态上，商场一般规模较大，为访问者和居民提供一种全天候的室内购物环境。很多城市滨水地区更新中，常常采用大型商场作为带动地区发展的触媒，并结合规划文化、娱乐设施，增强地区吸引力。随着现代购物理念的改变以及购物行为内涵的延伸，逐渐产生了兼具购物、休闲等多种功能于一体的大型购物中心。商业街是一种传统的空间模式，商业、餐饮等设施以小规模多样化的形式聚集在一起，为人们提供更加丰富的体验环境。这种传统商业街通常是旧城中心区最具活力的地段，公共政策需要在历史保护和商业发展之间取得平衡。随着城市社会生活的进步、商业活动的高度发展，在历史的演变过程中形成了一种重要的公共空间，即商业步行街。商业步行街的产生体现了商业竞争的加剧和人们对良好购物环境的需求，也是规划设计中人本主义的具体体现。第一条现代意义上的商业步行街诞生于德国。1926 年，德国的埃森市在 Linbecker 大街上开始禁止机动车辆通行，并于 1930 年建成了林荫大道，在商业上获得成功，成为现代步行街的雏形。步行街的发展经历了三个阶段：第一代步行街以吸引顾客购物为唯一目的；第二代步行街则通过营造良好的购物环境体现了对步行者的关怀；第三代步行街具有更多的社会功能和游憩功能。

旅游商业化的进程促进了商业街和商场的发展，并在一些地区形成了更大规模的购物区。例如，巴黎歌剧院地区就是巴黎最重要的购物区（图 4-1）。该地区南部毗邻卢浮宫、杜里耶花园、皇家宫殿及花园、旺多姆广场等著名景点，歌剧院大道两旁则分布着众多的服装店、香水店以及专门的免税店，其中很多都是全球闻名的奢侈品品牌。另外，还有两个大型商场，即老佛爷及巴黎春天。很多商店都提供多种语言的服

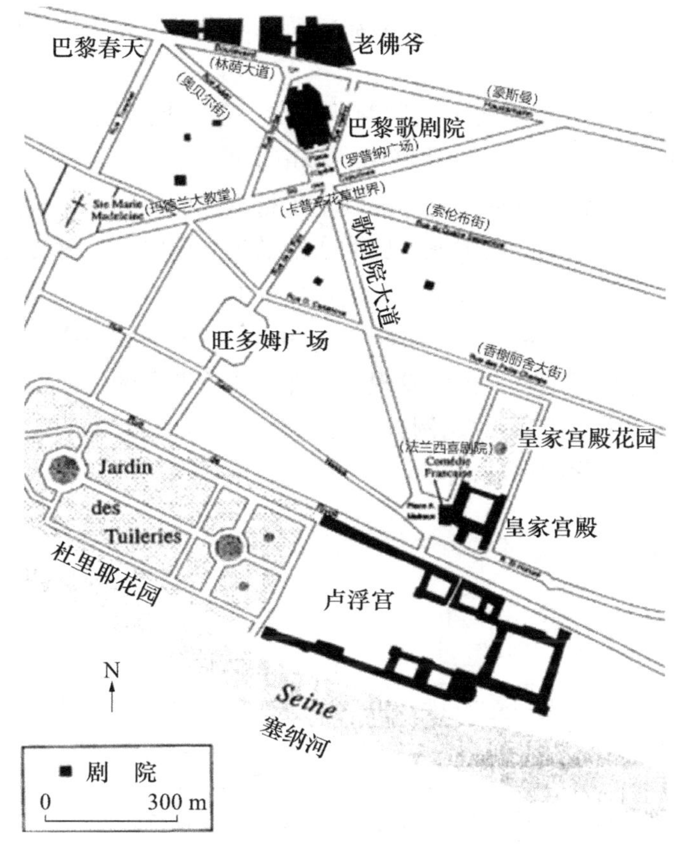

图 4-1　巴黎歌剧院地区商场及景点分布

图片来源：Tourist districts in Paris: structure and functions, Douglas G. Pearce, Tourism Management, Vol. 19, No. 1, pp. 57, 1998.

务，游客在该地区的购物消费占了重要比重。1995 年巴黎春天商场的顾客中，国外游客占了 20%，消费额占 18%。在街区中，还分布着大量传统的餐厅。除了商业服务，巴黎歌剧院和其他小型剧院也增强了该地区的吸引力。

从目的地的长远发展来看，城市旅游商业化的进程需要在满足访问者和居民的需求上取得一定的平衡。如果这种平衡被打破，地区商业过度地向访问者倾斜，便会降低居民的生活质量，从而引起本地社区的反感。斯彭杰（Snepenger）等（1998）在旅游目的地生命周期理论的基础上，提出了城市零售空间的生命周期模型。该模型将城市商业空间的演变划分为五个阶段：首先是探索阶段，商业区为当地居民的需求提供服务。消费人群中偶尔有访问者出现，他们购买的也大都是一些日常用品。在这个阶段，这些零售空间基本是属于当地居民的。其次是参与阶段，地段内部的旅游开始发展。零售商开始瞄准明确的旅游市场，但仍尽量满足当地居民的需求。随着旅游业的不断扩张，进入发展阶段。手工艺品商店、高消费的咖啡厅、餐饮店和精品时装店取代了传统的商店。购物地段对访问者变得更具吸引力，它们也面向当地的高消费人群。再次是巩固阶段，对大多数居民来说，购物区已经不再为他们的日常需求提供服务。商品和服务超出了当地居民的购买能力。最后是停滞阶段，旅游质量开始下降，当地居民很少使用零售空间。居民开始对旅游持反对态度，并拒绝使用这种不再属于他们自己的购物空间。

斯彭杰的模型在理论上描述了旅游商业化的一般周期性进程。在城市现实发展中，旅游商业化的现象在不同目的地城市、城市中的不同地区会有不同程度的体现。在威尼斯这样的城市，旅游推动商业功能发生了根本性的转变，大量商铺面向的顾客群体为访问者，甚至超过了面向本地居民的店铺数量。同时，这种转变也带来旅游商品同质性严重，真正手工艺商品减少，大规模生产的产品充斥市场等问题。我国一些城市也出现了类似的现象。例如，保继刚等（2004）对丽江和周庄主要街道沿街建筑首层使用功能构成进行了调查，他们发现二者在面向旅游者的门面、面向旅游者和居民的门面以及面向居民的门面的比例分别为 7：2：1 和 9.2：2.5：1，两个历史城镇均出现了过度旅游商业化的现象（图 4-2）。

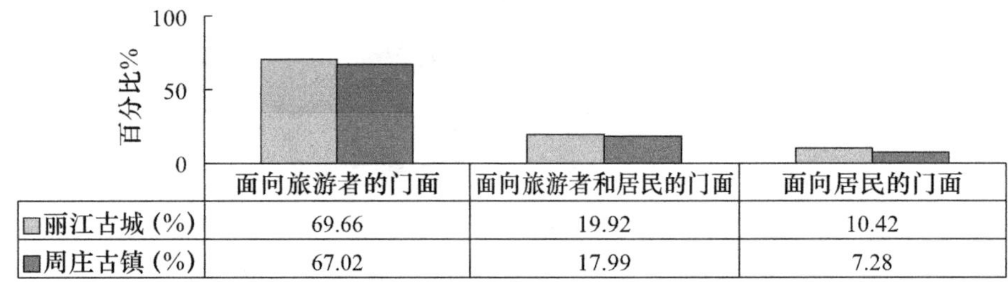

	面向旅游者的门面	面向旅游者和居民的门面	面向居民的门面
丽江古城 (%)	69.66	19.92	10.42
周庄古镇 (%)	67.02	17.99	7.28

图 4-2 丽江古城和周庄古镇沿街商业功能统计比例

数据来源：保继刚，苏晓波 . 历史城镇的旅游商业化研究［J］. 地理学报，2004(5): 427-436.

4.1.2 旅游“绅士化”

“绅士化”（gentrification）概念最早由英文中的“gentry”引申而来，指的是中产阶级逐渐占据产业工人居住的社区，使该地区的建筑物获得整修及美化，原先破败的中心城区得以复苏和发展，与此同时，社会特性因居民阶层结构的变化而改变的一种现象（Schaffer，1986）。类似地，2005 年 Gotham 用旅游“绅士化”（tourism gentrification）来描述休闲和旅游业的发展使得社区转变成为一个相对富裕和专有区域的过程。

旅游“绅士化”是一种由旅游发展带来的居住空间分异的过程。在具体城市及其地区中，由于城市功能、布局特征和访问者、居民群体特征的不同，有着不同的表现形式、程度和特征。在实证研究中，Gotham（2005）以美国新奥尔良市的老区（Vieux Carre）在过去半个世纪社会空间转变为案例，研究旅游“绅士化”的进程。该地区是新奥尔良的观光中心地，以法国和西班牙风情著称，在历史上曾经居住着各阶层的人群。然而，由于该市从第二次世界大战后大力发展旅游业，旅游吸引物和大型的娱乐场所渐渐占据了社区的大块区域，中产阶级的收入和财产价值都得到了增加，逐步提高的租金迫使低收入群体和黑人迁出。Gotham 认为，随着旅游的发展，进入房地产市场的资金产生变化，鼓励了居住空间内消费导向型活动的形成并事实上形成了社区"绅士化"的进程。

在欧洲城市中，也能观察到类似的现象。由于旅游的发展是城市经济振兴的重要战略之一，很多城市进行了历史街区的整修和翻新。由于强化了街区的旅游功能，提升了公共空间质量，从而吸引了高收入人群，带动了地区商业的高档化趋势。另外，旅游的发展有可能提升房地产价格，从而将相当一部分低收入阶层原住民排挤出社区。例如，法国科尔马市在 20 世纪 80 年代进行了历史街区的整修，在城市中心三个历史与建筑风格类似的街区，可以观察到随着整修的进行，居民社会阶层变化的过程：产业工人（较低收入者）比重下降，自由职业者（较高收入者）比重上升（表 4-1）。

法国 Colmar 市历史街区整修过程中社会阶层的变化　　表 4-1

类型 人员	Quartier Vauban （刚开始整修）	Placedela Cathédrale （整修进行中）	Quartierdes Tanneurs （整修完成）
产业工人	51	56	2
手工艺人	13	22	12
服务行业人员	8	15	21
自由职业者	4	11	49

数据来源：G.J.Ashworth, J.E.Tunbridge. The tourist-historic city. London and New York: Belhaven Press, 1990.

威尼斯是更具典型性的例子。1950 年，威尼斯中心区的人口是 18.4 万，2000 年减少到小于 7 万。这意味着有超过 10 万名居民搬离历史中心。同时，中心区人口仍以每年 0.5% 的速度在下降。这主要是由于不断增长的生活成本，与旅游无关的就业机会的流失以及公共空间、交通和服务设施的过度负荷所导致的居民生活质量下降（Quinn，2007）。大量原有居民"逃离"使得威尼斯历史中心的居住人口类型发生了根本性的变化：居民平均年龄接近 50 岁，比历史中心之外的居民平均年龄大 10 岁；且都属于精英阶层，收入明显高于历史中心之外的居民；居民年龄、阶层均趋向于同质化（Zanetto，1998）。

即便是对于仍然居住在历史中心的威尼斯居民来说，旅游业的过度发展给其生活也带来诸多不便：在 2001～2002 年进行的问卷调查中，有 70.3% 的人认为商品和服务价格上升是旅游对城市的主要负面影响之一，有 55.7% 的人认为不动产价格上涨是一个主要负面影响（表 4-2）。

威尼斯居民对城市旅游主要面影响所持的观点（单位：%）　　表 4-2

旅游的主要正面影响	百分比	旅游的主要负面影响	百分比
增加就业机会	69.6	商品和服务的价格上升	70.3
扩大当地手工业生产的市场需求	46.8	导致拥挤 / 交通堵塞	67.7
提升文化设施的服务质量	34.2	不动产价格上涨	55.7

续表

旅游的主要正面影响	百分比	旅游的主要负面影响	百分比
增加人均收入	31.0	产生垃圾	50.6
保护历史建筑和纪念物	31.0	引发居民对访问者的怨恨 / 负面印象	21.5
通过与外界的交流丰富当地文化	27.8	城市的博物馆化 / 游乐场化	17.1
改善城市交通设施	11.4	降低威尼斯内部生活的愉悦程度	13.9
改善城市公共设施	8.2	降低购物的机会	10.1
增加城市公共休闲空间的数量	5.7	参观博物馆或使用剧院变得困难	8.2
提高当地居民的生活质量	4.4	阻碍了人们将小孩带往城市中心区	8.2

数据来源：Bernadette Quinn. Performing Tourism: Venetian Residents in Focus [J]. Annals of Tourism Research, 2007, 34 (2) : 458-476. 问卷有效样本量为 158 份。

近年来，随着城市旅游的发展，我国一些城市的部分区域也出现了旅游“绅士化”的进程。例如，赵玉宗等（2009）对南京“总统府”周边地区的实证研究揭示了该地区呈现出的一些相关特征。自 20 世纪 90 年代以来，围绕南京“总统府”这一重要景点，南京市在其周边地域内新建了众多的大型旅游娱乐项目，提高了周边地区的居住环境和品质，吸引了大量的高收入阶层迁入，而原有低收入阶层迫于生活成本等多方面压力不得不迁出，因而产生了新的居住分异。该地区的居民社会特征调查也表明，该区域 40～65 岁居民占到 64% 以上，大学及以上教育的人口也达 62.3% 以上，这一比例远远超过南京城市的平均水平。此外，该区域现有居民中专业管理人员比例较高，相应的平均家庭年收入中 5 万～10 万元的比例超过 67.7%（表 4-3）。

南京“总统府”周边区域主要街区居民社会特征情况（%）　　表 4-3

周边地区 / 年龄	长江路	洪武北路	太平北路	汉府街
18～40 岁	32	25	30	28
40～65 岁	60	71	65	62
65 岁以上	8	4	5	10
教育程度	—	—	—	—
大学及以上	62	70	52	65
平均家庭年收入	—	—	—	—
＜2 万元	0	0	0	0
2 万～5 万元	11	8	30	15
5 万～10 万元	74	72	65	60
10 万元以上	15	20	5	25

数据来源：赵玉宗，寇敏，卢松，等. 城市旅游绅士化特征及其影响因素——以南京“总统府”周边地区为例 [J]. 经济地理, 2009 (8) : 1393.

旅游“绅士化”主要是全球资本流动、地方政府政策及房地产开发商推动带来的结果（赵玉宗等，2006）。这一过程主要是由于房价、租金和生活成本的升高，导致原有社区无力再承担而产生的。1992 年在土耳其进行的一项居民调查表明，旅游业给城市带来的负面影响中，首当其冲的就是房地产价格的上升，以及日常生活、服务价格的升高（Korça，1996）。在我国也有同样的情况发生。例如，在重要的旅游目的地城市三亚，物价正在超越北京、上海这样的大都市。

另外，城市旅游的发展也可能带来更多的房地产投机，从而推高房价。2007 年克罗地亚的一项实证研究表明，即使在近年来国际上和克罗地亚全国房地产市场不景气的情况下，该国海滨旅游地区的房地产价格依然保持了强劲的增长势头，这种增长主要来自未来欧盟国家的预期需求以及旅游业收入的预期增长（图 4-3）。从 1997 年开始，克罗地亚旅游地区的房价一直与旅游收入保持着同步增长。

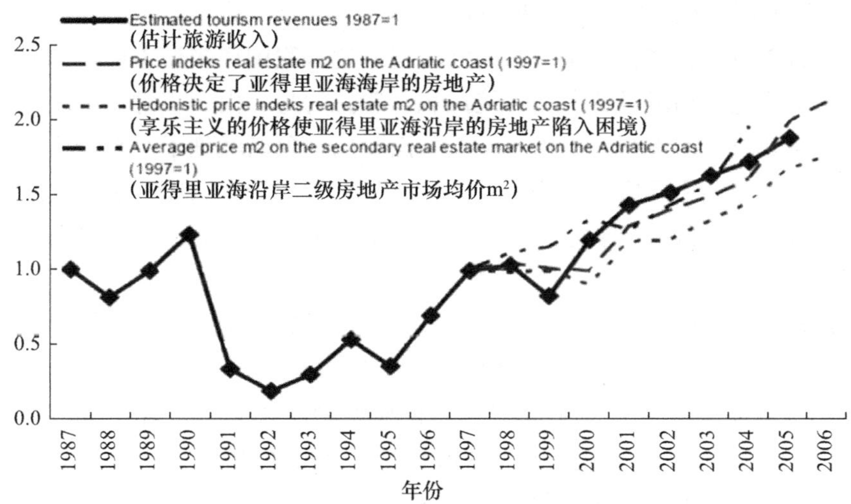

Source: SYC-1997; 2001; 2003; 2006; Tecajevi i tecajne liste 1993; Burza nekretnina 2007; CNB 2006; SBD 2007; CNB (2006, p. 30-31); Botrić and Kordej 2005, p. 8.

来源：SYC-1997;2001;2003;2006;**1993年科学与技术清单；伯扎·内克雷蒂娜2009年；**CNB 2009**年；**SBD 2007**年；**CNB 2007**年；波特里克和科德2005年**

图 4-3　克罗地亚海滨房地产价格与旅游产业收入之间的关系

图片来源：Ivo Družić, Vladimir Čavrak, Josip Tica. Tourism, welfare and real estate market in small open economy: the case of Croatia. 2007.

在我国，自从 2010 年 1 月海南国际旅游岛建设上升为国家战略，三亚市 2010 年房价同比上涨 43.3%，位列全国城市房价涨幅第一；海口市房价同比上涨 35.5%，位列全国第二。三亚作为海南的旅游重镇，更是整个海南省房地产市场的缩影。在《海南国际旅游岛建设发展规划纲要》（2010 年 6 月）出台后仅月余，三亚市商品房均价迅速从 11000 元 /m^2 翻倍至 20582 元 /m^2。对于这样的房价水平，大部分本地居民显然根本无法承担。另外，三亚市商品房空置率却已达到 80%～90%。这是由于大部分楼盘定位的主要市场对象是外地人，而外地人买房后又不长住，高空置率便成为一种必然。

4.1.3　城市特色缺失

在城市旅游的竞争中，城市特色构成了核心竞争力。城市是否能吸引旅游者，归根到底在于城市是否能提供给旅游者与众不同的感受和体验。对于那些拥有悠久历史的城市，城市特色在很大程度上应能体现城市的历史传承和文化积淀。

自现代主义流行以来，城市总体上建筑、景观及空间风格的趋同在全球城市中都有不同程度的体现。经济全球化、交通及通信技术的高度发达带来的"时空融合"（Janelle，1968）或"时空压缩"（Jessop，1999）带来的交流、互动又在社会文化等方面加速了这种趋同。但欧洲城市普遍从20世纪60～70年代开始意识到大规模城市建设对城市文脉的破坏及城市特色的危害，城市规划及政策开始重视对历史文化遗产及氛围的保护，城市设计也开始成为塑造城市特色的重要公共政策。经过不懈的努力，大量欧洲城市成功地保留或塑造了其城市特色。在全球化导致城市竞争日益激烈的今天，独特而有魅力的城市整体风貌及其所体现的历史、文化与景观价值，成为这些城市在后工业时代继续发展的重要资源。

中国是历史悠久的文明古国。与欧洲城市相比，我国很多城市原本同样拥有得天独厚的历史文化遗产和极具特色的传统风貌。遗憾的是，由于多种原因，很多城市的历史保护未得到应有的重视，城市"千城一面"的现象已经到了一种令人难以忍受的地步。自中华人民共和国成立以来直到20世纪80年代，古城墙、历史建筑、传统街道被拆除、破坏、损毁的现象屡见不鲜。自80～90年代以来，经过专家、学者和有识之士的努力，逐渐形成了重视历史保护的社会风气。可惜的是，也正是在这个时期，中国开始了大规模的城市化、旧城改造、城市更新运动。在这场世界罕见的建设洪流中，"历史保护"真正落到实处的成功例子并不多。

例如，北京的旧城更新采用的就是一种典型的激进方式。在20世纪年90年代的10年间，北京城市改造总投资高达330亿元，建成了450万m^2新建筑，累计动工危改区146片，共计拆除危旧建筑415万m^2，竣工40片。大量的被拆除区涉及北京的一些重要旅游资源，包括大量的老四合院和为数众多的文物建筑。以北京旧城风貌的主要吸引物——胡同为例，1949年北京有大小胡同7000余条，到1980只剩下约3900条，而到2000年左右，随着北京旧城区改造速度的加快，北京的胡同正在以每年600条的速度消失（图4-4）。这种大面积的拆除和破坏，导致北京历史城区传统风貌呈现明显的碎片化趋势。原本连续、成片的城市传统风貌区呈现出碎片化的趋

图4-4　北京一条即将被拆除的胡同

图片来源：http://smxlyl18.blog.163.com/blog/static/4559559520080681440707/

势，不断收缩甚至逐渐消亡，这在我国城市中已是一种普遍的现象。对于访问者而言，传统风貌连绵带的面积需要达到一定阈值，才能够对其旅游活动构成足够的吸引力。因此，这样的情况造成城市实际旅游吸引力的下降。

可以说，到了今天，除了丽江、平遥等极少数城市及一些古镇，绝大多数中国城市早已失去传统的历史风貌。从城市旅游的角度来说，虽然不少城市还保留有一些著名历史建筑、遗产所形成的景点，但由于整体风貌的丧失，这些景点多像是现代城市中的“孤岛”。正如孙施文教授所指出的，“旧城中局部的、单个建筑的改造并不可怕……真正可怕的应该是当今国内城市中所存在的成片的甚至是整体式的地毯式改造……在这样的改造方式下，即使那些文物建筑或特色建筑能够被保留下来，它们也是孤零零地留存在已经完全不同的新环境中”（孙施文，2009）。

大规模的“建设性破坏”，直接导致了城市特色被彻底抹杀。正如吴良镛教授所言，“今天的北京旧城已经像一个癞痢头，正在开发中的花市、宣武门外、金融街等，皆已面目全非，出现一片片‘平庸的建筑’和‘平庸的社区’。”法国学者格拉诺在《现代化北京城市设计特征》中写道：“北京是一个每日都会有新建筑开工的城市。而大量的建筑物看上去却是简易的和临时的……总体结构的严谨与呆板，空间分配的混乱与无序，无论是建筑物还是行人的交通往来莫不如此。”而矶崎新对杭州的评价也反映了很多外国人对中国城市的印象，“如果我不是身处西湖湖面之上，那么，今天我眼中看到的杭州根本就没有什么特别，它只是一个哪里都有的城市”。事实上，并不仅仅只有专业人士关注到了这个现象，城市特色的缺失是人们普遍具有的感受。

联合国教科文组织《世界遗产名录》（World Heritage List）可以为我们提供一个比较的参照。至 2011 年 6 月，中国已有 41 处自然文化遗址和自然景观列入《世界遗产名录》，其中文化遗产 26 项，自然遗产 8 项，文化和自然双重遗产 4 项，文化景观 3 项。但需要注意的是，虽然我国历史城市数量众多，作为城市整体（或历史核心区）入选该名录的城市仅有平遥古城（Ancient City of Ping Yao）和丽江古城（Old Town of Lijiang）。而在欧洲国家，以城市整体（或历史核心区）入选该名录的城市比比皆是（附录 2）。从图 4-5 可以看出，与欧洲国家相比，以中国历史之悠久，幅员之辽阔，城市数量之众多，以城市整体（或历史核心区）入选该名录的城市数量实在是少之又少。这从一个侧面反映出，我国城市历史遗产及传统风貌的保护现状实在不容乐观。

在传统的城市肌理被破坏后，新建筑、道路、广场及绿地空间的填充千篇一律，抄袭、模仿及无意义趋同的现象严重。为了节省成本和降低风险，复制和抄袭成为部分开发商默许甚至鼓励的行为，其结果是模式化、同质化的空间产品大批量出现（江泓等，2009）。尽管学界对城市特色缺失的重视和反思早已有之，但城市在快速的改造、建设及“建设性破坏”中进程依旧。其原因当然是多方面的，但城市规划与管理体系中有法不依、执法不严和违法不究是一个重要因素。开发商的寻租违规及政府的默许纵容使得旧城规划控制的容积率和限高一次次被突破，造成了规划控制线和实际建设线的“剪刀差”（图 4-6）。根据不完全统计，以一般审定高度和总体规划规定的

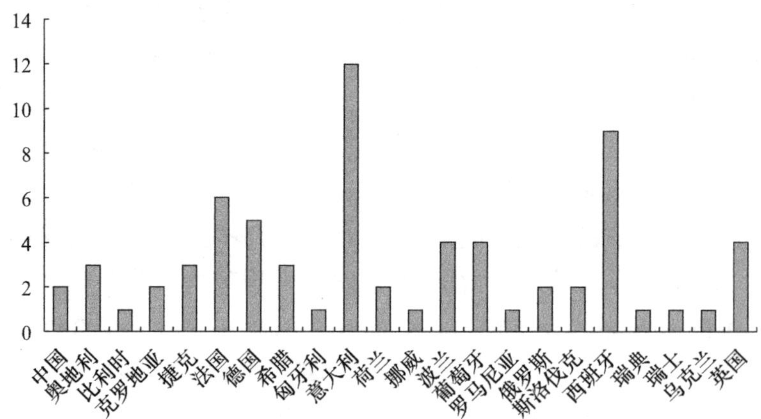

图 4-5　中国及欧洲以城市整体（或历史核心区）入选《世界遗产名录》的城市数量

数据来源：World Heritage List，2011.

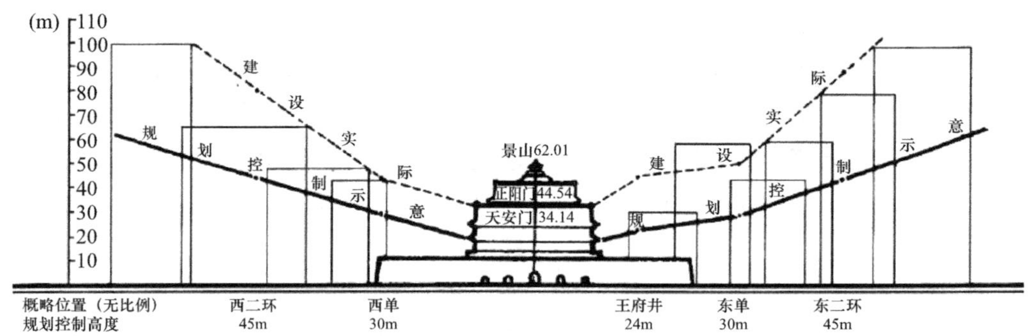

图 4-6　北京旧城中心区规划控制与实际建设的“剪刀差”

图片来源：梁江，孙晖．模式与动因—中国城市中心区的形态演变［M］．北京：中国建筑工业出版社，2007.

原则高度相比，不少项目都高出了一或两个档次。例如，恒基中心高达 110m，已是规划限高的两倍多。不但内城新建筑物的高度突破限高，就连老城中轴线上的高度也控制不住。历史城区天际线的破坏，导致了整体传统风貌的丧失。

改革开放 30 年来，我国城市旅游有着令人瞩目的发展，这是不争的事实。尤其是近些年来，随着人民生活水平的提高和城市景点建设、基础设施及服务产业的发展与完善，城市旅游接待人数更是与日俱增。原国家旅游局自 1995 年起在全国范围内颁布实施《中国优秀旅游城市标准体系》，经审核，于 1998 年命名北京、上海、杭州、大连等 54 个城市为首批“中国优秀旅游城市”。截至 2010 年，全国共有 339 个城市获得了“中国优秀旅游城市”的称号。然而，总体来说，我国城市特色缺失现象频现。

近几年来，出于城市旅游发展和城市振兴的需要，一些城市花大力气进行了历史风貌的保护和重建。例如，北京市重新修缮了有 600 多年历史的前门大街（图 4-7a）；南京在白鹭洲公园中试图重现《清明上河图》（图 4-7b），仅在 2008 年，该市便投入 20.4 亿元用于历史文化名城的保护和建设工作；根据疏散规划的要求，占地 4.54km^2 的荆州古城将至少疏散 5 万人，重点发展古城的文化旅游功能。但从实施效果来看，这些工作并不都能取得预期的效果。另外，尤其需要警惕的是，一些地方政府打着“保护”之名行“破坏”之实。一些设计公司为了满足地方政府的盈利冲动，在历史街区的更新改造中破坏文物、违反文物保护法规。近段时期的“波士顿设计”风波，为规划管理部门敲响了警钟。

a　北京前门大街

b　南京白鹭洲公园

图 4–7　前门大街与南京白鹭洲公园

图片来源：左图来源于新华网；右图来自于新华报业网。

除了历史遗产，自然景观资源（河流、湖泊、山地等）同样是形成城市特色的重要元素。因此，城市规划部门应该保护和利用好现有的自然景观资源。然而，就当前来说，在很多城市，宝贵的自然景观资源仍未得到应有的保护。尤其是在房地产开发的商业利益冲击下，对自然景观资源的破坏和过度开发仍时有发生，很多原本具有良好山水资源的城市并未能真正做到“显山露水”。

例如，有着“百湖之城”美誉的武汉，从中华人民共和国成立以来，城区的湖泊已从当初的 127 个锐减到目前的 38 个。而且，现有的湖泊面积仍然在不断减少。从图 4–8 可以看出，武汉三镇的湖泊面积一直处于下降趋势。在湖泊被填埋进而转换为其他用地性质的过程中，城市建设用地所占比重很大（图 4-9），这事实上体现了城市建设（特别是房地产开发）对城市自然资源的巨大破坏。以该市内环最大湖泊沙湖为例，由于不断被填湖、蚕食，湖边盖起了大量的商品住宅，沿岸经常被渣土堆积，

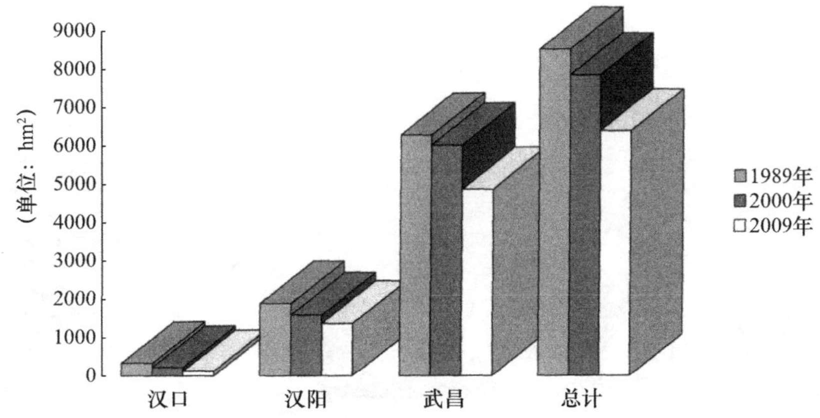

图 4–8　1989～2009 年武汉湖泊总面积演变情况统计

数据来源：武静 . 武汉滨湖景观变迁实证研究［D］. 武汉：华中科技大学，2010.

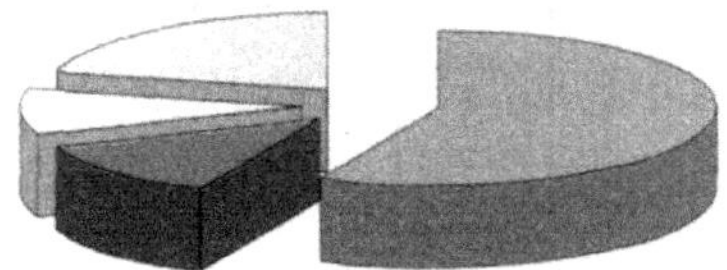

a 1989 ～ 2000 年

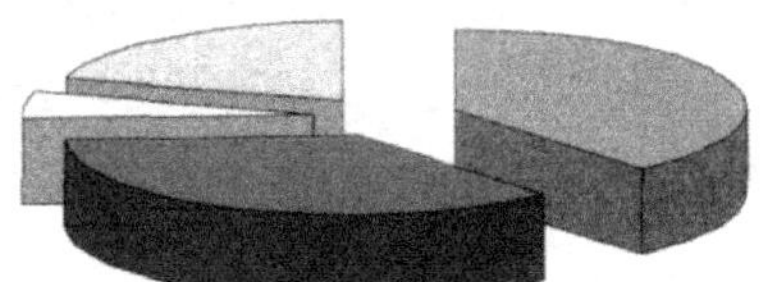

b 2000 ～ 2009 年

图 4-9　1989～2009 年武汉湖泊被填占后转换的用地类型比例分析

数据来源：同图 4-8。

其面积已从以前的上万亩缩减到如今的 119 亩。这种对自然景观资源的破坏，不仅影响了本地居民的生活品质，也导致了城市特色的丧失和城市旅游吸引力的下降。

另外，由于核心竞争力——城市特色的缺失，有的城市在旅游市场的竞争中挖空心思想别的办法：争夺名人故里、名胜所在地、在城市建设中造“假古董”、制造标新立异的噱头等做法层出不穷。这些令人啼笑皆非的现象也从一个侧面显示，对我国大多数城市来说，塑造城市特色、构建城市旅游核心竞争力还需要漫长的努力。

4.1.4　污染严重

良好的环境质量是城市旅游发展的重要前提条件。很难想象在一个污染严重、难以见到蓝天的城市，会有多少居民热衷于户外休闲活动，也很难想象这样的城市会成为成功的旅游城市。阳光、蓝天和清新的空气、清澈的湖泊河流等本身就是极为重要的旅游资源，它们带给人们的身心愉悦是其他任何产品也无法取代的。

经过 30 年的经济快速发展，我国的环境污染问题已经非常严重。从整体上来看，工业发展带来的大气及水体污染、城市化进程带来的建筑扬尘、机动车尾气等因素使得城市及城市化进程较快地区中的污染尤其突出。在很多城市，蓝天也成了稀缺品（图 4-10）。例如，2009 年珠三角全年的灰霾天气超过 140 天。专家也指出，在我国东部地区恢复蓝天至少需要 20～30 年。而在最近举行的全市环境保护工作会议上，

图 4-10　2011 年 12 月 6 日灰霾下的北京街头

图片来源：陈鸣，活在灰霾下［N］. 南方周末，2011-12-15.

北京市副市长也公开表示，北京市 PM2.5 达标至少需要 18～20 年。

环境污染对城市旅游发展的负面影响是显而易见的。大气、水体和噪声污染会降低景点及城市整体的旅游吸引力，特别是对步行环境影响甚大。环境污染降低了城区适宜步行的程度。在灰霾笼罩、尾气严重的地区，访问者的步行意愿会降低，甚至取消在城市中原本计划的步行活动。这就在无形中降低了访问者活动的频率与强度，压抑了漫游观光和购物、餐饮等消费活动。

在污染严重的地区，访问者被动地借助其他交通工具来进行长距离转移，完成在主要旅游吸引点之间的跳跃。这样，主要旅游吸引点周边的街区及次要旅游吸引点在这种被动选择中被忽略了（它们本可以成为访问者漫游活动的目的地），这就在事实上降低了城市旅游吸引力，造成了访问者活动范围的（被动）收缩。

4.2 城市交通问题

城市成为访问者的目的地之后，访问者必然会选择使用城市的交通系统。旅游出行有着一些不同于日常通勤的特征，而传统的交通规划并没有着重考虑这类出行需求。访问者和居民对城市交通系统的共享，体现在对城市交通资源和基础设施的共同使用上。由于城市既定的交通资源是有限的，访问者的到来将不可避免地对居民日常机动性产生影响。访问者和居民对城市交通系统的共享带来新的交通问题，并凸显了城市公共交通和步行系统的重要性。

4.2.1 外来机动车带来的压力

城市自身的交通承载力是有限的，这决定了目的地城市更多地倾向于借助公共交通工具（包括公共自行车）来接待访问者。就访问者自身来说，由于成本约束和对目的地信息了解程度有限，如果一座城市的公共交通系统足够完善，那么公共交通工具就是一个更好的选择。同时，任何城市都不可能通过无限制地增加道路资源供给来满足访问者带来的额外需求。因此，主要通过公共交通系统来接纳访问者，对于目的地城市来说也是一个更有效率的选项。

在一些大城市或大都市地区，由于公共交通系统较为完善和发达，访问者选择公交系统的比例也相对较高。以伦敦的一项调查（2008）为例，在所有类型的访问者中，地铁和轻轨是最常选择的交通方式，80% 的海外访问者、73% 的国内过夜访问者和 60% 的国内一日访问者选择过地铁和轻轨，甚至超出了伦敦居民在休闲活动时选择地铁和轻轨的比重（48% 的人选择）。另外，公交车和步行也是访问者经常选择的交通方式，59% 的海外访问者和 44% 的国内过夜访问者选择过公交车，43% 的海外访问者和 38% 的国内过夜访问者曾选择步行，这也从一个侧面反映了伦敦拥有较完善的常规公交系统和较好的步行环境。同时，在各类访问者中选择出租车及小汽车的比例都很低，国内过夜访问者中仅有 9% 选择小汽车，一日访问者中也仅有 12%（图 4-11）。

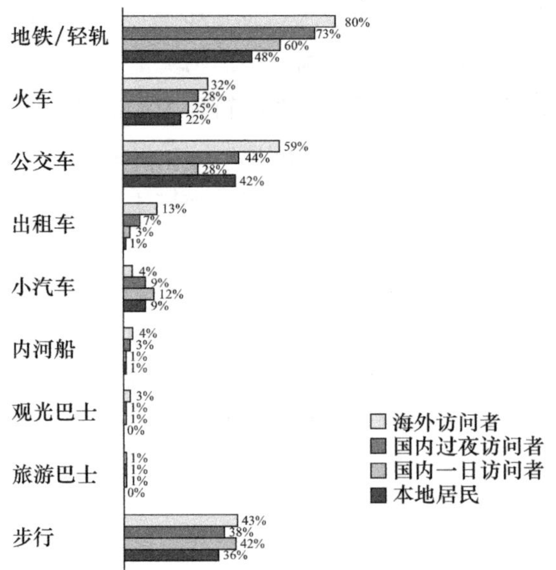

图 4-11 2008 年伦敦调查——各类人群在伦敦旅游/休闲时选择的交通方式

数据来源：TNS Travel & Tourism, 2008. 其中，海外访问者有效问卷为 1830 份，国内过夜访问者为 661 份，国内一日访问者为 858 份，伦敦本地居民为 1238 份。

2008 年在巴黎进行的一项调查也得出了类似的结论：几乎所有的访问者（93.2%）都选择过地铁，选择公交车的也占到 25.2%；而选择私人小汽车的比重非常低，仅为 2.9%（图 4-12）。从这两个例子可以看出，由于伦敦和巴黎拥有完善的地铁及地面公交系统，访问者完全可以通过公共交通工具来完成各种活动，因此城市所面临的外来私人小汽车的压力也就相对较小。

访问者在这两个城市中选择私人小汽车的比重较低，还得益于伦敦和巴黎本身作为交通枢纽（地区、国家乃至欧洲层面）的重要地位：处于铁路网络的中心枢纽，并拥有不止一个大型国际机场。因此，对于访问者来说，无论是到达（离开）还是在城市中活动，选择私人小汽车的必要性都不大。从访问者到达的交通方式来看，火车都占到了绝对主导地位，伦敦为 71% 和 69%（分别为国内过夜访问者和国内一日访问者，图 4-13），巴黎则为 74.5%（普通火车及 Eurostar、Thalys 等国际高速列车，图 4-14）。其次是飞机，26.5% 的访问者通过乘飞机到达巴黎。而在这两座城市，访问者选择私人小汽车到达城市的比重都很低。在伦敦的国内过夜访问者中，仅有 14% 的人选择私人小汽车到达伦敦；国内一日访问者中也仅有 19%。巴黎的比重更低，仅有 2.8% 的访问者选择私人小汽车到达巴黎。

在我国一些大城市，也有类似的现象。例如，2007 年一次针对北京访问者和居民旅游出行的问卷调查表明，这两个群体选择公共汽车和地铁的比重都较高（图 4-15）：访问者选择公交车和地铁的比重分别为 38% 和 17%，居民在休闲出行时选择公共汽车和地铁的比重分别为 52% 和 25%。同时，调查者假设了一条旅游交通公交环线（图 4-16a），连接中心城区的一些重要旅游景点。居民和访问者对这种公交环线均显示出较强的乘坐意愿，分别有 55% 的居民和 64% 的访问者表示会乘坐这样的公交环线（图 4-16b）。这也反映了旅游交通规划的必要性和迫切性。

图 4-16 表明，受访的北京居民在休闲出行时选择私人小汽车的比重并不高（8%）。同样，从图 4-11 中也可以看出，伦敦居民在休闲活动时所选择的交通方式主要为地铁 / 轻轨（48%）、公交车（42%）和步行（36%），而选择私人小汽车的比重较低（9%）。笔者 2005 年在韶关进行的调查则表明，居民在进行文化娱乐活动时所选择的交通方式主要是出租车、步行及私人小汽车，选择公共汽车的比重还相对较低（图 4-17）。

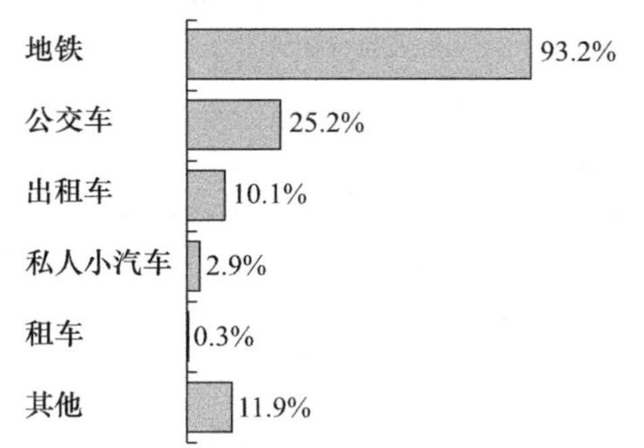

图 4-12　2008 年巴黎访问者调查——在巴黎所采用的交通方式

数据来源：Officedu Tourismeetdes Congrèsde Paris, 2008. 调查对象为休闲观光访问者（而非公务访问者），有效问卷 385 份。

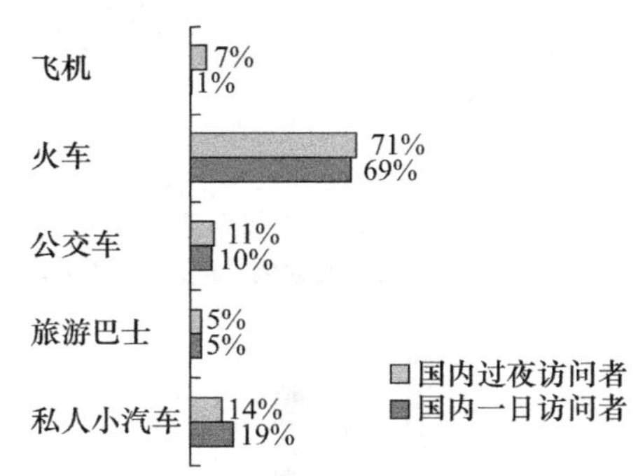

图 4-13　2008 年伦敦旅游者调查——国内访问者到达伦敦所选择的交通方式

数据来源：同图 4-12. 其中，国内过夜访问者有效问卷为 661 份，国内一日访问者为 858 份。

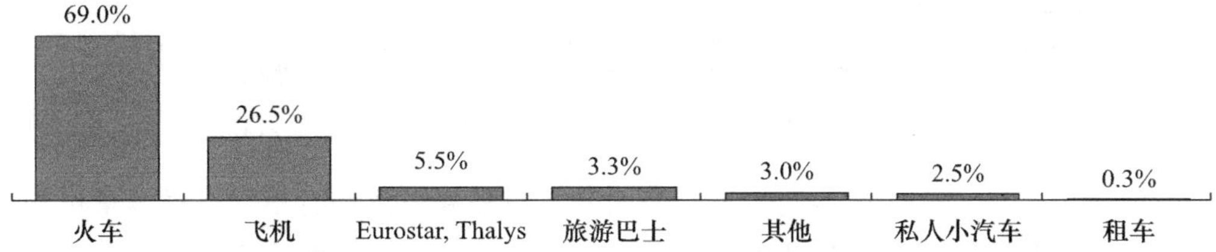

图 4-14　2008 年巴黎访问者调查——到达巴黎所选择的交通方式

数据来源：同图 4-13. 调查对象为休闲观光访问者（而非公务访问者），有效问卷 400 份。

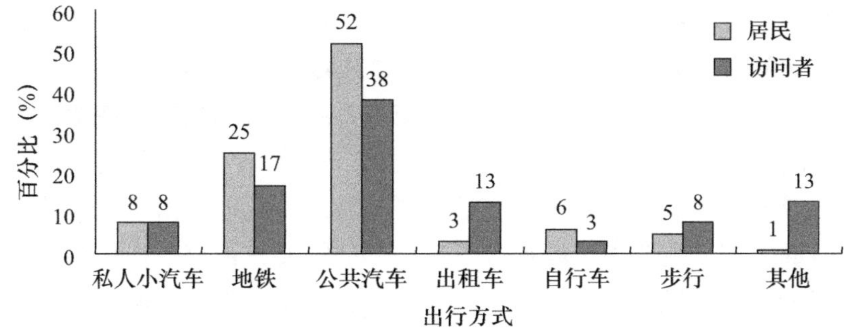

图 4-15　北京旅游交通调查——交通方式

数据来源：耿雪，关宏志，王迎晖．非黄金周旅游交通行为调查分析——以北京市城市型旅游交通为例［J］. 城市交通，2008（2）：68-72. 有效问卷 499 份。

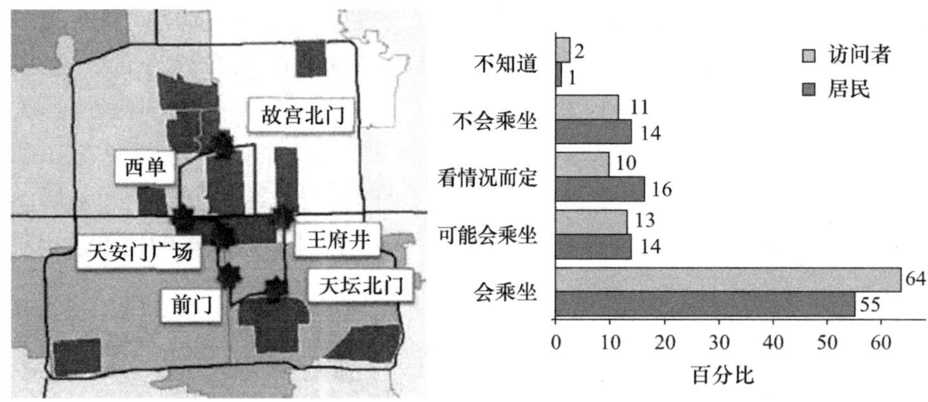

a　假定公交环线　　　　b　受访者乘坐意愿

图 4-16　北京旅游交通调查

资料来源：耿雪，关宏志，王迎晖．非黄金周旅游交通行为调查分析——以北京市城市型旅游交通为例［J］. 城市交通，2008（2）：68-72. 有效问卷 499 份。

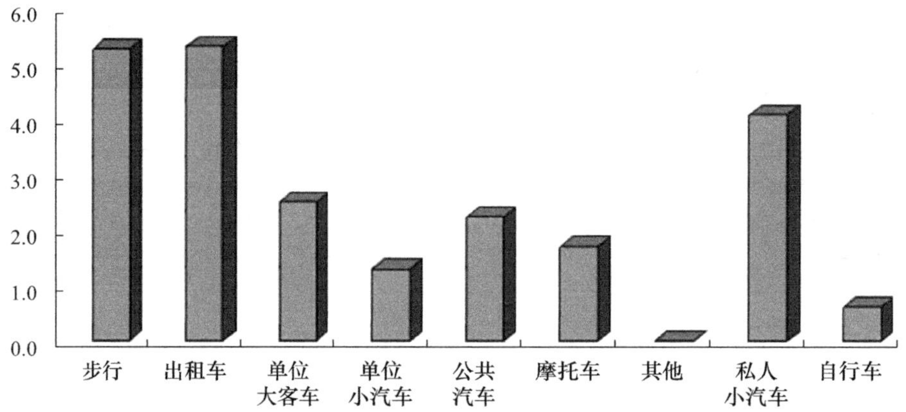

图 4-17　韶关居民在进行文化娱乐活动时所选择的交通方式（2005 年）

需要指出的是，上述这些调查各自的内容、口径和方法都有不同，样本量也都有限。因此，这些数据并不具备精确的可比性。伦敦、巴黎和北京均为公交系统较为完善的大都市，而韶关、溧阳、绍兴属于中等城市，公交系统相对不够完善。从初步比较的结果来看，在公交系统较为完善的城市，访问者和居民在旅游出行时选择私人小汽车的比重相较于公交系统不够完善的城市要低。由于我国正处于机动车保有量快速增长的阶段，访问者和居民的旅游出行需求还在不断发展，如果城市公交系统不能很好地满足这种需求，在未来一个时期，城市交通系统还将承受更多旅游出行中选择私人小汽车带来的压力。

历史城镇或城市中的历史街区往往是重要的旅游目的地。由于这些地区的街道建造于工业化时期之前，主要为了满足步行或马车的需要，街道往往很窄，转角也很拥挤。随着访问者到来的机动车（私人小汽车或旅游巴士）将不可避免地给这些地区带来问题。可能的负面影响包括：对步行者（往往是当地居民）安全带来的威胁，对历史街道及建筑的物理损毁，过多的机动车对城市历史面貌的破坏等。一些数据表明，大量去往历史城镇的访问者都是驾私人小汽车前往。例如，在英国，超过 70% 的旅游者在访问小型或中等历史城市时选择私人小汽车（English Historic Towns Forum，1994）。笔者在 2010 年对绍兴旅游者的调查则表明，67% 的旅游者选择私人小汽车出行的方式来到绍兴，远远超过其他交通方式所占的比重（图 4-18a）。

如果访问者在到达目的地城市时所选择的交通方式是以私人小汽车为主，同时在城市中又没有有效地限制其选择私人小汽车出行的措施，那么访问者在城市中出行时，私人小汽车在各交通方式中所占的比重也相应地会较高。例如，同样 2010 年在对绍兴市访问者进行的出行调查中，在去往景点的交通方式中，53% 的人选择的是私人小汽车；另外，还有 19% 的人选择的是出租车，11% 的人选择的是旅游巴士；选择普通公交车的比重仅为 11%，而步行的比重仅为 4%（图 4-18b）。类似地，2006 年笔者在对溧阳访问者进行的调查中，43% 的访问者选择私人小汽车的出行方式来到溧阳，而 44% 的访问者在溧阳当地出行时也同样选择私人小汽车（图 4-19）。

相反，如果访问者在到达城市时交通方式中私人小汽车出行的比重较低，则其在目的地城市选择私人小汽车出行的比重也相应会较低。例如，2007 年《杭州市城市综合交通规划（修编）（2007—2020 年）》所做的交通调查表明：私人小汽车（单位或自备）仅占访问者来杭州的交通方式的 20%；相应地，访问者在杭州的出行方式中，私人小汽车（搭乘或自驾）也仅占 16%（图 4-20）。

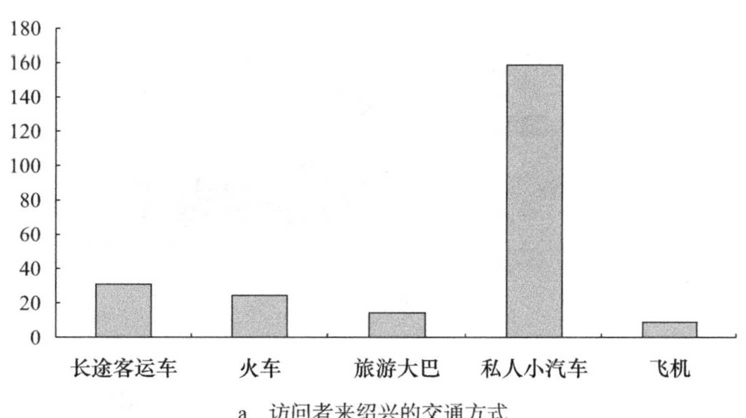

a　访问者来绍兴的交通方式

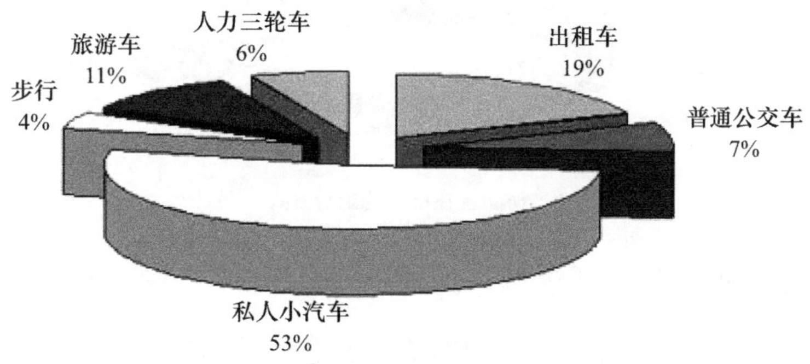

b　访问者去往绍兴景点的交通方式

图 4-18　访问者来绍兴旅游的交通方式

备注：样本量为 314 份，2010 年。

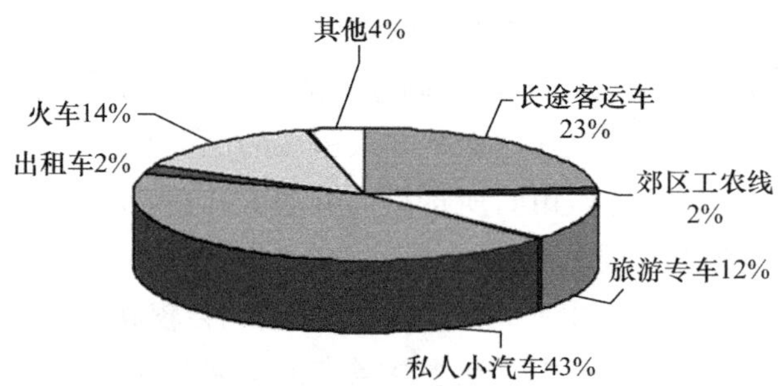

a 访问者来溧阳的交通方式

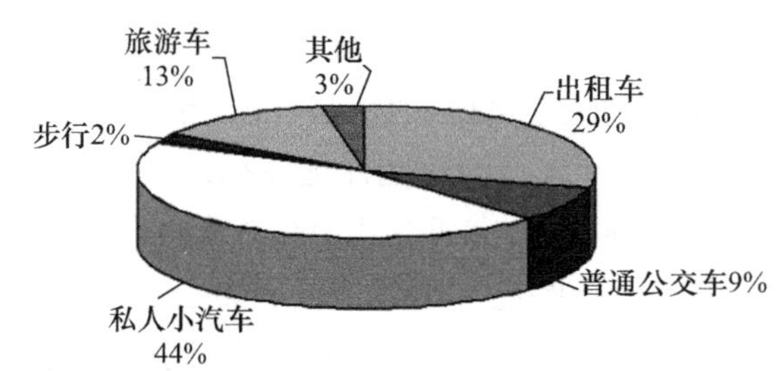

b 访问者在溧阳的出行方式

图 4-19 访问者来溧阳旅游的交通方式

备注：样本量为 209 份，2006 年。

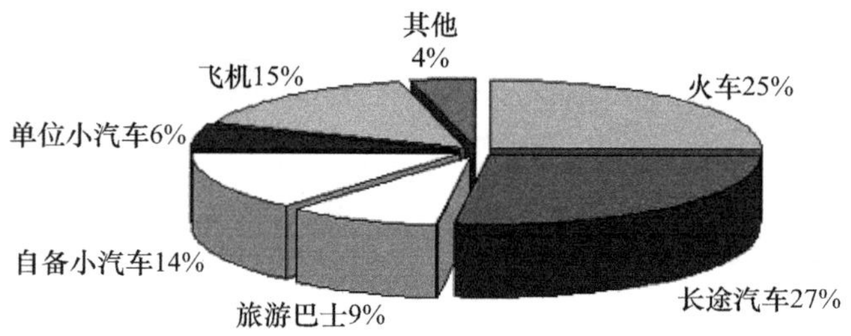

a 访问者来杭州的交通方式

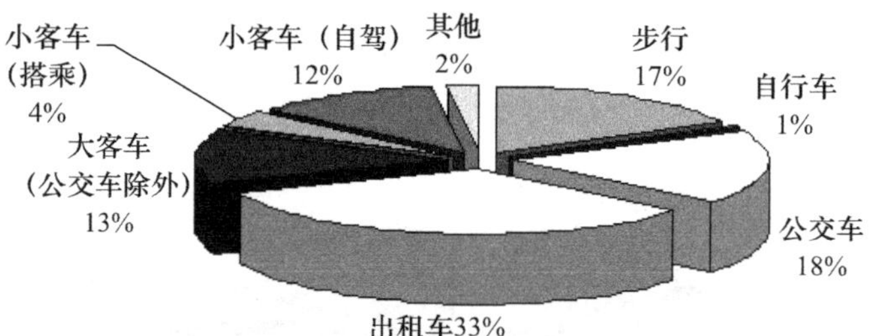

b 访问者在杭州的出行方式

图 4-20 访问者来杭州旅游的交通方式

数据来源：杭州市城市综合交通规划（修编）（2007～2020 年）

大量的外来私人小汽车不可避免地会给城市交通系统带来压力，主要体现在对有限的停车空间和道路资源的占有上。对于作为旅游目的地的城市来说，通常来自于过夜访问者（overnight visitors）的消费占整个旅游消费的大部分。当他们选择市中心的旅馆住宿时，访问者很可能会造访当地的商店、酒吧、餐厅和娱乐场所，从而产生相应的消费活动。为了吸引访问者，城市就需要为其提供足够的、在合适区位的停车场。在一些欧洲城市，城市中心的土地资源本来就极为有限，因此，能提供大量停车空间的位于城市外围地区的大型旅馆（往往是连锁酒店）便应运而生。另外，由于城市道路系统的容量也是有限的，过多的外来私人小汽车也可能会导致城市交通拥堵和混乱。

相对于私人小汽车而言，旅游巴士（coach）可以搭载大量访问者，从而提供了一种更有效的交通方式。然而，旅游巴士给城市交通带来的影响事实上与私人小汽车类似，当需求超过有限的供给（停车空间和道路资源）时，旅游巴士同样会给城市交通系统带来巨大压力。在一些欧洲城市，由于重要景点周围缺乏足够的停车场，在旅游团游客访问景点时，巴士驾驶员只能不停地在景点周边绕圈子，以等待游客。在过去的几十年中，伦敦圣保罗教堂（St Paul’s cathedral）就属于这种情形：旅游巴士（空车）在教堂周边的街区兜圈，增大了城区的交通压力，也给市区的空气带来污染。在 20 世纪 90 年代初期，奥地利著名旅游城市萨尔斯堡（Salzburg）每天要迎来超过 600 辆旅游巴士，这对于一座中等城市的交通系统是巨大挑战。旅游巴士还产生了大量噪声和污染，而且其中很多旅游团只在萨尔斯堡停留几个小时，并不在当地过夜。为了回应来自本地公众的压力，市政当局不得不出台了一项政策：只有那些能出示当地旅馆或餐馆预订证明的旅游巴士才能进入市中心，其他巴士将只能停在外围地区（English Historic Towns Forum，1999）。

4.2.2 高峰时期：供需矛盾的加剧

一般说来，传统的城市交通规划主要考虑城市居民的需求，较少考虑外来访问者的因素；在交通规划的调查阶段，重点也是针对居民的日常出行（上学、上班等日常必要活动）而非休闲出行。由于城市交通规划及政策最初都是以城市居民为对象，因而城市交通资源及基础设施的容量、承载力和品质都往往没有考虑访问者的需求，同时对居民的休闲出行也考虑较少。在旅游快速发展的时代，当访问者和居民对城市交通系统的共享成为一种常态，这就必然带来城市交通的一系列问题。

例如，法国国立交通安全研究所（INRETS）在 1994～1995 年以 18 岁以上的法国人为对象，在全国范围内对游客的交通行为进行了详细的调查。结果表明，法国城市平均每周有 9000 万人次的旅游交通发生。其中，巴黎地区的旅游出行就占到了全国旅游出行的 12%～13%，即每年有 2100 万～2600 万法国人和大约 1200 万外国游客到访巴黎，使巴黎的日交通量增加了 12%，地铁乘客的 20% 以上为游客，从而导致巴黎的城市交通面临巨大压力。又如，在对威尼斯居民的调查中，居民在出行线路、出行频率、活动场所等方面都受到访问者的显著影响（表 4-4）。

访问者对居民日常机动性的影响 **表 4-4**

访问者的出现是否影响您	否（%）	是（%）
城内出行线路的选择	56.3	43.7
前往城内某一地区的出行频率	26.6	73.4

续表

访问者的出现是否影响您	否（%）	是（%）
白天集中活动的场所	20.9	79.1
夜间集中活动的场所	12.0	88.0

数据来源：Bernadette Quinn.Performing Tourism: Venetian Residents in Focus [J] . Annals of Tourism Research, 2007, 34（2）: 468.

这些问题的根源在于城市交通系统的原有供给与新产生需求之间的矛盾，从而导致了交通拥挤（道路及公交系统的负荷变大）、交通秩序混乱和交通事故等现象。最主要的问题来自于三个方面：首先，居民出行总量和休闲出行的显著增长给城市交通系统带来新的需求，大量外来机动车给城市道路系统和停车场地带来的压力，在高峰时期这种供需矛盾的加剧。

近年来我国城市在交通基础设施上的大力投入已经极大地改善了人们的出行环境，然而在高峰时期的交通堵塞、拥挤以及由此带来的空气污染和噪声仍然是一个难以解决的问题。在上下班高峰期人们还是需要忍受地铁、公交车上的拥挤，即使拥有私人小汽车也常常无法避免长时间堵车。人们并不会因为这些因素取消或改变上班和上学等“必要”出行，哪怕需要去忍受一些相对恶劣的出行条件和环境。

与此不同的是，绍兴是我国浙江省重要的旅游城市，2010 年笔者进行了一项关于其旅游人口出行的问卷调查。人力三轮车是绍兴较有特色的传统交通方式，可以深入地体验绍兴传统街巷及水乡风光，但显然在速度上无法和出租车、公交车等其他交通方式相比。在对待三轮车的态度上，笔者设置了三个选项：“应该淘汰”“可以保留”及“应该提高服务品质”。在 510 份有效问卷中，64% 的人认为应该提高服务品质，26% 的人认为可以保留，只有 10% 的人认为应该淘汰。可以看出，绝大多数旅游者都看重三轮车带来的独特体验，并希望得到更高质量的服务（图 4-21）。

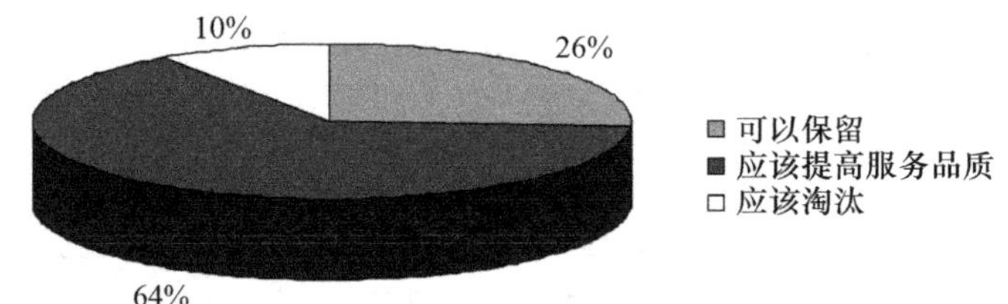

图 4-21　绍兴市旅游出行调查中对三轮车的态度

在回答“在市区活动时，您更喜欢走传统街巷还是宽阔的道路”时，89% 的受访者选择传统街巷，仅有 11% 的人选择宽阔的道路。这也从一个侧面反映出旅游者的出行需求：追求特殊的体验（在绍兴感受到是传统街巷中浓郁的历史文化氛围），而不仅仅是现代街道带来的较好的可达性（图 4-22）。

上面的分析已经表明，访问者活动在时间分布上有着明显的集中性。例如，图 4-23 显示了杭州市区在 1993 年、1994 年和 1998 年这三个年份的游客流量分布。

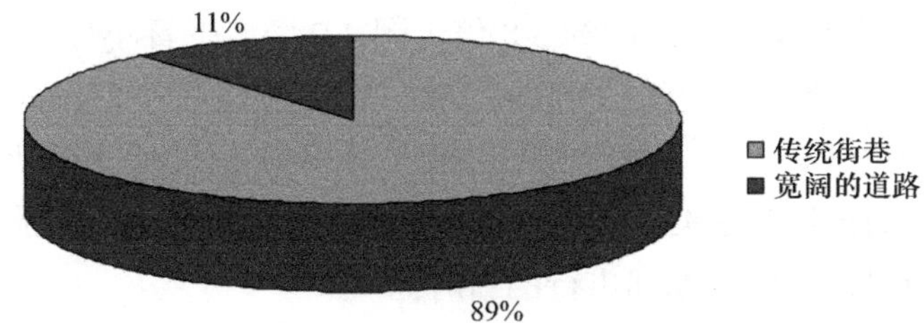

图 4-22　绍兴市旅游出行调查中对道路选择的偏好

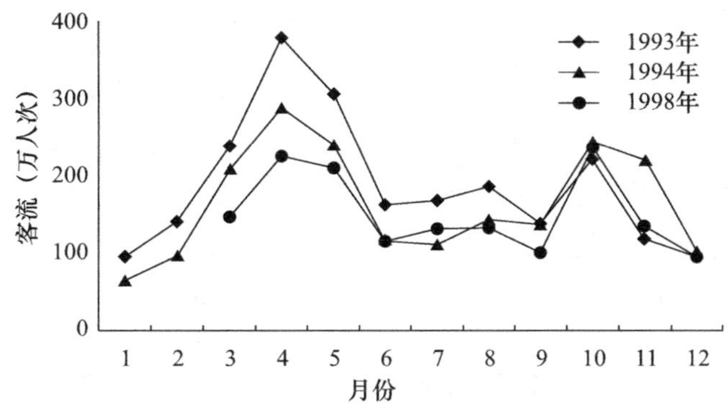

图 4-23　1993 年、1994 年及 1998 年杭州市区分月游客流量分布
数据来源：张兴平，杨建军，毛必林 . 杭州市游客流量的时空分析及旅游交通对策［J］. 地理学与国土研究，2000（2）：61-64.

可以发现，在这三个年份，游客流量都呈现出明显的季节性，每年的 4 月是游客流量的最高峰。旺季（3～5 月和 10 月）的游客流量占全年流量的 50% 以上，而淡季（12 月和 1 月）的游客则相对很少。

因而，在旅游的高峰时期，访问者需求与城市交通系统之间的矛盾会更为突出。临时性的大量外来车辆往往会超出地区路网的承载力以及停车空间的容量，因此停车难和交通拥堵的问题尤为明显。由于车流和人流在时间和空间上的高度集中，城市（及周边）景区乃至整座城市的交通体系都要承受巨大压力。

例如，在我国一些重要的旅游城市，每年的“十一”及春节“黄金周”都会迎来大量访问者。在杭州市，2007 年“黄金周”（春节、“五一”劳动节、国庆节）接待游客人数分别为 236 万、316 万、489 万人次，共计 1041.53 万人次，占全年接待量的 24.1%，其中国庆节接待游客人数占全年接待量超过 11%。2011 年的春节“黄金周”，我国热带滨海旅游城市三亚持续旅游业的繁荣。在春节“黄金周”的最后一天（2 月 8 日），仅天涯海角景区和南山景区便接待游客超过 2 万人次。从农历除夕到大年初六，来自全国各地的自驾游车辆达 16600 辆次。“黄金周”7 天共接待游客达 20.8 万人次，其中自驾游散客占大多数。市区往返各大景区的公交车十分拥挤，而出租车也面临着供给不足的状况。天涯海角、南山等景区虽然开辟了临时停车场，但仍难以满足需求，一些游客不得不将车辆停在离景区大门约 2km 的公路上。

邵春福等（2008）对“黄金周”期间北京八达岭周边停车场的实证研究，得出了一些旅游高峰期停车需求的量化特征。在对八达岭周边四个停车场进行调查后发现，

“黄金周”期间的停车数量是平日的约 3.8 倍（图 4-24）。平日小型车与大型车的比例为 2.76∶1，而在“黄金周”期间却达到 8.29∶1，并且这些小型车属于自驾车旅游，大型车属于旅游大巴或公共汽车。此外，在平日本地车与外地车的比例为 11.37∶1，而在“黄金周”期间却达到 3.43∶1，并且这些外地车也属于自驾车旅游。由此可见，自驾车游已经成为“黄金周”期间出行的新时尚。

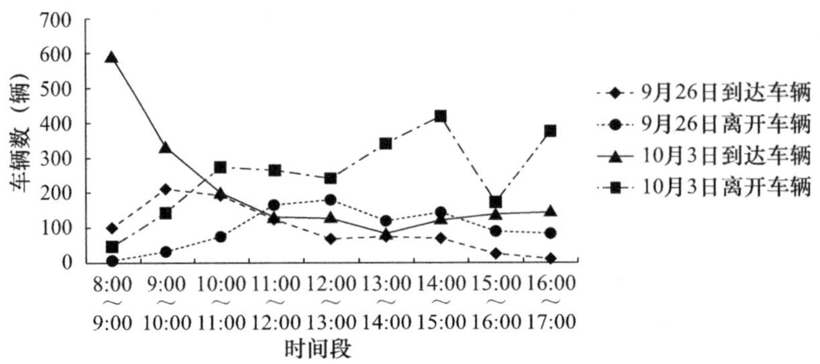

图 4-24 北京八达岭周边某停车场在平日与“黄金周”期间停车需求的对比

数据来源：马壮林，邵春福，孙壮志．黄金周期间旅游景区停车管理对策［J］. 综合运输，2008（8）: 53-56.

除了高峰季节中访问者与城市交通系统之间的供需矛盾激化，在普通工作日，城市中也可能出现由于访问者及居民出行高峰叠加而加剧交通问题。例如，2010 年笔者在绍兴交通规划的调查中发现，访问者与居民的出行高峰时间有着一定程度的重合（图4-25）。特别是在晚高峰时期，访问者出行（回住处）的高峰时间之一（16:00～20:00）与居民出行（主要是回家）的高峰时间（15:00～18:00）有着较为明显的重合。在高峰时段，绍兴市老城区的交通拥堵现象本来就十分严重，而众多景点都集中在老城区，以私人小汽车为主的访问者出行（占出行方式的 53%，图 4-18）更加剧了交通拥堵的现象。

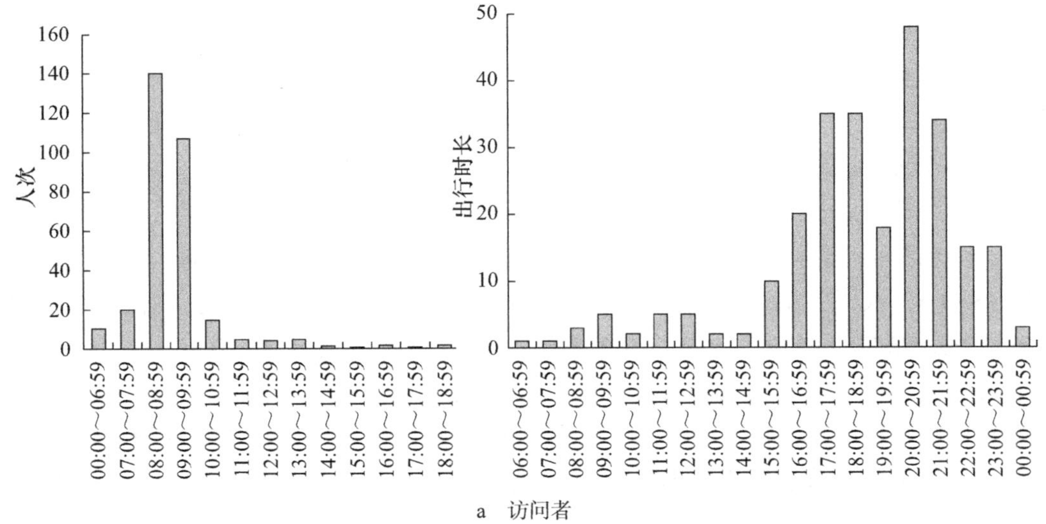

图 4-25 绍兴市访问者及居民出行时间分布（2010 年）（一）

数据来源：绍兴市城市综合交通规划（2010—2030 年）

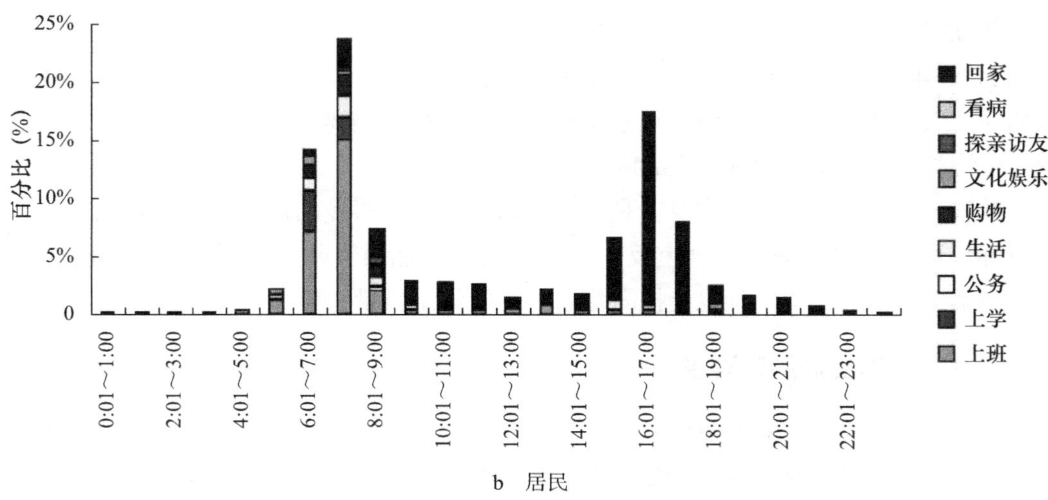

b 居民

图 4-25 绍兴市访问者及居民出行时间分布（2010 年）（二）

数据来源：《绍兴市城市综合交通规划（2010—2030 年）》

在一些时期，居民的休闲出行同样会呈现出时间上的集中性，如节假日往往是居民休闲出行的高峰时期。而在“黄金周”或特定的季节中，这种居民休闲出行的高峰往往会和访问者活动的高峰相叠加。在节事活动（尤其是如奥运会、世博会等大型节事活动）期间，城市交通系统则要面临更加极端的压力和挑战，如奥运会、世博会、世界杯足球赛等。由于主要为日常生活服务的城市交通系统通常无法承担这种临时性的大容量需求，城市政府往往需要提前做好规划和应对措施，包括基础设施（如道路、停车场、地铁及公交系统）的改建和新建，以及节事活动期间的临时管制政策等。这些规划从短期看来是为了满足节事活动的要求，但从长期来看，也可能会成为城市复兴（urban regeneration）的重要动力。

Law（2002）认为，步行系统是最好的旅游流由主节点向城市腹地扩张的方式。理想的城市旅游空间形态，是所有主要的旅游产品形成的步行带。步行系统发达的好处还包括，可以减少旅游流动形成的交通量对城市公共交通系统的负担。一些城市的历史城区和古镇拥有良好的步行环境，连接重要历史景点，建筑、街道和其他公共空间具有浓郁的历史氛围，将独特的城市空间意象和多元化的活动内容融入连贯的步行网络之中，增加了城市旅游吸引力。访问者更多地选择步行或骑自行车的漫游方式，这种无特定目的的漫游本身就能给访问者带来满足感。而在这种漫游中，访问者在纪念品商店、小吃店和小摊贩处随机地停留、购物或品尝美食，从而丰富和深化了访问者的旅游体验。

反之，如果城市中的步行区在城市化的进程中被破坏、压缩，这就在无形中减少了访问者潜在的活动数量，缩小了其活动范围，从而降低了城市旅游吸引力。例如，北京市近年来以建设干线道路为核心，道路宽、路网稀，支路不发达，次干道、支路短缺，使沿主干道的胡同交通等“微循环”被切断，穿插城市腹地的步行系统被破坏，自行车和步行等较小尺度的出行方式受到很大冲击。1986～2005 年的近 20 年间，以私人小汽车和出租车为主的机动化出行交通方式有了明显增长，从 1986 年的 5% 增长到2005年的37%以上，而自行车交通则出现明显的萎缩，从1986年的62.6%降低到2005年的32%。北京市的主干道系统越来越不适合步行，而城市主干道直接接入胡同“微循环”的方式，使步行系统和车行系统相对隔离，这使访问者通过主干道进入传统街区的概率和便利性大大降低，难以深入到城市腹地。

散步、慢跑和骑自行车本身就是极为普遍、受大众喜爱的休闲方式。因此，城市步行环境的质量也在一定程度上反映了城市的生活品质。除了增强城市的旅游吸引力，一个好的步行环境无疑也能提高普通居民的休闲质量。

4.2.3 对交通的新要求

从需求角度来看，旅游出行和日常通勤有着显著的区别：对出行环境质量和体验性的要求，对信息的高要求，时间分布上的季节性和出行行为的多样性。这些特征使得旅游出行难以用传统的交通模型来解释和分析，也从一个侧面反映了旅游交通规划的必要性。

居民休闲出行的增长在城市出行总量的增长中占了很大比重。而在旅游城市，由于访问者引入的大量机动车会给城市带来拥堵、混乱、噪声和污染等问题，这些问题在高峰旅游季节尤其严重。但在一些公共交通系统完善的城市，城市公共交通工具可以承载大部分的访问者出行，从而降低道路系统的压力。反之，如果公交服务水平不高，城市交通系统将承受巨大压力。步行环境的质量在很大程度上反映了城市的旅游吸引力及生活品质。如何更好地满足旅游出行的需求，解决共享带来的矛盾，旅游的发展对城市交通系统提出新的要求。

4.3 小结

旅游的发展使城市在更大的地域范围内面临着激烈竞争，从而也对城市提出新的要求。为了吸引更多的访问者来“填满”城市中的景点、旅店、餐馆、会议中心、体育中心及购物中心，城市在区域、国家甚至国际层面面临着新的竞争，这就对城市提出新的要求：增强自身特色，塑造舒适、宜人、安全、清洁、便捷的环境。近些年来，我国众多城市提出打造“旅游城市”“休闲城市”的发展目标，并为此进行了基础设施建设、新建及完善景区景点及发展旅游服务业等方面的努力，均可视为对这种竞争的回应。

要成为成功的旅游目的地，城市必须解决好与交通、污染、治安和失业有关的问题。为了吸引更多的访问者，城市还需要塑造良好的目的地形象，增强城市吸引力，为访问者提供高质量的体验和服务。作为目的地城市的核心竞争力在于其为访问者提供满意的、难忘的经历，从而持续地吸引访问者，以增加旅游消费的能力。一个拥有良好旅游资源的城市，并不一定能竞争过一个资源不足却能有效利用资源的城市。因此，城市规划及其实施便尤为重要。

第5章

欧洲城市的应对政策及启示

欧洲城市在旅游方面的公共政策实践方面有着较长的历史，可以供我国参考与借鉴。当然，这种政策是全面而广泛的，基于本书的主题，本章将主要探讨与城市规划、城市管理关系密切的相关政策。同时，欧洲的相关政策在制定与实施的过程中也绝非完美，既有成功的经验，也有失败的教训；而我国近年来的旅游发展实践同样已积累了丰富的经验。因此，本章的重点在于研究已被实践证明较为成功且对我国有现实参考意义的相关政策，进行评价与分析，并得出对我国的启示。

5.1 促进与管制：政策的两个主题

从前面的分析可以看出，旅游的发展给城市带来显著影响。为了应对这些影响，城市的应对政策可以分为两个主题："促进"与"管制"。

促进类政策的核心目标在于"更好地满足访问者的需求"：着眼于增强城市竞争力，促进并保障访问者和居民对城市的共享。城市竞争力主要体现在两个方面：城市旅游吸引力与城市旅游支持系统。在趋于激烈的城市竞争中，促进类政策致力于吸引更多的访问者，同时也要较好地满足本地居民的休闲需求。

管制类政策的核心目标在于"对访问者需求进行必要的管制"：着眼于控制、减少乃至避免访问者和居民共享所带来的矛盾，从城市的长远利益出发，对访问者及旅游产业进行必要的管制。

在解决访问者和居民共享带来的矛盾上，促进和管制这两类政策体现了不同的思路：促进类政策致力于通过"优化供给"（如增加城市公共交通的承载力）来解决矛盾，管制类政策则通过"限制需求"（如控制每天到访的访问者人数）来解决矛盾。

5.1.1 促进类政策

在欧盟国家，旅游业贡献了 5% 的国民生产总值（GNP）和 6% 的就业岗位。在这种对经济的显著影响中，城市旅游占据了重要地位：30% 的旅行以及 20% 的过夜旅游，在所有的目的地类型中分别处于第二和第三位（INTA，2001）。除此以外，还有大量的欧洲城市是潜在的旅游目的地。

通过评估各自城市的情况，很多欧洲的市长认识到他们的城市将不可能再度拥有制造业的支配权（由于全球化的进程及中国等发展中国家的成长）。在这样的情况下，促进旅游的发展来带动经济已经成为很多欧洲城市的一项根本性发展战略，旅游产业是其经济发展的重要引擎。城市旅游的蓬勃发展得益于城市在历史遗产保护、城市复兴、服务产业等方面持续不断的努力，为访问者提供了具有吸引力的城市环境、舒适的交通设施、丰富多彩的节事活动。同时应该看到，这些措施同时也提高了城市生活质量，满足了本地居民的休闲需求。我们把这一类的政策归结为促进类政策。

在促进类政策方面，将研究历史遗产保护、城市复兴、组织节事活动以及城市旅游交通发展这四个方面的政策。

5.1.2 管制类政策

欧洲城市拥有丰富的历史文化遗产，这首先是其发展旅游业的重要资源。然而，保存这些遗产面临着很多挑战，其中便包括旅游发展带来的影响。具有原真性历史及审美价值的城市数量是有限的，这些城市接待访问者的容量也是有限的。但是，希望去往这些城市访问的游客数量却在持续不断地增长，尤其是在某些高峰时段（如各种假期）。同样面临挑战的还有城市环境、基础设施、公共安全等方面。应对旅游发展带来的挑战，需要包括城市政府在内的社会各方共同协作。然而，在其中起主导作用的必然是城市政府。管制主要指的是在访问者增多的情况下，城市如何保护其环境、生态及安全。一篇关于佛罗伦萨的文章描述了城市面临的困境（Bohlen，1996）如下。

现在已经有了一项共识，那就是在现代旅游业的冲击下，为了继续存在下去，这座托斯卡纳（Tuscan）小城（几个世纪以来，它就是欧洲旅游的必经目的地）必须要做点什么了。佛罗伦萨的城市人口在近 10 年减少了 20%，为 37.2 万。但是这座城市发现其无法适应如此之多的旅游者。去年，这座城市接待了 280 万游客。居民和游客的比例大约相当于 1：7。这个数字还没有包括数以百万计的一日访问者，他们通常会在罗马去往威尼斯的途中在佛罗伦萨停留几个小时。

“我们面临的选择很艰难”，Roggi 先生（城市顾问）说，“一方面，我们希望做到热情好客：让世界各地的人来访问这座文艺复兴的胜地是我们的责任。但另一方面，我们必须时刻考虑到佛罗伦萨本地居民的需求。你不能通过增加供给来满足日益增加的游客需求。”

1992 年的地球高峰会议发表的著名的《里约热内卢宣言》（Rio De Claration）是可持续发展成为全球共识的重要里程碑。同在此次会议上提出的《21 世纪发展议程》（Agenda 21），根据《里约热内卢宣言》的原则，强调了促进“生态上理性以及文化上切实可行的旅游发展计划”的迫切性，要将旅游对环境的负面影响最小化。可持续发展的城市旅游致力于以下目标：在生活化的、发展中的城市保护物质遗产；保证基础设施、旅游点、公园和其他绿色空间的最大可达性；增强本地社区在文化和社会领域的成长能力；平衡居民与访问者的利益；通过长期发展、提供高质量就业机会，来保证经济成长能力；减少交通以及不可持续的消费方式带来的负面生态影响（Shapira，2001）。

在大规模旅游快速发展的时代，可持续发展的理念直接推动了管制类政策的出台。在城市以及区域规划中，具有法定性质的管制类政策将保证旅游业的可持续发展。本章以威尼斯、罗马和布鲁日在访问者机动性管制方面的实践为例加以说明。

5.2 历史遗产保护

在欧洲，从18世纪“大旅程”（Grand Tour）开始直到今天的城市旅游，历史遗产就始终是主要的旅游资源。从整体上来说，丰富的城市历史遗产（历史建筑、纪念碑、广场、历史街区等）以及基于历史遗产形成的独具特色的城市历史风貌，构成了欧洲城市（镇）最重要的旅游吸引力。我们可以认为，对于大多数欧洲旅游城市来说，其旅游核心区都依托于其历史城区而形成。毫无疑问，这得益于欧洲城市历史遗产保护的整体性与常态化，以及历史风貌控制的延续性与严格性。

5.2.1 保护的整体性与常态化

20世纪下半叶以来，欧洲城市历史遗产保护的内涵开始从单体的建筑、纪念物扩展到它们周边的环境。例如，法国1962年规划法确定了重要纪念物周边500m的视线保护范围（图5-1）。

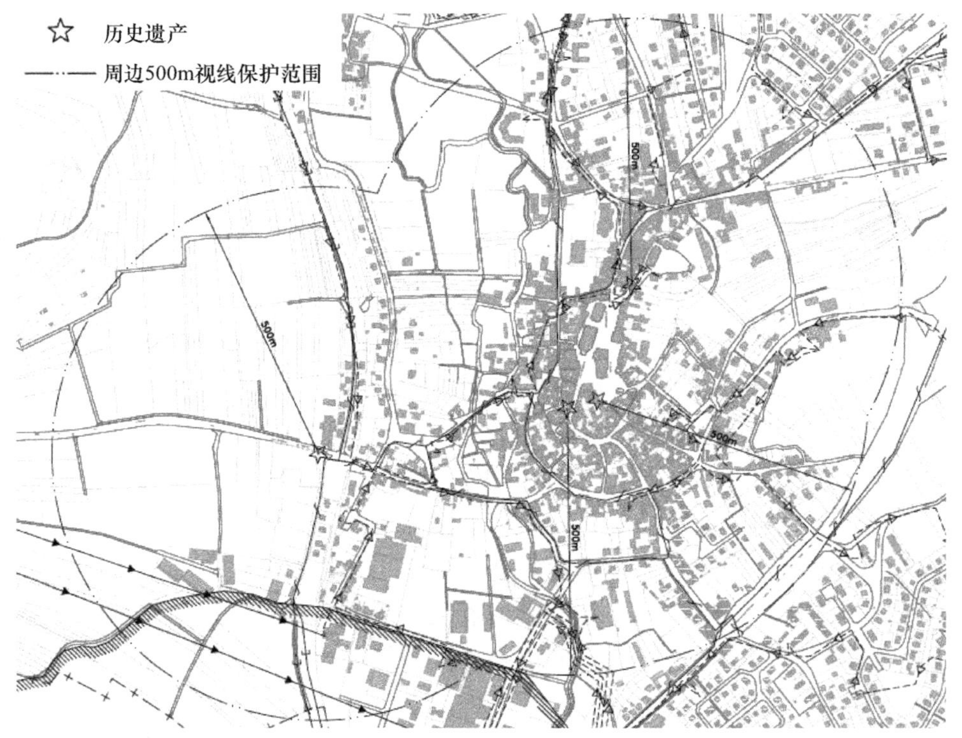

图5-1 法国历史遗产视线保护示例

在整体保护的理念中，在重要纪念物周围，普通人生活和工作的场所以及这种场所中蕴含的文化信息都是值得保护的。因此，“历史风貌”取代了单体建筑，成为历史保护的重点；相应地，城市规划师也取代了建筑师，在历史遗产保护中发挥着主导作用。在新的理念下，建筑、街道和公共空间形成的整体历史风貌比单体建筑更为重要。同时，历史地区的土地使用、交通甚至人口及社会组成都将成为保护规划所要考虑的问题，以求与历史氛围相适应，而避免历史建筑和纪念物成为“孤岛”或博物馆化。很多欧洲国家都制定了严格的历史风貌保护规划，如荷兰的《最终土地使用规划》（Bestemmings Plan）就在规划中确定了保护地区的形态及土地使用功能，包括建筑高度、街区密度等指标。

在第二次世界大战后的几十年中，欧洲国家极大地扩展了历史保护的范围及其内涵，越来越多的城市制定了相应的保护规划。绝大多数城市，至少在其中心城区是在某种历史保护的规划控制下发展。因此，历史遗产保护规划更多的不是作为一类特别的规划形式，而是作为所有城市的一种常态规划（Ashworth et Tunbridge，1990）。

5.2.2 历史风貌控制的延续性与严格性

应该看到，正是得益于历史风貌控制的延续性与严格性，才形成了今天欧洲城市浓郁的历史氛围和各具特色的城市魅力，也成就了欧洲城市在全球旅游市场上的重要地位。

例如，在城市建筑高度和风貌控制方面，巴黎是实行得较早的城市之一。最早在 17～18 世纪就有相关的控制规定，并在实践中经过多次讨论、修改和完善。首先，巴黎的建筑高度控制采用最大高度限制法：外环路包围的中心区的最大限制高度为 30m，外围各区 37m，城外最高可达 45～50m，有些地区基本上没有限制。除此以外，风貌控制还包括细致的建筑尺度控制。例如，1884 年的城市法规规定，建筑地面至檐口的最大距离为 20m，顶楼轮廓线由一个圆弧确定其半径为街宽的 1/2（最大不得超过 8.5m）。从 1784 年到 1967 年，虽然巴黎 5 次修改了规划，但都坚持了这种对建筑尺度的控制。从图 5-2 中可以看出，在一个多世纪的时间里，巴黎的建筑尺度控制都在很大程度上保持了延续性。

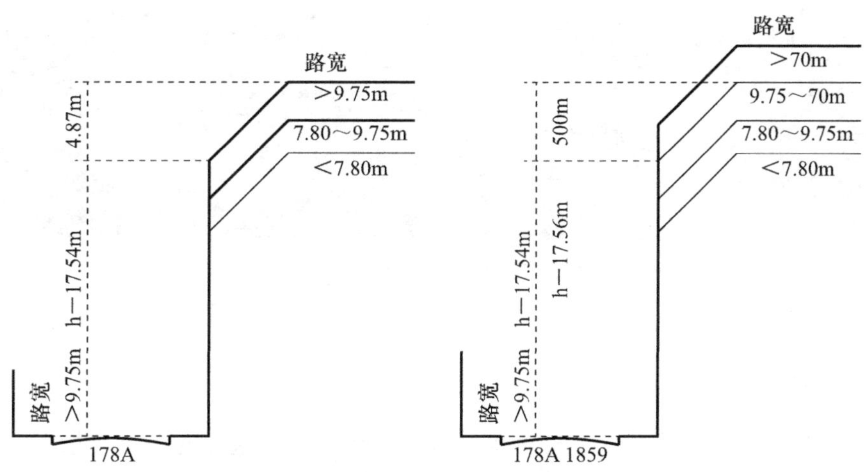

图 5-2 巴黎自 1784～1902 年建筑轮廓线控制的演变（一）

图片来源：王小舟，孙颖．北京与巴黎传统城市空间形态的比较和研究［J］．国外城市规划，2004，19（5）:68-76.

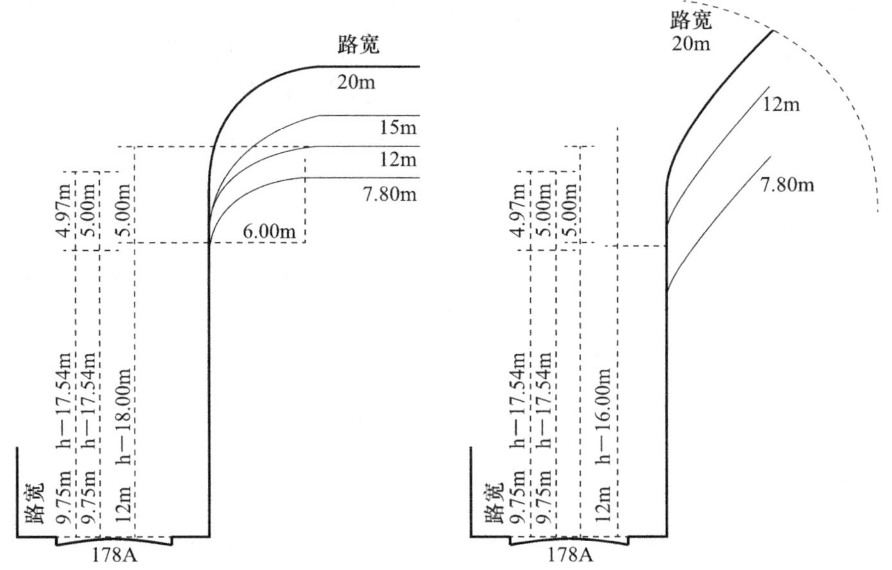

图 5-2 巴黎自 1784～1902 年建筑轮廓线控制的演变（二）

图片来源：王小舟，孙颖 . 北京与巴黎传统城市空间形态的比较和研究［J］. 国外城市规划，2004，19（5）:68-76.

另外，在成熟的民主社会和法治社会，有法必依、执法必严和违法必究并不是一个需要强调的问题。巴黎的城市建设实践严格地遵循了这种风貌控制，极少出现突破控制的特例。因此，不论是在城市历史学家或在居民和访问者眼中，巴黎都是一座具有人的尺度的城市。今天的巴黎中心城区结构严整，建筑华美，风格独特，成为世界各国规划师以及游客的膜拜之地（图 5-3）。

图 5-3 巴黎中心城区鸟瞰

5.3 城市复兴

全球化的进程带来了制造业向发展中国家的转移。在这样的历史背景下，西方城市自 20 世纪 70 年代以来普遍经历了城市经济的结构性衰退以及内城的衰败。面对这样的局面，美国城市最早开始了城市复兴的相关政策制定与实践。从巴尔的摩和波士顿开始，城市复兴的理念逐渐为大多数美国城市所接受，并在 80 年代扩散到欧洲城市。一些城市中心凭借其历史与文化的优势，大力发展旅游、休闲产业，得以重新焕发活力，在城市经济增长的同时也创造了一个适合城市旅游、休闲发展的空间环境。

5.3.1 城市复兴与旅游、休闲发展的密切联系

城市复兴与城市旅游及休闲的发展有着非常密切的联系。首先，从城市复兴政策的历史背景来看，很多老工业城市在去工业化的转型过程中，承受了在制造业、仓储业和交通行业等领域的结构性失业，以及由此带来的大量废弃厂房、场地和设施（尤其在内城）。很自然地，这些城市需要寻求新的替代产业，来创造新的就业机会以及再次使用这些用地和建筑。而几乎是在同一时期，旅游在全球范围内开始成长为一个重要的新兴产业。对于城市来说，更多的访问者意味着更多的收入和就业机会，同时，本地居民的休闲消费也能刺激城市经济的复苏。因此，发展旅游产业成为很多城市复兴的重要手段之一。

其次，从城市规划的视角来看，城市物质空间复兴的手段与发展旅游产业的措施也有着诸多重合之处。对城市旅游业的投资常常包括城市物质空间的更新和相关设施的发展，这些变化也会使本地居民受益。而城市物质空间复兴带来的城市形象改善，以及城市形象的市场推广，则有助于吸引更多的访问者。同时，内城复兴能将中产阶级居民重新吸引回内城。访问者在博物馆、剧场等文化设施上的消费也将有助于这些设施的成长，本地居民同样能从中获益。城市复兴，无论是在物质空间层面还是在经济、社会层面，都将提升本地居民的荣誉感，从而推动城市的全面发展（图 5-4）。现有经验表明，城市物质环境的质量和吸引物的位置对访问者来说至关重要（Law，1992）。很多构成旅游吸引力的资源往往位于城市中心，有着较好的可达性，这是老城区在发展旅游业方面独特的优势。

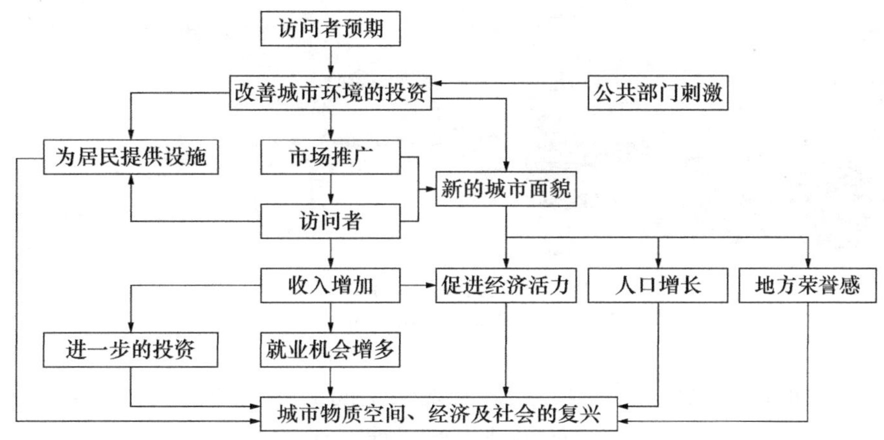

图 5-4　城市复兴与旅游发展的关系

图片来源：译自 Christopher M. Law. Urban Tourism and its Contribution to Economic Regeneration. Urban Studies, Vol.29,1992,602.

5.3.2 地区功能的转型与延续

20 世纪 80～90 年代欧洲的城市复兴主要围绕内城展开，且多集中在老城区滨水地区。由于滨水地区往往集中了港口、工业与仓储建筑，在城市功能转型时往往成为集中衰退的地区。城市政府通过战略规划和一系列配套政策措施，转换滨水区的功能，改善其空间环境质量，从而重新找回地区的活力。例如，西班牙著名港口城市毕尔巴鄂，在其 35hm^2 内港滨水区开展重建计划，由国家及地区两级政府共同组成的委员会负责实施。为了明确滨水区的改造目标，方便对投资项目的选择，委员会确立了一些优先投资项目，这些项目包括：新兴的服务业项目，城市交通体系改进项目，城市环境整治项目，城市文化品位提升项目及其他社会行动。这次重建充分利用滨水区的景观资源，巩固并推动了文化、娱乐等产业的发展。

毕尔巴鄂的案例还反映了欧洲城市复兴的其他重要特点：以文化设施和产业来带动城市复兴，以标志性建筑物来展示城市形象乃至形成新的城市名片。通过盖里（Gehry）设计的古根海姆博物馆（图 5-5）和其他一系列重要项目的建设（如西班牙著名建筑师卡拉特拉瓦对航空港的翻新设计和一座步行桥的设计，诺曼·福斯特负责的城市铁路以及 Federico Sorian 设计的会议和表演艺术中心），毕尔巴鄂从一座默默无闻的衰败港口城市发展成为文化旅游的重要目的地。文化设施的建设扮演了城市经济和环境重生的角色，为毕尔巴鄂赢得了世界级的声誉。仅古根海姆博物馆一处，每年便接待超过 100 万人次的访问者，为西班牙国民经济增加 15 亿欧元的 GDP 以及 2.6 亿欧元的税收，并保证了 4500 个就业岗位。

图 5-5 毕尔巴鄂市古根海姆博物馆

图片来源：http://www.designbuild-network.com/features/feature1506/.

在历史地区的复兴中，保护、延续和发展空间的传统功能就更为重要。例如，莱斯市场是英国诺丁汉市中一处较多地保留了维多利亚式城镇景观的历史街区。让莱斯市场出名的是设在这个历史景区中的一些纺织和服装工厂，“它们以相似的劳动力和技术与街区的过去保持着一种功能上的连续”。自 20 世纪 70 年代以来，莱斯市场地区的复兴就体现了物质空间与传统功能相结合的保护方式，即努力实施功能性保护，不仅保护莱斯市场的物质景观，而且要保护它的传统产业特征，反对将大量的仓库建筑转变为办公空间。1989 年，市议会通过了《莱斯市场开发策略》，主张采用一种有限的功能重构与物质空间保护相结合的方式。报告提出的城市设计策略中，建议“进行城市‘治疗’（urban healing），即依据可识别的城市空间、街道和广场来修复传统的城市形式，而且对莱斯市场的传统活动进行保留、强化和推广”（图 5-6）。1995 年，政府希望通过旅游激发这个地区的活力，将两个历史建筑改建为纺织博物馆和审判博物馆，并通过地下通道的修建将莱斯市场与诺丁汉城堡串联起来。旅游业的发展和文化机构的导入拓展了地区发展的功能定位。2002 年，据英国 Building Society 评估，莱斯市场地段财产价格上升 28%，并成为全英第四大商业中心，拥有的 4540 家企业大多为文化娱乐公司、艺术工作室等。通过政府的扶植，当前莱斯市场内部 100 家左右的蕾丝、丝织企业“维护了市场的历史可识别性”。

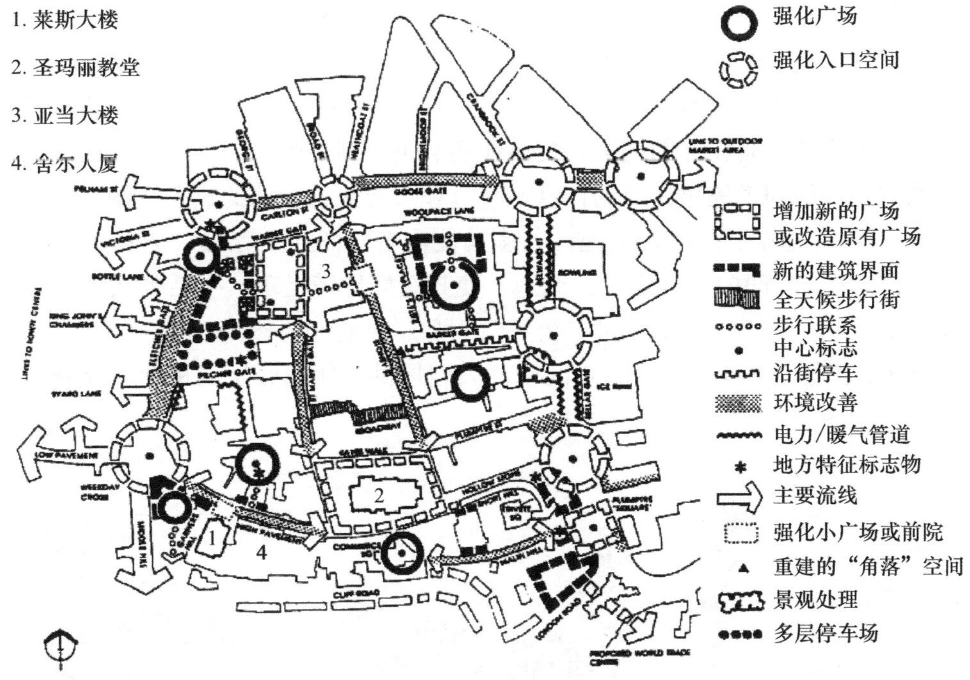

图 5-6　英国诺丁汉市莱斯市场规划图（1989 年）

图片来源：拉斐尔·奎斯塔，等．城市设计方法与技术［M］．北京：中国建筑工业出版社，2006.

5.3.3　城市公共空间的复兴

城市公共空间由居民和访问者共同享有与使用，是人们进行休闲、购物、交往、漫步和观光等活动的重要场所。公共空间的品质在很大程度上决定了居民休闲的质量和城市对访问者的吸引力。由于内城的整体衰败，欧洲城市中心区的公共空间也曾经历了凋敝、衰落及被机动车过度占据的阶段。作为公共政策的应对，公共空间的复兴对欧洲城市旅游的发展起到了重要的支撑作用。从欧洲城市的实践来看，成功的公共空间复兴通常具备以下特征。

公共空间首先应该是居民真实日常生活的空间依托，在本质上是社会组织模式体现在空间上的投影。例如，在20世纪60年代意大利的博洛尼亚市旧城区，开放空间逐渐被城市开发所填满，公共空间缺乏。决策者意识到，与其在城市外围建立新的住房容纳城市中心的贫困人口并拆除旧的存量住房，不如通过旧城更新为居民提供住房和公共空间。在具体的更新规划中，公共空间被看成是城市设计的关键要素，注重传统景观与生活方式的延续。经过更新改造的街道、广场和庭院更加具有活力，与郊区住房计划中为了吸引城市移民而提供的公共空间有明显的不同。正如Cervellati（1981）所指出的，城市保护和更新不单是为大多数居民提供新的住房，而且还应归还一系列开放空间，使之从私人庭院变为公共场所。今天，博洛尼亚仍然是欧洲保存最好的中世纪城市之一，而又避免了旧城区的“绅士化”和博物馆化。旧城区的海神喷泉（Nettuno）和Maggiore广场一带是观光旅游的中心，同时也是居民日常生活交往的场所。

Christian Devillers（1994）提出了城市设计的主要原则之一，即“设计应让空间回归使用”，认为公共空间应当通过兼容各种不同功能提高使用效率。公共空间的活力不仅取决于物质空间设计的优劣，更多地还取决于其是否能恰当地承载相应的城市功能，为居民和访问者提供充分的休息、交流和参与社会活动的机会。例如，哥本哈根的中心区复兴过程中，注重了地区的多功能混合（商业、办公、居住、休闲娱乐等），同时对历史空间内部适当加以改造，使其更好地满足现代生活方式，并以此吸引更多的居民和访问者，从而带动了公共空间和周边地区的整体复兴。中心区均匀分布的近5000个室外咖啡座为步行空间中的人们提供了休闲娱乐的机会，提升了公共空间的活力（图5-7）。

图5-7　哥本哈根中心区街道景观

图片来源：阿兰·B·雅各布斯.伟大的街道［M］.北京：中国建筑工业出版社，2009.

在公共空间的复兴和改造方式上，一些城市采用“针灸式”的方法，取得了不错的效果。例如，20 世纪 70 年代后期，西班牙结束了佛朗哥独裁统治。当时的巴塞罗那经济萧条，城市破败不堪，百废待兴。市政府并没有进行大规模的更新改造，而是采纳了总规划师 Oriol Bohigas 的建议，从小型公共空间的改造入手。通过单点切入的方法，以原有街坊为基本单元，将普通社区的废弃地、停车场改建为社区公园，逐步改善城市公共空间和居住环境，使老街坊重获活力与生机。这种方式的核心理念是，通过对微观物质空间的更新和改良，在不动迁原住民、不改变原有社会结构的前提下，改善居民日常生活空间的品质，激发邻里交往，强化居民日常生活与城市物质空间的互动联系，重建社会公共生活。在十几年的时间里，巴塞罗那共有 400 多处公共空间品质得到提升，城市重新焕发了生机，也迎来了新的发展机遇，为 1992 年奥运会的成功申办和举办提供了良好的基础（图 5-8）。

图 5-8　巴塞罗那公共空间示例

图片来源：http://placemaking.pps.org/great_public_spaces/one?public_place_id=618.

公共空间的衰败与过度的机动车使用有着密切的关系，欧洲城市中心区也大都经历了这个发展阶段：过量的机动车带来道路拥挤、噪声和尾气污染，机动车停放也占用了大量的公共空间。在回归人的使用、重新以人为本的改造过程中，控制机动车使用、扩大步行空间范围、改善交通带来的空间环境恶化是欧洲城市公共空间复兴的重要经验。如图 5-9 所示，自 1962 年至 1996 年，哥本哈根中心区禁止机动车进入的街道和广场面积有了根本性的增长，相应地，步行区的面积也大量增加。1962 年，斯特勒格街被改造为步行街。这条宽 11m 的街道被从繁忙的机动车使用和停放的压力下彻底解放出来，为居民、访问者提供了安全的步行空间，成了哥本哈根最重要的商业步行街。步行范围的扩张为居民和访问者提供了更多有利于交往与体验的城市公共空间，也自然提升了周边建筑的商业价值。

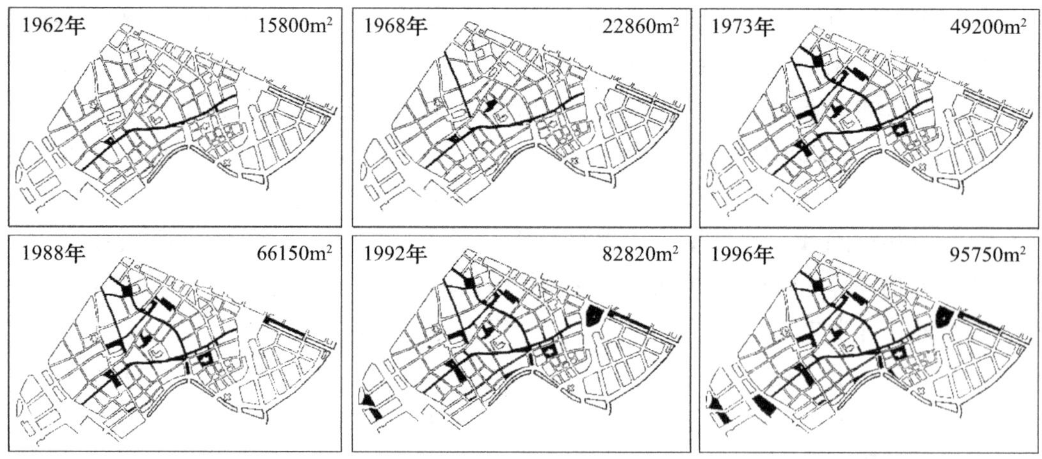

图 5-9 哥本哈根中心区禁止机动车进入的街道和广场（1962～1996 年）
图片来源：扬·盖尔，拉尔斯·吉姆松．公共空间·公共生活［M］．北京：中国建筑工业出版社，2003.

5.4 节事活动的举办

节事活动在欧洲城市有着悠久的历史。近半个世纪以来，在很多欧洲城市，节事活动已经成为一种常态化的城市政策，是城市旅游吸引力的重要组成部分。同时，节事活动也并不仅仅是为访问者服务，大量、多元化的主要面向居民的节事活动丰富了居民的休闲生活，提高了其休闲质量。

5.4.1 节事活动作为常态城市政策

20 世纪中叶以来，随着旅游的快速发展，欧洲城市通过举办节事活动吸引旅游者、刺激本地居民休闲消费、促进城市复兴，已经成为一种常态的城市政策。以爱丁堡（Edinburgh）为例，每年要举行数次节事活动（表 5-1），在一年中的大多数月份都有重要的节事活动，被统称为爱丁堡节（Edinburgh Festival）。其中，很多节事活动在第二次世界大战后的重建时期就已开始举办，如国际艺术节（International Festival）、Fringe Festival（爱丁堡国际艺术节的次级节日）和电影节始于 1947 年，Military Tattoo 音乐节始于 1950 年（Curtis & Hendersen，1991；Vaughan，1977）。这些节事活动的参与者主要是外来游客，如 1990 年的 Military Tattoo 音乐节参与者中 81% 是来自苏格兰以外的游客，同年的 Fringe Festival 参与者中 55% 是来自苏格兰以外的游客（Scotinform，1991）。通过举办这些节事活动，爱丁堡成功地将自己塑造成为一个国际知名的艺术中心，而已不仅仅是传统的历史文化名城。

爱丁堡的节事活动 表 5-1

节事名称及举办月份	观众数目（万人）	
	1990 年	1996 年
Science Festival（4 月）	20.1	15

续表

节事名称及举办月份	观众数目（万人）	
	1990 年	1996 年
Children’s Festival（5 月）	3	3.3
Jazz Festival（7 月、8 月）	6.5	5.6
International Festival（8 月）	24.5	41.8
Fringe Festival（8 月）	50	93.5
Military Tattoo（8 月）	20	21.6
Book Festival（8 月）	6.2	7.9
Film Festival（8 月）	1.5	4.1
Hogmanay Festival（12 月、1 月）	—	56.5

数据来源：STB（1993）, LynnJones Research（1998）.

文化艺术类节事是欧洲节事活动的主要构成部分，涉及多个或单个文化艺术类型，如古典音乐、爵士乐、文学、戏剧、电影等。在 1991 年，英国共有 557 次文化艺术类节事活动（其中就包括爱丁堡艺术节这样国际级的活动），其中的大部分节事活动始于 20 世纪 70 年代中期（Rolfe，1992）。到了 2005 年，全年有 650 个文化艺术类节事活动在英国举行。2005 年芬兰推出 80 个国际艺术节，其中包括在赫尔辛基举办的“西贝柳斯（Sibelius）音乐节”和在 Lahti 市举办的管风琴艺术节，两者均以宏大的规模和高超的演出质量闻名于世。

对于一些本身旅游资源并不突出的城镇来说，节事活动更是成为它们吸引旅游者的重要手段。例如，在比利时小镇 Watou 举办的 Poetry Summer，为访问者提供了一个诗歌、词汇与想象力的盛会；类似的例子还有每年 5 月或 6 月在芬兰的萨翁林纳举办的歌剧节，每年五月在西班牙的巴利亚多利德举办的国际戏剧及街道艺术节。如果不是因为节事活动，这些地区很可能并不会成为重要的旅游目的地。

近年来，欧洲城市节事活动的数量和预算投入都在不断增加。诸如爱丁堡国际艺术节和萨尔斯堡音乐戏剧节（Salzburger Festspiele）这样的著名节事活动当然有着巨大的预算投入，而一些新兴节事活动也有着庞大的预算。例如，始于 2002 年的德国 Ruhr Triennale（戏剧音乐节）预算超过 4000 万欧元，始于 2006 年的维也纳“莫扎特年”也有着超过 3000 万欧元的预算（European Travel Commission，2006）。

同时，节事活动的种类也在增加。一些新的节事活动类型，充分体现了组织者的想象力和创造力。例如，2010 年 5 月在巴黎举办的“自然首都”活动，将农作物和树木搬到了香榭丽舍大街，以提高人们对保护生物多样性的重视。往日车水马龙的巴黎最繁华的街道，瞬间变成了茵茵绿树掩映下的农田，设计者的绝妙构思为访问者和居民带来前所未有的独特体验（图 5-10）。

图 5-10　2010 年巴黎“自然首都”活动
图片来源：巴黎市政厅。

5.4.2　主要面向居民的节事活动

在很多欧洲城市，节事活动是构成城市旅游吸引力的重要资源。但是，节事活动并非仅仅针对访问者而举行。欧洲城市普遍还存在大量、多元化的面向城市居民的节事活动。例如，表 5-2 所示节事活动参与者中，居民占了很大比重。

一些欧洲城市节事活动的参与者比重（单位：%）　　　　**表 5-2**

节事名称	居民	国内访问者	国际访问者
巴黎音乐节（2001）	90	5	5
Nyon 音乐节（2000）	61	32	7
Montreux 爵士乐节（2001）	60	20	20
Vignerons 酿酒节（1999）	49	49	2
Avignon 艺术节（2000）	42	50	8

数据来源；Bovy. P., Potier. F., Liaudat. C., les Grandes Manifestations: Planification, Gestion des mobilités et impacts-Inrets - Mdt/Epfl., Predit/Ratp, Paris - Lausanne, mars 2003.

在各城市的市（区）政府可以免费领取每年、季度乃至每个月的节事活动清单，在这些机构的网站上也会有明确的预告。不论是在首都、大都市地区、中等城市还是小城镇，地方政府和其他公共组织都会提供相应的经费与人力支持，保证活动的数量与质量。从体育、文化艺术到休闲娱乐，这些节事活动丰富了居民的休闲生活，提高了城市的生活品质，适应了社会发展“休闲化”转型的需要。同时，由于这类节事活动多具备公益性质，各阶层的居民都可以参与，也在一定程度上增进了社会融合，并对提高中下层居民的休闲生活质量意义重大。

例如，自 2002 年以来，巴黎市政府在每年的 7 月底都要举办巴黎沙滩（Paris Plage）活动。在塞纳河沿岸、城市中心区 3.5km 左右的滨河地段运来沙子，搭建临时沙滩，并设置躺椅、遮阳伞、饮用水、移动厕所等基本设施，供人们在沙滩上休憩。（图 5-11）另外，还设置各类临时球类场地、游泳池、儿童游乐场、艺术表演场地，组织各类文化娱乐、体育及可持续发展普及教育活动，并有专人负责管理和维护（图 5–12a）。在附近的运河河道上，还安排了儿童及成人游船、单人及多人皮划艇等水上活动（图 5–12b）。活动一般持续 4～5 周时间，每天均在不同地点有专门安排

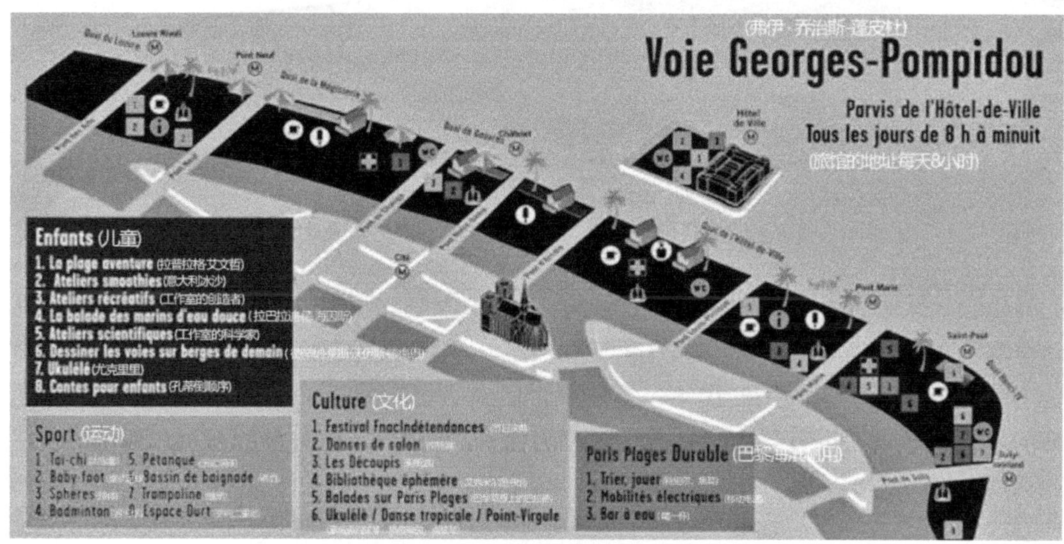

图 5–11　巴黎沙滩的各类设施

图片来源：www.paris-plage.fr.

a　巴黎沙滩活动中市政厅门前广场上为儿童搭建的临时球场

b　运河上组织的儿童游船活动

图 5-12　巴黎沙滩活动中市政厅门前广场上为儿童搭建的临时球场及运河上组织的儿童游船活动

的音乐会、演唱会等表演项目。所有的组织、维护和管理均由市政府出资并负责，活动全部免费面向所有人开放。经过几年的探索，活动组织已较为成熟和完善，影响力也不断扩大，吸引了大量居民（包括巴黎市区及大巴黎地区的居民），成为巴黎一道新的风景。同时，也有越来越多的游客慕名前来，与城市居民一同分享巴黎沙滩的各项活动。

5.5　城市旅游交通的发展

在城市层面，交通是进行旅游活动必不可少的基础条件。欧洲城市非常重视城市旅游交通的发展。以巴塞罗那为例，在巴塞罗那大都市区公交公司下专门成立了休闲交通发展部门来管理观光巴士、缆车和小火车等城市旅游交通业务。以下分四个方面来分析欧洲在城市旅游交通方面的成果与经验：旅游交通信息服务，常规公交体系的完善，步行系统的组织和优化，以及多样化的特色旅游交通形式。

5.5.1　旅游交通信息服务

在所有的旅游信息中，交通出行信息是非常重要的一类。在欧洲各旅游城市（镇），都有一个或多个旅游信息中心。旅游信息中心由当地旅游局负责运营与管理，属于公益性质。通常，在机场、车站、码头等交通枢纽和重要旅游区（景点）附近都有旅游信息中心，游客可以方便地到达。游客可以了解到与旅游有关的各种信息，包括城市及其周边景点的基本布局，轨道交通及公交车的基本线路走向、重要站点，公共交通的运营时刻表及费用，景点的开放时刻表，出行及游玩所需大约时间等。如果访问者在当地停留的时间有限，旅游信息中心的工作人员还会给出相应的建议：在其停留的有限时间内，如何更合理地安排旅游线路和行程。此外，旅游信息中心还有各类旅游信息手册及相关地图，通常免费或以较低的价格出售给旅游者。旅游信息中心为旅游者（尤其是自助旅游者）提供了全方位的信息服务，在很大程度上消除了访问者与目的地的“信息壁垒”，为促进城市旅游的发展起到了重要作用。

除了旅游信息中心，地方旅游局通常还要负责建设相关的旅游信息网站。在这些网站上，访问者将方便地了解到目的地的各种信息（包括景点、节事活动、住宿、餐饮等），并下载地图等相关资料。网站通常有多种语言版本，以方便人们使用。

对于访问者来说，选择当地公共交通出行的便捷程度往往在很大程度上决定了旅游的质量。除了在旅游服务中心提供即时的交通信息咨询，欧洲国家在以下方面的努力也值得我们借鉴。

建设完善的公共交通信息网站。例如，在巴黎的 RATP 网站，伦敦的 TLR（Transport for London）等网站上，公共交通（轨道交通、公交车）的线路图十分完整。不仅包括每条地铁线路，甚至每条公交巴士的线路图都可以查到并下载。为了方便乘客出行，公交车站的具体位置在地图上都有明示。如图 5-13 所示，左、右两幅地图分别详细描述了伦敦 Victoria 车站附近在白天和夜间的公交站点分布。伦敦城区的所有公交站点，都可以在相应的地图上找到具体位置。此外，在这些公交信息网站上通常还提供出行查询服务，出行者输入出发地与目的地，系统自动生成最便捷的公交出行路线。由于网站采用了多种国际常用语言界面，为旅游者带来较大便利。在轨道交通及公交线路的运营由于特殊情况进行调整时，在网站上会第一时间公布消息。

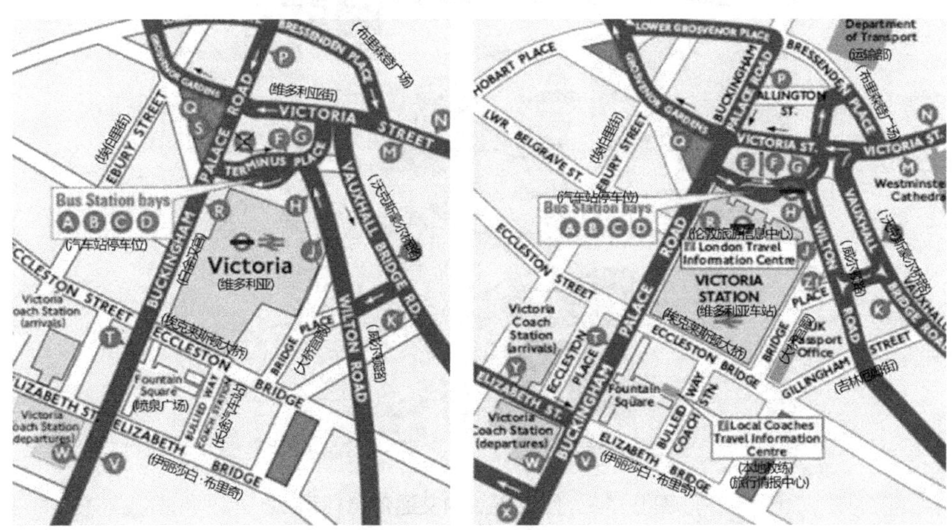

图 5-13　伦敦 Victoria 车站附近公交车站点位置图［白天（左图）和夜间（右图）］

图片来源：伦敦公交公司

免费提供大量、全面的公共交通信息印刷品。欧洲很多城市都在旅游信息中心、火车站、地铁站以及旅馆等地点提供免费的城市地图。此外，由于铁路是大量旅游者出行的交通工具，在火车站往往有免费的列车时刻表提供。以瑞士为例，由于全国铁路网络高度发达，在每座火车站都提供三个层次的便携时刻表。首先是基于全国 94

座主要城市（不仅仅局限于所在地城市）的时刻表（采用 A7 纸幅印刷），其次是基于全国 14 个区域的时刻表（采用 A6 纸幅印刷），另外还提供其他欧洲国家的列车时刻表。这种时刻表记录了到达这座特定车站的所有车次，并包括是否提供自行车搭载服务、是否提供餐饮服务，以及列车等级（普通列车、城际快速列车、高速列车等）等信息。这样，旅游者便可以在到达目的地之前就了解经过该目的地的列车信息，从而方便、准确地规划自己的行程。另外，在出现检修、罢工或恶劣天气情况而导致公共交通运营调整时，在各交通枢纽处也会第一时间提供应对的出行指南，将意外带来的影响降至最低。

规划、建设及维护完善的城市街道信息标识体系。如图 5-14 所示，地图、方位指示牌等街道信息标识对于步行者来说至关重要。欧洲城市中街道信息标志体系发展普遍较为完善，在交叉口、交通枢纽以及重要地标处都有相应的指示牌。此外，在公交候车亭处，以及在街道上每隔一定距离往往配置有附近街区的地图，并标明该地图所在位置，便于访问者辨识方位。

图 5-14　伦敦街头的交通信息标识

5.5.2　常规公交体系的完善

在第 4 章已经提到，在公共交通系统较为完善和发达的城市地区，访问者选择公交系统出行的比例也相对较高。欧洲城市往往拥有较高的公共交通服务水平，这不仅为居民带来出行的便利，也为访问者提供了方便。尤其是在一些大城市和大都市地区，由于人口基数大，公共交通发展更为成熟。

以巴黎市为例，除了在正常时段的公交服务，在夜间（0:30～5:30）也有着较为成熟的公共交通网络。在这个时段，虽然轨道交通已经停运，公交车的线路和发车频率也较正常时段减少，但是夜间公交系统至少在城市的主要交通走廊、主要站点保证了公共交通可达性。

除了常规公共交通体系，很多欧洲国家还推出了专门针对访问者的交通服务。首先，很多城市公交系统都有天票（Day Pass）、周票（Week Pass）等通票出售，持票人可以在规定的时间内不限制次数地乘坐城市中任何公共交通工具，包括轨道交通、公交车等。这对于在城市中短期停留，而又需要访问多个目的地的旅游者来说无疑是个方便且实惠的选择。类似地，欧洲铁路系统的通票业务也较为成熟，如多个国家通用的 Eurail Pass（可选择国家与有效期），以及单个国家内部的铁路通票（如瑞士的 Swiss Pass）。这些通票业务事实上鼓励了人们在进行旅游活动时选择公共交通工具出行。

5.5.3 步行系统的组织和优化

出于对机动车过度发展带来问题的反思，欧洲城市普遍从 20 世纪 70 年代开始注重城市步行系统的组织和优化，并将其与公共空间的复兴密切联系起来。

例如，完成于 1985 年的德国法兰克福城市步行系统体现了对人的关怀，以及对历史、民族和城市特色的尊重。这个系统由东站到 Zeil 大街一线的东西向步行空间和经过圣保罗教堂延伸到美因河畔的南北向步行空间组成。其中，南北向的步行轴线除了具有一般意义的传统街道空间之外，还联系了许多散落在城市中的重要历史遗产（如圣保罗教堂）和公共空间。通过城市步行系统的改造，市政广场、广场中的小教堂、古罗马遗址和哥特式大教堂等历史遗产和公共空间成为在活动路线上相互联系、在城市意象上相互辉映的一个开放系统，人们可以在轻松的漫步、观光和交往中不断发现和感受这些场所，体会其蕴含的场所精神，从而增强对城市历史文化特色的连续性印象。另外，法兰克福城市步行系统建设还注重了与城市公交线路的有效衔接，在步行范围内设置公交站点，站点距离一般在 500～600m，人们可以较为方便地在近郊列车、城区轨道交通、电车和公共汽车等交通方式之间换乘。

5.5.4 多样化的特色旅游交通形式

在发展城市特色旅游（公共）交通方面，很多欧洲城市也做出了相应的尝试。以巴黎市为例，在旅游景点集中的蒙马特区，巴黎公交公司专门安排了一条循环公交线路（图 5-15），贯穿了整个蒙马特区的重要地标，如圣心教堂等。另外，巴黎、伦敦、布鲁塞尔、巴塞罗那等城市还开通了专门的旅游观光巴士服务，其中以巴塞罗那的旅游巴士运营最为成功。

1987 年巴塞罗那开始推出这项观光巴士业务，随着 20 余年的发展，旅游巴士的线路、运营及服务都已十分完善。如图 5-16 所示，巴塞罗那观光巴士分为上、下两层，上层为敞开式设计，下层车厢也采用大幅观景车窗，便于游客观光。旅游者可选择购买一日票或两天通票。上车后有服务人员分发耳机，座椅前方的语音设备可以提供包括中文在内的 10 种不同语言的导游服务，介绍沿途的重要景点及相关背景知识。

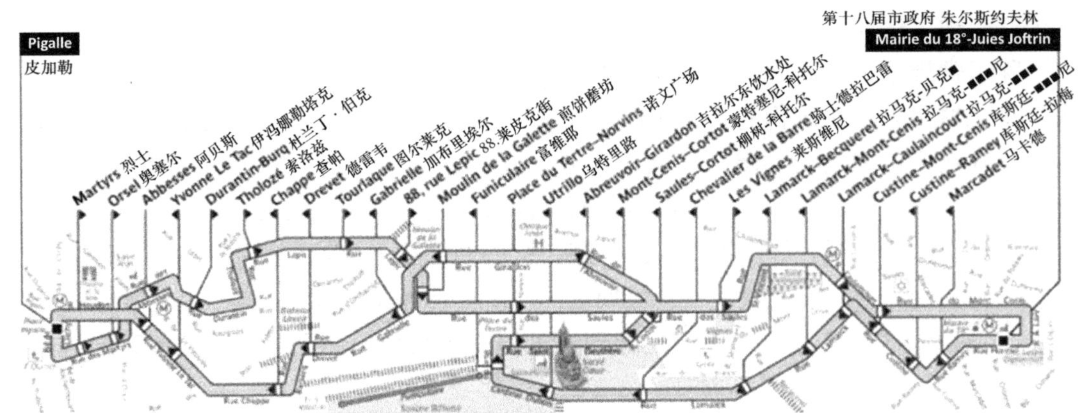

图 5-15　巴黎市蒙马特区旅游公交线路

图片来源：巴黎公交公司

图 5-16　巴塞罗那市观光旅游巴士

图片来源：巴塞罗那旅游巴士公司

在巴塞罗那城区，有 3 条观光旅游巴士线路几乎涵盖了城区中所有的重要景点，共停靠 44 个车站。不同的线路之间有部分重合，提供换乘的可能。线路 1 长 23.5km，覆盖了高迪大部分重要建筑作品；线路 2 长 19.5km，主要向游客展示老城区的精华地段；线路 3 长 7.7km，联系了奥运村及巴塞罗那海滨。车队共有 74 辆巴士，三条线路的运营时间都为 9:00～21:30，发车频率在 5～25min。由于绝大多数景点都在巴士站点的步行距离以内，通票制的设计极大地方便了观光旅行的过程。

由于巴塞罗那的旅游景点数目众多且分布较为分散，在短时间内，旅游者要想到访其中的大多数景点，通过常规公交手段（轨道交通、公交车）是难以实现的。观光巴士则较好地解决了这一问题。更为重要的是，由于巴塞罗那拥有独具特色的城市风貌（无论从历史性还是现代性来说），观光巴士这一服务充分发掘了城市旅游资源，使得旅游者能深刻地感受城市魅力。由图 5-17 可以看出，从 1993 年至 2010 年，观光巴士乘客整体上保持了明显的上升趋势。以 2007 年为例，观光巴士全年共接待游客 218 万人次，占全年旅游者总数的 31%。2006 年，观光巴士实现运营收入 2350 万欧元，占整个巴塞罗那公交收入的 9%，税前盈利 880 万欧元。

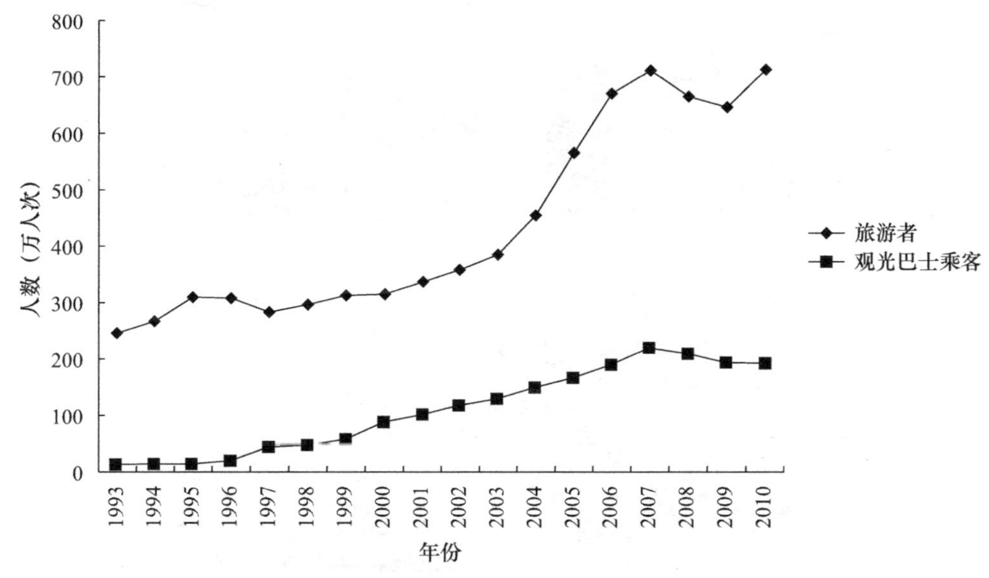

图 5-17　巴塞罗那旅游者总数与观光巴士乘客增长趋势
数据来源：巴塞罗那旅游局

除了观光巴士，欧洲城市为旅游者提供了多样化的城市特色旅游交通形式，如缆车、租赁自行车、历史特色电车、游船、观光小火车等（图 5-18）。这些多样化的旅游交通形式，为旅游者提供了不同的视角来感受城市。例如，巴黎市自 2007 年以来逐步发展了目前世界上最大的租赁自行车系统。目前，这个系统已拥有超过 20000 辆自行车，1800 个自行车站以 300m 的服务半径分布在整座城市，为居民和访问者提供全天候服务（图 5-19）。在每个车站，都配备有多种语言界面的自助服务终端，使用者可以方便地取用、停放自行车。这种完善的租赁自行车系统为访问者和居民的旅游、休闲活动提供了前所未有的便利，也在很大程度上减少了不必要的机动车使用。

在游船方面，1997 年的《巴黎市区塞纳河美化计划》中提出了三个行动目标，即保护城市历史景观、鼓励休闲亲水活动和加强河道运输功能。目前，塞纳河承载的水上交通功能基本上服务于每年 500 万人次的访问者。规划部门还在塞纳河的上、下游各设计了一个大型停车场，便于外来旅游巴士停放，访问者在此可转乘观光游船到达市区的各景点（图 5-18c）。沿河道走向的轨道交通 RERC 线则为访问者提供了方便的公共交通换乘。

a b c d e f

图 5-18 欧洲城市旅游交通的多样化形式

图 5-19 巴黎市旅游核心区内租赁自行车站点分布

图片来源：巴黎市政厅

除此之外，城市管理者和运营商充分发挥想象力，创造了一些新颖的旅游交通形式，使得交通方式本身就构成了旅游吸引力。例如，都柏林公交公司有一趟“鬼”巴士专线：这个双层的巴士上有专业的演员作为导游，负责烘托气氛；全程时间约为 2.25h，路线包括一些都柏林著名的历史景点；在旅行过程中，将都柏林一些传说和著名小说中的“鬼”的故事与故事发生地结合起来，给予旅游者特别的体验（图 5-20）。从 2000 年到 2006 年，乘坐巴士的游客从 34 万人次增加到 48 万人次，增长了 40%。

又如，德国莱比锡市有一项名为 Partytram 的服务。在专门的线路和班车上，人们可以在以 30km/h 速度运行的城市轻轨上开派对，或朋友、家人聚会，或以专门的音乐会等形式，使人们在流动的空间环境中体验休闲活动。这是交通和休闲结合的一种新尝试（图 5-21）。

图 5-20　都柏林市“鬼”巴士

图片来源：左图来自 http://www.irishbuses.com/GhostBusRH31.html. 右图来自 wikipedia.

图 5-21　莱比锡市的 Party tram

图片来源：左图来自 https://partytram-leipzig.de/images/galerie/2802_-_firmenparty_2323_20080321_1173661065.jpg. 右图来自 http://de.tillate.com/de/event/9486881.

5.6 对访问者机动性的管制

5.6.1 威尼斯

威尼斯市每年要吸引 1200 万左右的访问者（图 5-22），而数据表明，这其中大部分是一日访问者（Costa，2000）。Oggiano（1992）和 DiMaria（2000）通过调查指出，大部分访问者事实上住在老城区邻近的Mestre或Cavallino，只是对威尼斯进行短时间的访问。因为，在威尼斯老城区的所有旅馆总共只有12000个房间，而在1h的车程以内（火车或私人小汽车）却有超过6200个旅馆房间。除此之外，在Mestre和Cavallino地区还有露营地、公寓出租等其他住宿形式。这些都是在老城区形成大量一日访问者的原因。

图5-22　威尼斯市圣马可广场

大量的一日访问者给老城区带来以下负面影响：在流动人口管理上公共支出的增加（例如，仅废品收集和处理一项，每年就要耗费市财政1000万欧元）；本地交通的拥挤；本地不动产价格的上涨，导致居民迁出；服务业更多的是为旅游者而不是居民服务。为了应对这些挑战，地方政府决定用管制的政策来促进城市旅游的可持续发展。

2002年3月23日，当时的威尼斯市长（恰好是一位经济学家及旅游容量管理方面的专家）决定采取以下手段进行管制：首先，对旅游巴士划定限制区域，对于载客量超过16人的巴士，必须取得通行证方可进入城区。在城区周边设置四个管理区，在那里可以购买通行证。根据旅游巴士不同的载客量，通行证的价格每日30～150欧元。进入城区后，巴士可以停放在规定好的三个停车场，每个停车场的总容量为300辆，总计能容纳900辆旅游巴士。因此，这意味着每天最多售出的巴士通行证为900张。在高峰旅游时节，每辆巴士都按最大载客量（54人）计算，每天能够通过旅游巴士访问威尼斯老城区的旅游者就控制在48600人。

这样的管制政策，减少了巴士车辆在道路上对城市的干扰。另外，也通过向旅行社（巴士车辆运营者）收费的形式，弥补了一部分城市为旅游者提供的公共服务开支。同时，这种策略也体现了一种新的城市营销思路：城市本身作为一个整体的商品向旅游者（或运营商）出售，来威尼斯感受城市氛围的访问者必须支付一定的费用。事实上，分摊到每个访问者的费用仅为每人 3～4 欧元，完全在其可以承受的范围内。

5.6.2 罗马

类似地，在意大利首都罗马，由于中心城区旅游业高度发达，每天有大量的旅游巴士涌入中心城区，给城市带来了噪声、空气污染以及道路安全方面的不利影响。因此，2001 年起罗马市开始实施信息化巴士管制系统。在该系统中，罗马被分为两个交通管制区：ZTL1（图 5-23 中中心灰色区域）和 ZTL2（图 5-23 中环路以内）。进入中心城区的旅游巴士必须在位于城市外环上的五个管理处购买通行证方可进入城区。

根据不同的需要，旅游巴士运营者可以选择购买不同类型的通行证，并支付不同的费用。例如，只进入 ZTL2 的巴士可以购买专门的通行证，与进入 ZTL1 的收费不同。另外，运营者还可以选择停车、短暂停留、中转等不同类型。学生专车可购买专用的通行证。

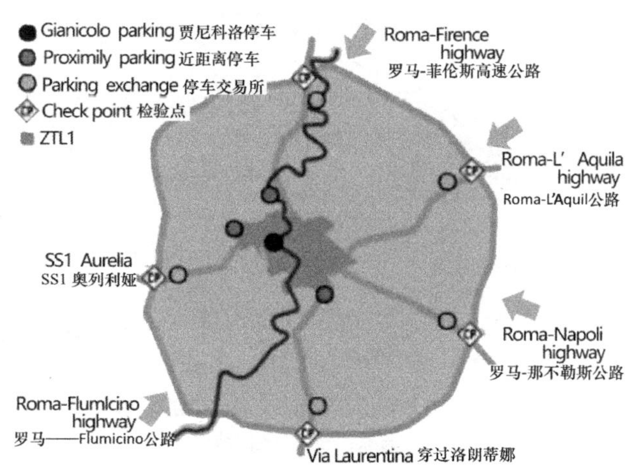

图 5-23 罗马市交通限制区示意图
图片来源：STA，2002

5.6.3 布鲁日

14 世纪以来，布鲁日是欧洲主要商业中心和文化中心之一，其历史中心是典型的中世纪古城，保存着大量数世纪前的建筑。早期哥特式建筑已经成为城市特色的一个部分，2000 年被列入世界文化遗产。在 20 世纪，这座始建于中世纪的城市逐渐成为比利时最受欢迎的旅游目的地。从 1975 年到 1991 年，布鲁日的过夜访问者增加了一倍多，而一日访问者增加了近四倍。而在所有的访问者中，有 60% 选择私人小汽车到达布鲁日。大量的私人小汽车带来交通拥挤和污染，并对中世纪尺度的街道有很大威胁，降低了城市的环境品质，破坏了其历史氛围。

为了改变这种状况，布鲁日市政府在1992年制定了新的交通规划（图5-24）：机动车将不能再进入市中心的旅游核心区；以城市环路为基准，设定了五条环形路线供机动车通行，并在靠近城市环路的地段设置多个停车场；在大部分允许机动车通行的区域，都使用单行道的方式进行管制；提高公交服务的频率，提供多种特色旅游交通方式，鼓励访问者通过小型公交车、马车、自行车、游船和步行等方式进入核心区（图5-25）。

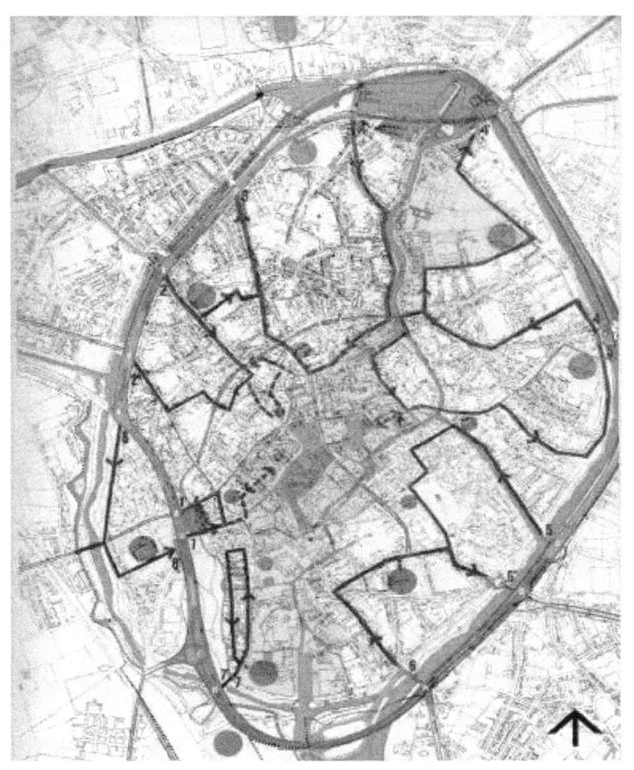

图5-24　布鲁日市交通规划图（1992年）
图片来源：布鲁日旅游局

图5-25　布鲁日市的游览马车

5.7 启示：城市规划在旅游发展中的重要作用

一般来说，优秀旅游城市所共有的特点为：环境优美、公共服务便利、公共空间规划得当、节事活动丰富，并具有显著的城市特色。由于各城市自身的情况千差万别，每座城市在应对旅游方面的对策都各有不同。同时，一些地方性很强的政策与措施也并不具备较大的普适性。因此，本章的重点在于归纳大部分欧洲城市所共同选择的政策措施，总结这些应对政策中的“共性”。应该看到，正是这些具有“共性”的政策成就了欧洲城市旅游的整体繁荣和较高的居民休闲质量，对我国当前的城市旅游发展也有着一定的启示。从欧洲城市的应对政策可以看出，城市规划在城市旅游的发展中起到了非常重要的作用。

5.7.1 城市规划作为常态化与整体性的促进类政策

在一些著名的欧洲旅游城市，我们可以观察到一个特别的现象：在很长一段时间内，这些城市并没有制定专门的旅游发展政策，也没有旅游产品与市场开发的相关政策。然而，城市规划事实上成了最重要的促进类政策，使得城市更好地满足和适应了访问者的需求，从而增强了城市竞争力，促进并保障了访问者和居民对城市的共享。城市规划的相关政策和措施在很大程度上促成了欧洲城市旅游的繁荣，也推动了欧洲城市的“休闲化”转型。

正是得益于相关城市规划政策和措施的实施，很多欧洲城市得以保持和提升其对访问者的吸引力。常态化、严格的历史遗产保护政策保护和增强了欧洲历史城市的城市特色，丰富的历史遗产和完整的历史氛围构成了这些城市最重要的旅游吸引力。另外，通过对城市功能的转型或延续，一些原已衰落的历史地区和工业、仓储废弃地区重新找回了活力。这种城市复兴的过程与旅游、休闲发展有着密切的联系，在一些成功的案例中，复兴后的地区成为新的旅游目的地和居民休闲场所。

在此以巴黎市为主要案例进行分析。直到 1992 年，巴黎市才出台了第一份旅游发展规划，并在 1995 年进行了修订。在这份综合性的文件中，特别强调了旅游发展的整体性：“（在发展城市旅游方面），公共部门的使命是提高城市的综合品质（加强景点建设维护、城市规划和绿地系统……）以及基础设施建设（道路、交通……），以此促进城市整体形象的提升，并在全年的周期内加强节事活动的组织。私人部门的责任则是相应设施的建设和更新（会议场地、沙龙和住宿设施等），并促进现有的及具有潜力的旅游产品的商业化发展”。

和其他很多旅游发展规划一样，由于规划本身缺乏对城市发展控制的法定性，同时也没有相应的机构和资源来实施规划，因此规划只能停留在一个较为宏观的构想和计划层面，并不具备现实的执行力。例如，在这份文件中也讨论了旅游资源的供给问题（如旅馆的建设等），但事实上只有巴黎城市规划院（APUR）在这个问题上具备真正的操作权。因此，文件只能提出“在巴黎城市管理条例的框架下对旅馆建设问题进行更广泛的讨论”这类较为空泛的建议。

但是，这并不意味着巴黎市就没有促进旅游发展的相应政策和措施。恰恰相反，包括巴黎市在内的相当一部分优秀的欧洲旅游城市，正是以城市规划作为常态化、整体性的促进政策，保证了它们对访问者的吸引力，成就了其在国际旅游市场上的重要地位。例如，在1980年《巴黎市总体规划》（SDAU）中，除了与旅游业直接相关的基础设施和服务设施建设（如加强戴高乐机场和奥利机场之间及其与城市的联系，建设更多的中档旅馆作为豪华旅馆的补充等），更是强调通过一种整体的路径来保护城市肌理与城市特色，提高城市生活品质，从而增强城市吸引力。

“除了建设相应的设施以满足访问者和国外居民的需要，（更重要地）还要提高首都的生活品质，改善公共空间质量、城市建成环境和城市场所，以此来保持巴黎在其他国际城市中独有的吸引力。因此，要增强巴黎在世界上的影响力，相应的城市政策必须作为一个整体发挥作用”（巴黎总体规划，1980）。

类似地，在1991年制定的《巴黎城市管理条例》中与旅游发展直接相关的内容为：建设及更新巴黎市的接待设施（旅馆、会展中心等），以满足不断涌入的访问者需求。此外，该条例强调了美化城市景观、提高城市公共空间质量以及提高城市内各地区的可达性，而这些方面恰恰与城市旅游竞争力密切相关。

对于很多欧洲旅游城市来说，其旅游业的发展更多地得益于那些常态化和整体性的城市政策，而并不是某个单独的旅游规划或旅游政策。

5.7.2 注重对城市固有资源的保护与利用

在欧洲城市旅游发展的路径中，对城市固有资源的保护和利用是一个重要原则。这些城市并未去标新立异地寻找吸引人们眼球的“噱头”，没有采用破坏原真性历史遗产而新修“假古董”的方式来发展旅游，更不可能去破坏宝贵的自然景观资源。在漫长、连续的历史进程中，对其历史文化遗产、自然资源和城市固有风貌的尊重与保护，形成了城市最具核心竞争力的旅游资源——城市特色。

仍以巴黎市为例，在城市规划与管理政策中对其历史核心区的保护、建设控制和公共空间发展（特别是在马莱区、17区以及塞纳河沿岸地区）无疑再次增强了巴黎的城市形象，并夯实了城市的核心旅游资源，为其他很多旅游、休闲活动提供了良好的基础和空间环境。在城市建设管理条例中，“塞纳河历史地段”（从Austerlitz桥到Invalides桥之间）沿岸禁止任何新的城市开发，而在沿岸滨水区的一定范围内也只允许相当有限的城市开发行为。虽然访问者们很少意识到这些保护措施对其旅游活动的意义，但毫无疑问的是，“如果没有这些区划的限定，这段自1990年起每年就吸引450万人次的滨水地带将在很大程度上失去其魅力。这种魅力来自于人们可以仅仅从沿河漫步的过程中就获得的简单的快乐，以及对这座城市文化的领略”（Pearce，

1998）。正是由于城市很好地保护了这种独特、宝贵的历史文化资源，塞纳河沿岸地区在 20 世纪 90 年代便被整体纳入《联合国世界文化遗产名录》（附录 2）。

5.7.3 旅游发展和提高城市生活品质的结合

如前面所述，欧洲城市在旅游发展方面的政策多呈现出常态化、整体性的形式。在这些政策中，城市生活品质的提高是一条主线。虽然在城市规划与城市管理政策中通常并不特别针对旅游发展作出规定，但这些政策中往往会强调城市生活品质的改善。虽然从字面上来看，这些政策和城市旅游发展的关系比较模糊，但从长远来说，城市生活品质的提高无疑极大地促进了旅游发展。另外，当城市旅游的发展带来明显问题（如拥挤、噪声和污染等）从而影响了城市生活品质时，城市政府往往会出台明确的管制性措施。

例如，1980年《巴黎总体规划》的主要目标中，提高城市生活品质即为其中之一：保护巴黎的居住功能，避免居住和就业的过度不平衡发展；避免城市功能的过度碎片化；提高城市生活质量，增加公共设施；保护巴黎的城市特色，增强首都的影响力。规划强调，“巴黎要保护其自身的城市特色，增强城市吸引力，提高居民和访问者的生活质量，以此强化巴黎作为国际经济、文化中心的地位”（Paris Projet，1980）。

类似地，在《巴黎城市管理条例》的前言中，时任市长的雅克・希拉克（Jacques Chirac）先生如是说道，“巴黎毫无疑问是世界上最伟大的首都之一……它的吸引力来自于一系列综合性的因素，而我们必须不惜任何代价保护和发展这种吸引力：丰富的文化遗产，高度发达的经济活动，当然，还有一个多样性、充满活力的城市所需要的一切品质……”（Charte d'Aménagement de Paris，1991）。

又如前面所指出的，在节事活动的举办方面，巴黎不仅有“巴黎白夜”等主要针对访问者的活动，也有“巴黎沙滩”等旨在丰富居民休闲生活的活动。而且，随着节事活动的发展成熟，某些原本主要面向居民的休闲活动也吸引了越来越多的访问者，成为新的构成城市吸引力的资源（如巴黎沙滩）。

在旅游业发展到一定程度之后，大量的外来访问者给城市系统带来极大的压力及环境影响。为了控制、减轻访问者和居民共享所带来的矛盾，很多城市也出台了相应的管制政策。通过对访问者需求的适当管制，试图将这类负面影响降至最低。例如，当在一些地区旅游业的过度发展带来城市生活品质降低时，巴黎市政府相继出台了一系列管制性措施，减轻旅游业发展给城市历史地段带来的负面影响（Direction de l'Aménagement Urbain，1995），包括：协调历史遗产保护与现代居住和商业、旅游功能的要求，平衡访问者的需求与巴黎居民的休闲需求，减轻访问者带来的交通拥堵和停车问题等。

5.7.4 通过城市规划塑造良好的城市旅游环境

总的来说，欧洲旅游城市多拥有良好的城市旅游环境。由于总体上早已完成工业化的进程，同时不论是公共部门还是个人都具备较强的环保观念，同时有着严格的保护政策，欧洲城市普遍拥有良好的自然生态环境（包括空气质量、水体质量和城市绿地系统等）。这构成了其发展旅游业的前提条件，本身也是吸引访问者的重要旅游资源。

欧洲旅游城市多具备完善、规范化的旅游服务业，从接待设施、信息服务、旅行社服务、公共交通等方面，较好地保证了访问者的各项活动。这首先得益于这些城市自身的经济发展水平。一般来说，城市经济越发达，其交通便捷程度、服务设施完善程度都相对越高。在城市旅游支持系统的发展和完善方面，城市规划同样起到了决定性的作用。以城市交通系统为例，很多欧洲城市原本就拥有较为成熟的公共交通体系，并且为适应旅游的发展做了进一步完善。为了更好地满足访问者和居民（休闲）的需求，这些城市还在旅游交通信息服务、步行系统和特色旅游交通形式等方面进行了很多尝试。

第6章

应对旅游发展的城市规划

旅游的发展增强了城市之间的竞争，并使得很多城市已经为（或将为）访问者和居民所共享。"竞争"和"共享"对城市提出了新的要求，城市规划需要进行相应调整，以便更好地满足访问者和居民的需求。本章将从部门协调、总体规划、详细规划和交通规划这四个层面提出一组具体的对策建议。

总的来说，在旅游发展的阶段上，我国城市与欧洲城市处于不同阶段。欧洲城市在旅游政策、规划及产业发展上都已相对成熟，而旅游也已经成为大众所接受的重要生活方式。20世纪90年代以来，大规模旅游给城市（镇）带来的负面影响引起了广泛关注。为了促进城市旅游的可持续发展，"管制"的理念在欧洲得到更多的重视。因此，无论是在学术界还是在政府部门看来，"管制"和"促进"都是同等重要的命题。

相对来说，我国城市旅游产业还处于快速发展阶段。在当前以及今后一个时期内，如何增强城市竞争力，吸引并留住更多的访问者，同时更好地满足本地居民的休闲需求，是城市政府首先要考虑的问题。尤其在城市特色缺失、历史文脉被破坏、城市魅力不足的情况下，建设有吸引力的城市，应该是城市规划在促进旅游发展方面需要重点努力的方向。因此，本章将主要从"促进"的角度提出城市规划范畴的建议：增强城市吸引力，并通过完善城市旅游系统保障旅游的发展。当然，这并不是说可以忽视"管制"类政策的重要性。

6.1 规划目标：面向居民和访问者的城市

在"时空压缩"的背景下，面对城市间日趋激烈的竞争和人们日益增长的旅游需求，城市规划要塑造既能适应居民休闲需求又能吸引并留住访问者的城市。一直以来，城市规划主要是为城市居民服务的。但是，在"时空压缩"的背景下，很多城市都迎来了越来越多的访问者。因此，事实上城市土地、设施、公共空间到交通系统已为居民和访问者所共享。随着旅游的发展，这种共享的程度在加深（随着访问者的活动强度增大），共享的范围也在扩大（访问者的活动范围从传统的旅游景点扩散到城市中其他具有吸引力的地区）。因此，城市规划同时面向居民和访问者应成为一种常态，使城市从用地、空间环境到各项设施都能较好地同时满足居民和访问者的需要。

对于访问者来说，城市的竞争力主要体现在两个方面：城市吸引力的大小和城市旅游支持系统的完善程度。对于居民来说，城市（在休闲范畴）的竞争力则取决于休闲资源的数量与质量。而在这三个方面，城市规划都应起到关键性的作用。

6.1.1 增强城市吸引力

旅游的发展已经对我国城市产生了明显影响：交通与信息基础设施的进步带来显著的"时空压缩"效应；在接待游客数量、旅游收入等方面，城市作为旅游目的地的重要性都在增强。因此，对于有条件发展旅游业的城市来说，吸引并留住访问者是一个重要的城市发展目标。

要建设有吸引力的城市，绝不仅仅是保护、修缮、开发那些单个的旅游景点（尽管它们也是构成城市旅游吸引力的资源）。如前面所述，城市旅游吸引力很大程度上来自于城市的特色，而城市的特色则根源于城市的历史文化及其特有的地理环境。在建设有吸引力的城市方面，城市规划可以起到根本性的作用：通过保护历史文化遗产，保存和延续城市的历史风貌；通过恰当的城市复兴政策，重新找回衰落地区的活力；通过对城市自然资源的保护与合理利用，充分展现这些资源的魅力等。

除此以外，良好的环境本身就是重要的吸引力。改善环境是发展旅游的前提条件。当前很多城市开始重视“蓝天指数”等环境指标，应该说是一个好的开始。然而，对于我国大多数城市来说，减少污染、提高环境质量还有很长的路要走。最为重要的是，城市政府要彻底转变发展思路，把城市的环境质量当成与经济发展同等重要的大事来抓，从生产排放、交通排放和建筑工程扬尘等源头来控制和减轻污染。

6.1.2 完善城市旅游支持系统

应对旅游带来的挑战，城市要积极发展相关服务设施与产业，为城市旅游、休闲活动提供相应支持，包括信息、交通、商业、餐饮、住宿等方面。近年来，我国很多城市在公共服务体系建设、旅游集散中心建设、旅游住宿设施体系建设、旅游餐饮体系建设等方面都出台了具体的措施和办法，在很大程度上提高了各自城市的旅游服务水平。

以城市交通系统为例，访问者的到来对原本主要为城市居民服务的交通系统提出了新的要求。首先，访问者在城市中的出行有着不同于居民的需求：对信息服务的依赖，对出行体验的高要求，时间分布的季节性，出行行为的多样性。为了促进旅游的发展，城市交通规划必须对这些需求作出回应。其次，访问者和居民对城市交通系统的共享也带来矛盾和问题。为了解决这种矛盾，规划政策可以有两种思路：通过优化交通资源的供给来更好地满足访问者带来的（额外）需求，或采取管制的政策来限制访问者的需求。就当前来说，对于大多数致力于发展旅游业的城市来说，显然更多的是要通过改善信息服务、完善公共交通、发展特色旅游交通形式等措施来增强城市的竞争力。

6.1.3 促进大众休闲的健康发展

促进大众休闲的健康发展，对于提高居民生活质量、促进社会和谐有着非同寻常的意义。不论在旅游城市还是在其他城市，公共部门都必须在这个方面进行足够的财政投入和组织安排。由于旅游在一定程度上有着替代关系，因此，在机动性高度发达的时代，发展大众休闲还有着另一重意义：对大众休闲需求的满足，可以在一定程度上将人们留在本地休闲，从而减少不必要的出行。

纵观欧洲几乎所有的旅游城市，其自身也是良好的休闲城市。这说明，如果规划得当，便有可能形成城市休闲与城市旅游共同发展的“双赢”局面。城市休闲是一个复杂的社会现象，受到社会经济发展阶段、民族风俗、历史文化、地理环境等众多要素的制约和影响，如何促使其科学发展是一个系统工程。针对第 2 章所指出的当前我国休闲方式的若干现象，城市规划可以起到优化外部休闲资源的作用，即积极规划公益性休闲资源，合理引导营利性休闲资源，并保护好自然性休闲资源。

我国人口众多，人均资源（土地、能源等）的拥有量较低，这决定了我国不仅在经济发展方式上要调整，生活方式也必须转变。《中共中央关于制定国民经济和社会发展第十二个五年规划的建议》中，着重提出了“加快建设资源节约型、环境友好型社会”的发展方向，要“加快构建资源节约、环境友好的生产方式和消费模式”。大力倡导简约型生活方式，已经迫在眉睫。在休闲方面，尤其要提倡简单、健康、自然的简约休闲方式。这并不意味着我们排斥高消费的休闲方式，重点在于，公共部门要为广大中低收入者以及愿意选择简约休闲方式的人群提供足够的、高质量的休闲资源。

6.2 城市规划与旅游部门的协调

6.2.1 旅游规划与城市规划的关系

原国家旅游局发布的《旅游规划通则》中明确规定，旅游规划分为旅游发展规划和旅游区规划。旅游区规划分为总体规划、控制性详细规划、修建性详细规划；旅游发展规划体系分为跨越行政区的区域旅游规划以及与行政区划体系相对应的旅游发展规划，不同级别行政区需要编制同一类型的发展规划；旅游区建设规划体系是同一旅游区规划的 3 个层次，同一旅游区一般需要编制 3 个不同层次的规划。这两套体系基本保证对旅游发展的引导作用（吴承照，2009）。但是，在城市中，由于起主导作用的是城市规划，城市旅游发展规划的地位、实效都存在一定问题。

目前，我国是由原国家旅游局主持编制城市旅游发展规划。根据原国家旅游局 1999 年 3 月颁布的《旅游发展规划管理暂行办法》，“旅游发展规划是根据旅游业的历史、现状和市场要素变化所制定的目标体系，以及为实现目标体系在特定的发展条件下对旅游发展的要素所作的安排”。

近年来，很多城市相继编制了城市旅游发展的规划。但是，由于旅游业的关联度很高，而旅游局的职权范围有限，旅游发展规划又不具备法定规划的效力，因此当旅游业发展和城市其他功能发展产生用地、设施和交通上的矛盾时，难以保证规划的实施，这就大大降低了规划的实际效果。另外，城市规划的出发点是为城市居民服务，各项用地指标和设施配建都是以城市人口为基数来计算的，这使得很多城市的各项设施及用地无法更好地适应日益增多的旅游者的要求。在此试以《绍兴市旅游发展总体规划（2006—2020 年）》为例进行进一步说明。

6.2.2 案例研究：绍兴

2006 年，绍兴市旅游局委托浙江大学风景旅游规划设计研究中心，组织编制了《绍兴市旅游发展总体规划（2006—2020 年）》。规划说明书及文本分为 13 个章节：

① 规划编制背景与总则；

② 旅游发展条件与背景；

③ 旅游发展现状与问题；

④ 指导思想与战略定位；

⑤ 旅游品牌与产品体系；

⑥ 旅游空间组织与重点旅游区；

⑦ 中心城市的旅游功能培育；

⑧ 目标市场与市场营销；

⑨ 旅游交通发展规划；

⑩ 旅游住宿发展规划；

⑪ 相关行业与要素发展规划；

⑫ 近期旅游发展行动纲要；

⑬ 保障措施与相关建议。

在这些章节内容中，“旅游空间组织与重点旅游区”“中心城市的旅游功能培育”“旅游交通发展规划”及“旅游住宿发展规划”是和城市规划密切相关的部分。例如，在“旅游空间组织与重点旅游区”中，该规划提出未来绍兴市旅游发展空间结构规划为“一心两带七区”的总体格局（图 6-1）。

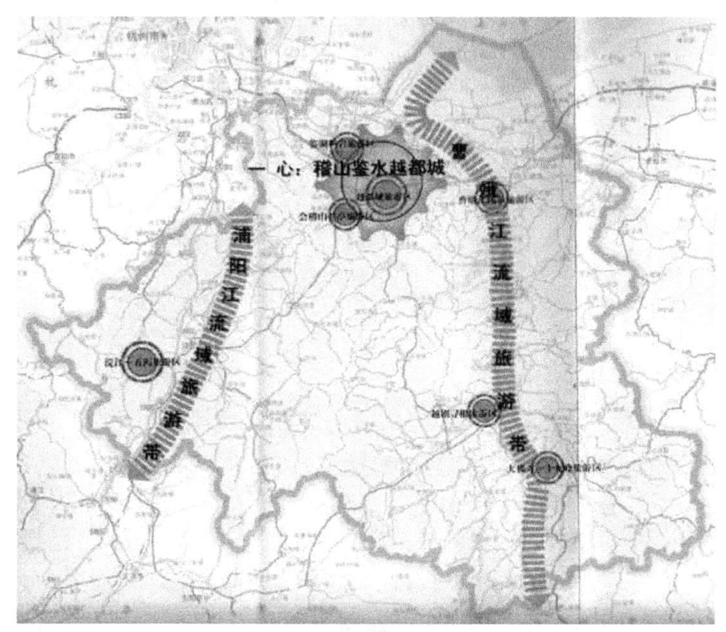

图 6-1　绍兴市旅游规划总体布局图

图片来源：《绍兴市旅游发展总体规划（2006—2020 年）》

“一心”：即以绍兴中心城为核心，组织和带动绍兴全市旅游产业的有序发展；

“两带”：即曹娥江沿岸旅游带和浦阳江沿岸旅游带；

“七区”：包括越都古城旅游区、会稽山—兰亭旅游区、鉴湖—柯岩旅游区、大佛寺—十九峰旅游区、曹娥江旅游区、越剧寻根旅游区、浣江—五泄旅游区，是全市重点开发建设的旅游区。

2008 年绍兴市规划局委托编制了《绍兴市城市总体规划（2008—2020 年）》，在其中的“旅游资源保护与开发”部分中，采纳了旅游规划中“一心两带七区”的总体格局，并纳入总体规划文本，作为城市发展的法定依据之一。

然而，城市旅游发展总体规划中的很多其他部分并不具备法定约束力。例如，在“旅游住宿发展规划”中的旅游住宿空间布局规划、旅游住宿的结构优化规划和绍兴市区住宿发展规划均不具备强制力。只有在其满足城市土地利用规划的前提下，才具备实施的可能性。旅游规划缺乏在城市空间发展上的控制力，这在旅游规划的图纸上也可见一斑：在《绍兴市旅游发展总体规划（2006—2020 年）》中，真正意义上的规划图纸只有两张，即“旅游规划总体布局图”和“旅游重点建设项目图”（图 6-2），且均为建议性、结构性的图纸，对城市空间发展难以产生影响。

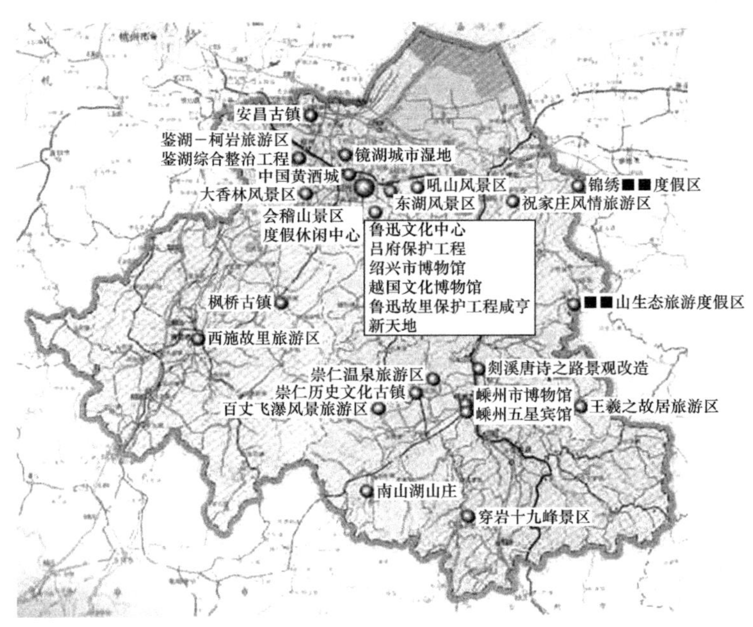

图 6-2　绍兴市旅游重点建设项目图
图片来源：《绍兴市旅游发展总体规划（2006—2020 年）》

事实上，在《绍兴市旅游发展总体规划（2006—2020 年）》中已经意识到“城市旅游整合不足”的问题，指出“由于管理体制等方面的原因，公园、城市绿地等公共设施与全市旅游发展的步调不相吻合”。在第 2 章已经指出，构成城市旅游吸引力的资源绝不仅仅是旅游景点，城市特色以及城市自身的氛围是更为重要的旅游资源。而在当前的体制下，城市旅游规划显然难以在塑造城市特色方面发挥本质的作用。绍兴市的情况并不是特例，其他城市的旅游规划同样存在类似的问题和困境。

随着城市旅游的进一步发展及城市居民休闲需求的增长，打造“旅游城市”“休闲城市”已经成为我国很多城市提出的发展目标。在这样的大背景下，城市规划与城市旅游职能部门的交流、互动和协调将更为频繁，部门之间的职能整合也将更为重要。从当前来说，对于有条件发展旅游业的城市，可以考虑在城市总体规划中突出城市旅游发展目标，在用地、城市交通和基础设施等方面加以落实。从长远来看，要逐步建立城市规划、管理部门与旅游部门之间的长效协调机制，从制度上保证部门之间职能的有效整合。

在城市中，自助旅游者往往占到很大比重。以上海市为例，“个人或亲友结伴”的旅行方式占总数的绝大部分（表 6-1，图 6-3）。由此可见，在相应的旅游发展政策制定中，必须重视信息服务的重要性。

上海市国内游客旅行方式构成（单位：%） **表 6-1**

年份	单位组织	旅行社组织	个人或亲友结伴	其他方式
2017	16.6	3.6	79.6	0.2
2018	16.0	2.8	80.9	0.3
2019	17.0	3.8	79.1	0.1

数据来源：上海市旅游局，2019.

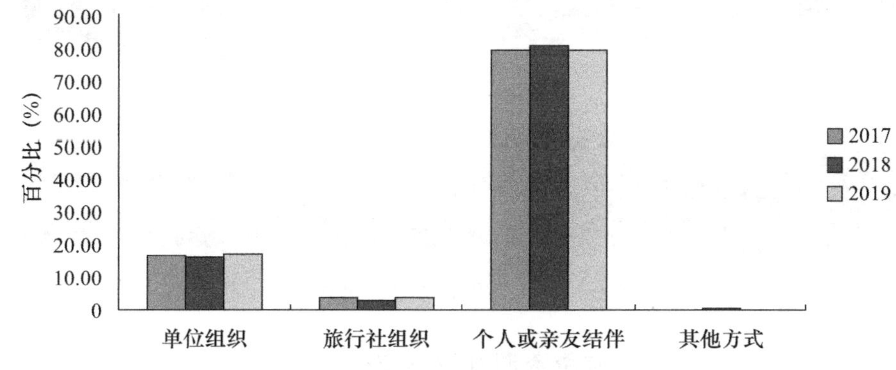

图 6-3　上海市国内游客旅行方式构成
数据来源：同表 6-1。

信息不足会给旅游者带来一系列的困难。例如，由于自助旅游者通常都会事先预定好在目的地的旅馆和回程的车票、机票，在城市及周边景点旅游过程中的信息缺失或误导会极大地制约和影响他们的旅游活动；初到目的地城市时寻找旅馆，从旅馆到景点的路线，在信息不足的情况下可能会花费更多时间和金钱；不了解景点的开放时间（很多景点并不是全年开放，而且夏季和冬季的开放时间会有区别）会导致无效出行，或在景点游玩匆忙、不尽兴；去到城市周边景点的游客如果不了解回程交通工具的首末班时间，就有可能无法赶回已预订好的旅馆等。

6.2.3　案例研究：大连

大连市的旅游资源分为自然资源和人文资源（图 6-4）。其中，自然资源主要指滨海自然资源。大连市拥有我国最长的海岸线，长度为 2211km，海域面积大，自然资源丰富、类型多样、组合度高，有海湾、沙滩、岛礁和湿地等资源。在人文资源方面，大连地处东北腹地的流域文明与海洋文明的交汇地——辽东半岛，拥有着自春秋战国时期开始到明清的历朝历代的文化印记，不乏知名的历史古迹，尤以军事遗迹为最，如旅顺是我国日、俄战争遗迹最集中的地区，还有与海相关的节事活动、民间习俗及庙会等本土人文特色资源。从自然资源和人文资源的空间分布看，根据资源聚合程度，可将大连市划分为七大片区：①长兴岛—仙浴湾—驼山—李官片区，沙滩资源最为集中、品质最好；②长海片区，海岛旅游资源尽展“海上大连”的魅力；③旅顺片区，滨海旅游人文资源最为集中的地区；④金石滩—常江湾—杏树屯片区，优质沙滩和大型海湾的完美组合；⑤花园口—庄河石城片区，良好的滨海生态景观资源；⑥金州湾—普兰店湾片区，大型蓝色优质海湾，将成为大连城市的北拓中心；⑦市中心片区，体现滨海景观与都市景观的有机融合。

图 6-4　大连市旅游资源现状图

结合目前大连自然、人文旅游资源开发不充分、分布不均的问题，在“全域旅游”的理念下，规划重新梳理旅游资源，将旅游资源梳理为西部渤海旅游片区、北部生态旅游片区、东部黄海旅游片区及南部都市旅游片区四大片区。在此基础上，依托各旅游片区内的旅游资源特点，划分十大旅游经济区：①南部都市旅游片区，划分为钻石湾商务旅游区（开发为多功能的东北亚旅游集散地和目的地的信息服务中心）、金石滩旅游度假区（开发为大型滨海旅游度假区）、金渤海岸旅游度假区（开发为现代服务业集聚区和著名旅游度假胜地）、旅顺口历史文化旅游区（开发为以滨海度假、历史文化观光为核心，以高端度假、军事旅游、水上运动、特色餐饮和休闲农业为辅助的旅游区）及普湾商务旅游区（开发为东方维多利亚港）；②东部黄海旅游片区，以庄河花园口为主体形成庄河花园口旅游经济区，开发滨海度假、主体公园、古城历史、工业旅游及生态运动旅游产品；③西部渤海旅游片区，划分为龙门温泉旅游区（开发以温泉养生、滨海度假为核心的旅游产品）、长兴岛旅游经济区（开发海上运动、滨海度假和滨海高尔夫等旅游产品）；④北部生态旅游片区，划分为安波温泉旅游经济区（开发温泉滑雪度假、田园休闲、山野运动和民俗风情旅游产品，打造中国温泉旅游名镇）、步云山温泉旅游经济区（开发美式温泉、康体养生、生态旅游、休闲农业及度假山庄等旅游产品)(图 6-5)。

为了将旅游片区串联起来，共同形成大连蓝色旅游经济圈，规划打造了一条以海岸海洋为主题，以生态低碳为理念，以休闲度假为内涵，以滨海风景道为轴线，串联都市、旅游经济（度假）区、旅游景区、度假群岛、风情渔村、邮轮母港和滨海露营地等，环境优美、文化多元、千里延绵的中国“国家海岸”，并以此向内陆辐射，连通北部“温泉走廊”，构建覆盖大连全域的蓝色旅游目的地。由此，大连旅游发展总体形成了“一环一岛、四片十区”的“全域旅游”大开发格局。在此框架下，规划对十大旅游经济区空间布局方案进行了概念规划，以指导下一阶段的规划建设。

根据“全域旅游”的规划理念，全域旅游化并不是要在所有空间上都布满旅游产品，而是强调各区县在城市化进程中要具有旅游或者休闲功能，因此旅游业发展要与未来的“全域城市化”相结合，根据旅游的功能分区，赋予不同城市区域不同的旅游功能，发展旅游业。规划提出“两港五中心”的功能定位，充分发挥海港和空港优势，将大连打造成为世界旅游集散地；通过建设滨海度假、商务会议、文化节事、田园休闲和信息服务五大中心，打造国际滨海旅游目的地。

在此定位下，规划以滨海旅游融合城市、港口，以及文化体育、商务会展、房地产、金融服务业、海洋渔业、动漫产业、临港工业和生态农业等多种关联产业，不断衍生出新的休闲业态和体验产品，延长产业链，培育产业群，发展战略性支柱产业，实现旅游业的可持续发展。此外，旅游产业发展要从“数量规模型”向“质量效益型”转变，既要保持一个较快的增长速度，又要注重提升品质、优化结构、提高效益和降低消耗，以国际先进的旅游理念和消费档次完善的旅游服务设施建设，全面提升旅游产业的整体素质。通过增加科技含量、推广旅游信息化等措施，整体提高大连旅游产品的质量与服务水平，从更高层次满足国内外旅游者的需求，真正打造让人民群众满意的现代服务业。

在“全域旅游”的规划理念下，交通规划重点要为旅游业发展提供基础设施支撑。在对外交通的规划上，强化对外界的快速交通联系，建立海、陆、空结合的联运体系，构建周边城市旅游集散体系，其中周边城市旅游集散体系主要利用区域“3 小时”经济圈等辐射经济圈的交通体系，适当新增大连至周边城市的旅游专线公交，提高大连旅游交通的便捷度，完善和丰富区域旅游集散功能，逐步建立独立的区域旅游交通体系。例如，大连至丹东、鞍山、本溪、桓仁、抚顺、盘锦、锦州和沈阳的旅游专线公交，大连至烟台、威海和蓬莱的旅游专线航船。

在对内交通的规划上，增设市域内部和中心城区通往主要景区的中短程旅游专线公交，如中心城区至旅顺、金州新区金渤海岸、普湾新区、瓦房店龙门、普兰店安波、庄河花园口及步云山等旅游区或度假区的旅游专线公交；设置旅游区专线，加强各旅游经济区、度假区之间的交通联系，重点整治和提升各经济区、度假区内部的旅游交通支撑体系；充分利用港口、码头资源，开辟和新增海上观光航线、游艇线路和海岛联系航线；根据大连旅游资源的性质和种类，适当设置主题旅游专线，如城市旅游专线（包括滨海路旅游专线、交通集散枢纽与景区景点之间的连接线和巴士换乘中心等)、温泉旅游专线等，以专题旅游交通支撑主题旅游产品；设置旅游集散中心（点），包括旅游信息窗口，完善旅游集散网络。此外，规划还重点对支持旅游业的服务设施建设和服务信息化建设进行了规划，如旅游住宿规划、旅行社规划、旅游餐饮规划、旅游购物规划及旅游娱乐设施规划等；依托大连国际航空港、海港、陆港设置旅游咨询服务接待中心总站，为游客提供旅游交通、旅游集散、旅游咨询、意外救援、游客维权及旅游中介等综合服务，建立区域统筹、城乡一体、覆盖全域的服务体系。

6.3 城市总体规划

对于有条件发展旅游的城市，有必要在城市总体规划阶段对城市旅游发展的关键问题作出战略性安排。在这方面，我国很多城市已经有过不少有益的探索和实践。例如,《杭州市城市总体规划（2001—2020年）》对城市的旅游功能进行了强化，与旅游发展有关的战略性内容如下。

杭州的城市性质为国际风景旅游城市、国家级历史文化名城、长三角“副中心城市”；

在杭州城市发展的政策指导中明确提出杭州“双市”发展战略：战略一，工业立市；战略二，致力于国际性旅游城市的发展建设定位；

强化旅游的国际化功能，按照“大杭州、大旅游、大发展”方针和“旅游西进”战略，形成辐射状与环状相结合的大杭州旅游区格局；

突出强调历史文化名城保护和西湖风景名胜区保护；

坚持“环境立市”的方针，开展城市生态环境治理和建设，把杭州市建设成山川秀丽、风景优美、社会经济环境协调发展的现代化生态城市。

可以看出,《杭州市城市总体规划（2001—2020年）》主要从城市性质、城市功能、城市发展战略、城市布局结构、城市景观、重点旅游资源保护和基础设施配套等方面为杭州的旅游业发展提供法律保障，使得旅游业发展中面临的重大问题有法可依，旅游业的产业力度得到了强化。

为了应对城市旅游的发展，从总体规划编制的技术体系来看，首先要确定城市旅游发展定位和总体旅游形象，并从城市功能布局、公共空间、公共设施和基础设施的配置上满足居民和访问者的共同需求。此外，传统的土地利用规划对城市三维物质空间的引导和控制存在不足，有必要在城市总体规划阶段引入城市设计的理念和方法，以便更好地塑造有吸引力的城市。

6.3.1 旅游发展定位和总体旅游形象的确定

在产业结构转型升级、城市间竞争加剧的时代背景下，各城市并不缺乏发展旅游的动力。但首先应明确的是，并不是所有的城市都具备发展旅游的相应资源。因此，各城市应明确自身条件，进行恰当的城市旅游发展定位，不宜“一窝蜂”地出台城市旅游发展政策。对于确实缺乏构成城市旅游吸引力资源的城市，尤其要警惕在“政绩工程”的驱动下盲目开发旅游项目，强行“生造”旅游资源，以免造成公共资源投入的浪费。

城市旅游发展定位通常包括两个方面。首先是城市旅游业在城市经济中的定位，包括旅游产业在国民经济中的地位和旅游产业在第三产业中的地位。其次则是城市旅游发展的市场定位，包括对城市旅游在地区、国家乃至国际旅游市场上地位、发展目标的确定，以及核心旅游竞争力的确定。对于那些有良好资源，致力于发展旅游业的城市来说，旅游发展的市场定位是其城市性质与发展目标的重要组成部分。因此，在城市总体规划中有必要反映这种市场定位，并从用地、设施、景观规划等各方面保障旅游发展目标的实现。

表 6-2 反映了我国一些城市旅游发展的市场定位。可以看出，市场定位必须立足于城市自身的条件（如所拥有的旅游资源、区位条件、在城市网络中的地位等），注重城市自身优势的发掘。尤其需要避免的是，罔顾城市实际情况，贪大求全、好高骛远的定位和发展目标。对于城市旅游发展总体规划中已提出的、较为恰当的市场定位，城市总体规划应将其纳入城市发展的总体目标。

我国一些城市旅游发展的市场定位　　表 6-2

旅游城市	市　场　定　位
杭州	国际风景旅游城市、“东方休闲之都”“长三角”休闲度假中心城市、浙江省的旅游中心城市
苏州	“长三角”休闲度假旅游产品的示范区和旅游服务国际化率先接轨区；以“东方水城”“三古一湖”、江南艺术经典和水乡风情构成的“人间天堂”为特色，历史文化与现代文明相融的文化旅游城市，国际一流旅游目的地
哈尔滨	黑龙江旅游中心城市，东北亚重要旅游交通枢纽，独具欧亚风貌的世界冰雪旅游名城，“天人合一”的生态园林城市，历史悠久的金源故地
南通	融入上海旅游圈，成为扬子江口具有浓厚江海风情的休闲港湾，长江三角洲北翼著名的旅游中心城市，长江黄金旅游轴线和中国东部沿海重要的旅游节点；以休闲度假、观光游览、商务会展为主导，以江海旅游、长寿文化和近代城市风貌为特色的旅游目的地和休闲度假地
郴州	湖南省最重要的旅游目的地城市之一，南岭地区观光、休闲、度假胜地

数据来源：相关城市的旅游发展总体规划。

另外，一个优秀的旅游城市必然有其明确、独特的城市总体旅游形象。这种城市总体形象实际上是其在城市旅游市场上的核心“品牌”，在很大程度上决定了访问者的人数、特征和其对目的地城市的期望。例如，在欧洲旅游市场中，罗马的形象是“历史性”，佛罗伦萨的形象是“平静与优美”，巴黎的形象是“浪漫与现代化结合”。

很多城市的旅游发展总体规划中都提出了其总体旅游形象的目标定位。例如，杭州市总体旅游形象的目标定位是“最具幸福感和江南个性的国际风景旅游城市与东方休闲之都”，苏州市的定位是“天堂苏州，东方水城”。城市总体旅游形象的确定要基于其自身的资源条件和历史文化，与城市风貌、城市景观特色、城市自然资源有着密切的关系。因此，对于旅游城市来说，有必要在城市总体规划中明确其总体旅游形象，并通过具体的空间规划策略来塑造这种形象。

6.3.2 城市功能布局

对于有条件发展旅游业的城市来说，总体规划应在城市功能布局中突出城市旅游发展的需求，保护好构成旅游吸引力的资源，减少或避免旅游与其他城市功能之间的矛盾。对于历史悠久的城市来说，总体规划要处理好旧城和新城之间的关系，保护好城市传统空间形态以及塑造具有特色的城市风貌；为了保护好城市自然资源，新增建设用地要尽可能避开生态敏感区；在城市工业用地的布局中，要注意防止工业污染对城市环境和旅游资源的不利影响。

城市旅游核心区集中体现了城市旅游的吸引力，不仅吸引大量的访问者进行观光、娱乐、购物等活动，而且为本市居民提供了良好的休闲娱乐场所。一些城市的主要旅游景点、景区附近的商业街区、文化娱乐区演化发展形成了旅游、休闲功能集中的地区，具有明显的自发性。对于有条件的城市，总体规划应在功能布局上有意识地塑造、培育旅游—核心区。

桂林自古享有“桂林山水甲天下”的美誉，拥有以漓江风光和喀斯特地貌为代表的山水景观，是著名的风景游览城市，同时又是广西交通、文化中心。它位于广西壮族自治区东北部，湘桂铁路与漓江纵贯，同时有三条国道穿过。桂林“两江四湖”景区处于桂林市中心地带，也是桂林市中心景区的核心（如图 6-5 所示，由桂林市中心区的漓江市区段、桃花江市区段、榕湖、杉湖、桂湖、木龙湖等水域所组成，并且将其相互连接而构成的环城水系的总称，也是环桂林城市的风景游憩带）。“两江四湖”是桂林的名片，先后被评为国家级旅游景区、广西十佳景区，且曾经获得全国“人居环境范例奖”。本书选择桂林市城区的“两江四湖”作为对象来进行城市旅游服务功能区研究。桂林是自然山水旅游资源导向型旅游城市的典型代表，又是我国旅游业发展的一个微型缩影，加之“两江四湖”区域旅游服务功能区发展建设较完善，具有一定的典型性和示范意义。从旅游功能布局来看，此区域是山与城的主要结合点并且环境优美，是整个桂林市旅游服务最集中的地方，具有巨大的发展空间，且依托现有的“两江四湖”为载体，拥有完善的基础设施与配套设施，不断发展成为旅游服务功能区。

为了避免城市旅游的过度商业化，城市总体规划应在规划布局上作出有效引导，将与旅游相关的商业服务设施控制在有限的空间范围之内，促进商业服务功能的集中互补，并确保城市其他地区保持传统的生活性空间。在城市旅游核心区内也要注重土地混合使用，增强地区活力，促进地区功能的多元化发展。

近年来，随着居民休闲需求的增长，城市郊区已日益成为城市的休闲基地，在空间上形成环绕市区的环城游憩带（吴必虎等，1999）。针对这种现象，总体规划应当对城市郊区的土地使用作出相应调整，重视郊区森林公园、风景名胜区、动植物园的休闲功能，协调好休闲用地与农业生产用地、农村建设用地、绿化用地等各类用地的关系，引导和保证休闲活动的正常进行。

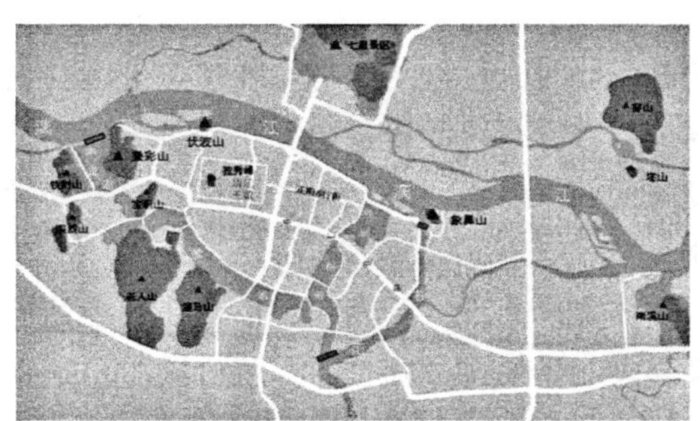

图 6-5　桂林市中心景区示意图

6.3.3　公共空间的配置

城市公共空间是一种重要的公共资源，是居民出行、游憩等活动的物质载体及景观资源。城市公共空间配置的方式、数量及质量，从一定意义上反映了公共利益保障及实现的程度。同时，有代表性的公共空间（一些著名的广场、街道、公园等）也是构成城市旅游吸引力的重要资源。应该看到，我国城市中普遍存在着公共空间不尽如人意的现象，主要体现在公共空间总量供给不足、体系不完善和整体质量不高等方面。

在总量上，我国城市人均公共面积拥有量与发达国家有较大差距。例如，深圳市人均公共空间面积仅为 4.7m^2，而华盛顿为 53m^2，纽约为 25m^2；上海市人均公园面积仅为 1m^2，而伦敦为 25.4m^2，巴黎为 12.9m^2。除了总量不足，公共空间体系不完善也造成了分布不均衡、服务半径覆盖率不高、可达性不足等问题。因此，对于那些公共空间总量不足的城市，规划部门尤其要加强公共空间的建设与完善，增加人均拥有公共空间的面积。

目前我国城市总体规划的规范主要是通过人均公共绿地指标以及绿化覆盖率来保障公共绿化空间的数量，但是，这两类指标并不能反映绿化开敞空间的均好性。在同样的人口规模和建成区面积情况下，一个不同规模等级均衡分布的绿化开敞空间系统将能更好地满足城镇居民的需求，尽管其人均指标和绿化覆盖率可能并不高（韦亚平等，2006）。另外，作为专项规划的城市园林绿地系统规划，与城市旅游发展有着密切关系。但通常来说，规划编制主要是从居民休闲需求出发，较少考虑访问者的使用要求。

城市公共空间总体布局是影响城市空间结构的决定性因素之一，对塑造城市总体形象、创造景观特色也有着重要作用。为了满足居民和访问者的使用要求，城市公共空间的总体布局应遵循以下原则：与城市整体发展相适应，既要考虑近期的可实施性，又要使远期布局趋向合理；注重对原有公共空间的充分利用，在其基础上进行必要的扩建或改造；保证公共空间的良好可达性，对于那些具有旅游吸引力的公共空间，也要特别注意对于访问者的可达性；不同类型、不同等级的城市公共空间应依服务对象、服务半径的不同分级设置，做到合理布局、功能互补，共同形成完善的城市公共空间体系。

对公共服务设施的分类而言，传统的分类主要从设施本身出发考虑，包括从功能类型、经营主体及布局体系等几个维度进行分类，而较少从需求者的角度考度。从使用者本身对公共服务设施的需求考虑，公共服务设施可以分为满足基本生活需求类和追求品质质量类。基本生活需求类设施要满足居民的日常生活需求，使用频率较高，要尽可能地方便到达，故此类设施具有距离敏感性特征，如幼儿园、社区卫生服务中心等；而品质质量类设施具有品质敏感性特征，相应地对出行距离要求不高，更加注重设施可提供的服务质量，如高中、大型综合医院等。

根据居民对两类设施不同的需求特征和使用特征，形成基本生活圈和品质生活圈两类圈层。基本生活圈与相关设施的距离、出行时间、出行方式等有关，需要在一定的出行距离范围内，配备生活所需的基本服务设施；而品质生活圈不再囿于行政区划的空间范畴，形成更广域的圈层结构，对服务质量的要求高于出行时间的考虑，同时受城镇在区域中承担的职能及城镇的功能特色影响较大。

瓦房店市隶属于辽宁省大连市，是东北三省县域经济的“领头羊”。2016 年在全国县域经济基本竞争力评价中，瓦房店位于第 40 位，而 2015 年瓦房店的位次是第 11 位，名次的大幅下滑是因为在 2016 年的评价体系中，新增的县域经济主体功能开发绩效指数和县域发展指数是瓦房店的短板。如何激发提升县域经济活力和发展活力将成为瓦房店未来发展需要考虑的重点，而完善城乡公共服务设施配置是提升县域发展活力的首要基础工作。瓦房店西、南两侧临海，瓦房店市区位于市域东南最边缘区，最远村庄距离城区达 80km，市区有限的服务能力难以辐射到所有乡镇和村庄。在市域临海南、北两侧有两处经济开发区，分别为长兴岛经济区和太平湾沿海经济区。长兴岛经济区作为国家级经济技术开发区，目前已建设成为 8 万人的“港、产、城”融合的小城市，太平湾沿海经济区目前处于建设初期，道路等基础设施前期工作正逐步开展，规划以“港口、区域、城市”为理念建设 10 万人的小城市。未来瓦房店市域将形成瓦房店市区—长兴岛—太平湾三足鼎立的空间格局。

总结瓦房店市居民对各类设施可接受的出行时间，确定基本生活圈形成 15 分钟、30 分钟和 60 分钟的时间等级。15 分钟生活圈主要需求为幼儿园、托儿所、老年活动中心、便民健身点等，30 分钟生活圈主要需求为小学、卫生院等，60 分钟生活圈主要需求为初中、综合卫生院等。品质生活圈一般出行时间大于 60 分钟，主要需求为高中、专业医院、大型医院、博物馆等（图 6-6）。

结合市域规划的道路网络系统，利用 GIS 软件进行公路可达性分析，总结瓦房店小城镇生活圈的空间特征。一是镇域空间基本上在本镇区辐射一小时范围内，市域形成 24 个一小时小城镇生活圈；二是中心城市、复州城、长兴岛、太平湾的辐射范围远大于自身辖区；三是在许屯镇、赵屯乡及杨家乡附近区域有 3 处一小时基本生活圈

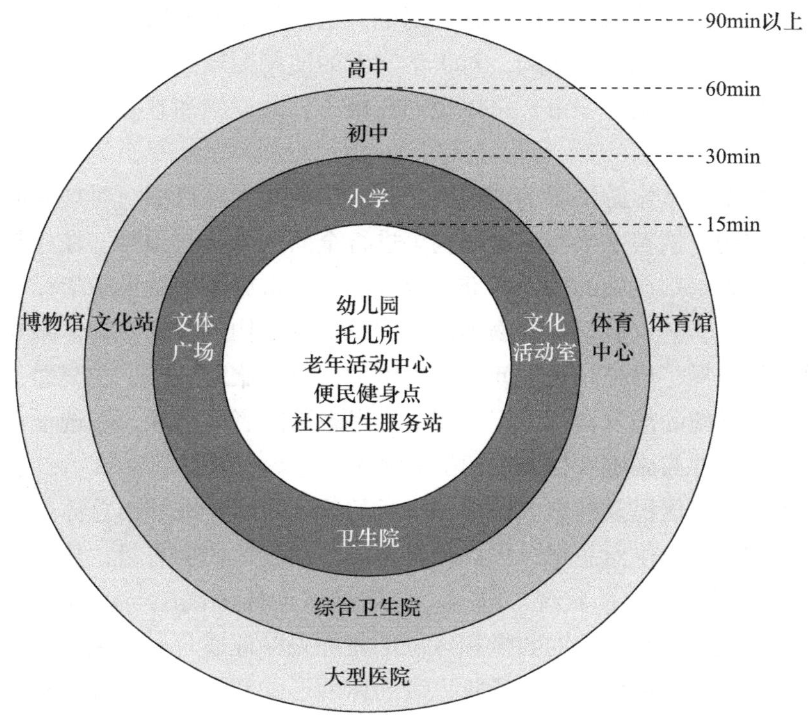

图 6-6 瓦房店市时间生活圈分级图

辐射盲区，位于本镇区及相邻镇区 90 分钟辐射范围外，规划考虑基本公共服务设施的均等性，在这三处选择发展条件好的中心村重点配置，分别是许屯镇的大岗寨村、赵屯乡的新立村、杨家乡的老平顶村，承担部分镇区的服务供给职能。

在基本生活圈分析的基础上，结合市域城乡体系结构，形成中心城市、复州城、长兴岛、太平湾四个品质生活圈，重点配置输出高质量服务的高中、综合医院、体育馆、图书馆等高等级设施，辐射周边小城镇或者更大区域。

为了提高公共空间的使用效率，要改变那种“大绿地”“大广场”等单纯追求规模和面积的做法。充分考虑人们的使用特点和习惯，着重发展以日常休闲为主的城市公共空间体系。以中、小型公共空间为主，保障对于使用者良好的可达性。例如，巴黎市在 20 世纪 70 年代末开始实施的很多公共绿化空间就体现了为日常生活服务的设计思想，从 1977 年以来市区增加了 126 处绿化空间，总面积增加 103hm^2。单个绿化空间的面积并不大，但各种城市公园和街区花园的总数达到了 377 处，充分保障了可达性和利用率。每个城区都有风景优美的公园，而街头绿地和配备有健身设施、儿童游憩设施的活动场地更是随处可见，从而大大改善了巴黎市居民日常休闲生活的质量，也增强了城市的魅力。

6.3.4 公共设施和基础设施的配置

一般说来，总体规划中对于公共设施的布局（如电影院、商业区、文化设施等）更多的是考虑居民生活和交通组织的便捷，较少考虑访问者的使用要求。同时，在交通、供水、供电、排污等城市基础设施规划中，也往往是基于城市居民的生产和生活需要来确定相关设施的规模与布局，对于访问者的使用则较少考虑。在“时空压缩”的时代，特别是在一些旅游城市，总体规划在城市公共设施和基础设施的配置方面必须作出相应调整。

首先，要根据城市旅游发展的历史数据和城市旅游发展目标，对规划期内旅游需求总量、地域结构、消费水平与消费结构等进行全面的分析与预测。在此基础上，提高城市公共设施和基础设施的规划标准。合理确定城市旅游接待设施指标，包括宾馆酒店、餐饮、娱乐、会议展览、购物等设施的总量及结构。合理安排休闲娱乐设施和商业服务设施的布局，增强其对访问者的吸引力。对于旅游城市，在交通、供水、供电、排污等基础设施的规划指标确定上要适当考虑访问者的需求，在选址和布局上应方便访问者使用，并与旅游项目开发相配套。

同时，为了满足居民及外来人口日益增长的休闲需求，在城市总体规划中应增加城市休闲设施和场地的供给总量，以提高人均设施和场地的拥有量，从根本上改变目前公共休闲资源供给不足的状况。同时，要增加城市休闲设施与场地的整体服务范围，提高其使用效率。在用地的数量和区位上要优先保证适合大众化消费的休闲资源的开发和建设，优先发展面向中、低收入者的休闲形式和场所。在规划和建设城市公益性休闲资源时，要考虑到特殊群体（外来务工人员、下岗职工和其他低收入者等）的使用需求和特点。

6.3.5 总体性城市设计

城市旅游吸引力很大程度上来自于城市的特色，而城市的特色则根源于城市的历史文化及其特有的地理环境。在城市的物质空间形态上，城市特色主要由城市风貌、标志性景观、城市天际线、景观体系等要素来体现。由于城市设计对于城市物质空间形态的塑造起着决定性作用，因此，城市设计（及其实施）对于增强城市旅游吸引力也有着重要意义。在我国，城市设计并不属于法定规划系列。但是，城市设计的理念和方法对于城市三维物质空间塑造可以起到根本性的作用，应该贯穿于城市规划编制的各阶段，成为城市规划工作的有机组成部分。

近年来，针对我国城市整体面貌的趋同、城市公共空间不足等城市形态与空间方面的问题，一些城市通过不同方式进行了总体性城市设计的尝试。总体性城市设计可理解为，在城市整体层面上对城市风貌、城市结构的构想、设计及确定，保护和强化城市特色；对城市公共空间形态和结构的引导与控制，保障其良性发展。其编制应至少包括以下内容：基于城市历史文化及地理环境特征对城市风貌进行总体设想；对城市整体空间结构的设想及确定；城市空间景观体系的构建，城市标志性景观的确定，景观走廊及控制区的确定；对城市天际线的确定，对城市各分区建筑高度的确定；城市公共空间体系的构建，包括各级公共绿地、公园、广场的配置与安排等。

融入现有规划体系，是总体性城市设计实施的一个可行路径。总体性城市设计可通过纲要的形式纳入城市总体规划文本。通过对城市整体风貌、空间形态和公共空间等三维要素的设想、确定和设计来弥补传统总体规划偏重于二维土地使用规划的不足。例如，在城市旅游核心区的规划中，通过建筑形式与色彩、城市与自然山（水）体的关系、核心历史地段的维护等方面确定核心区的总体风貌特色。在绿地系统的发展目标及总体布局中，除“划定各种功能绿地的保护范围（绿线），划定河湖水面的保护范围（蓝线），确定岸线使用原则”以外，还可以规定各类绿地、河湖水面作为景观稀缺资源的各视觉界面控制准则，从源头上保障城市景观资源的公共性。此外，也可将总体性城市设计作为总体规划的附属文本，供下层次控制性详细规划或城市设计参考。根据不同情况，规定其内容的强制性或引导性。

6.4 城市详细规划

详细规划对于城市微观层面的物质空间形态塑造起着决定性作用。为了增强城市在微观层面的旅游吸引力，更好地延续城市文脉和塑造城市特色，有必要在详细规划阶段引入一些城市设计的原则：混合功能街区，以低、多层为主的高密度建筑；含有历史建筑元素、界定清晰且连续的街区立面；有良好围合感的城市广场；景观丰富、反映地方历史文化特色的城市场所；造型新颖而又与城市整体环境协调的标志性公共建筑。这些原则是创造特色空间环境的前提，也是营造具有活力的漫步、观光、休闲空间的关键。

6.4.1 控制性详细规划

控制性详细规划主要通过分图图则和控制指标的形式，确定各地块建筑高度、建筑密度、容积率、绿地率等控制指标；并确定公共设施配套要求、交通出入口方位、停车泊位、建筑后退红线距离等要求。同时，控制性详细规划也会提出各地块的建筑体量、体型、色彩等城市设计指导原则。但是，这类原则通常不具备强制力。

由于控制性详细规划普遍偏重于城市用地的二维属性，在城市特色塑造方面缺少有效的引导和控制手段，也不能必然保证三维公共空间的质量以及公共利益的实现。容积率、建筑密度、建筑高度、绿地率等指标的确定基本无法有效控制该地区的空间形态，因为同一套控制指标组合往往可以对应多种城市空间形态。此外，控制性详细规划中多数指标针对的是城市建设总量的开发控制，而缺乏对空间环境质量的控制。事实上，城市空间环境质量绝不仅仅取决于实体建筑本身，建筑的组合方式、公共空间的规划、街区界面的协调都会对其产生决定性影响，而现有控制性详细规划编制体系显然缺乏这些方面的内容。

另外，城市河流、绿地等公共空间具有稀缺性，但具有“逐利最大化”特性的开发商可以在规划条件许可的范围内尽可能用足其开发地块附近的景观资源，具体手段包括尽可能地在临近景观资源方向多布置建筑，或增加这个界面上的建筑层数。这样的做法有时并不违反控制性详细规划，但事实上导致了“外部景观价值内部化”，从而变相剥夺了其他市民以及访问者欣赏美景的权利，损害了公共利益（赵民，2006）。

在当前城市设计不具备法定规划地位的情况下，控制性详细规划必须增强对城市空间形态的控制与引导，以期塑造有特色的城市面貌，营造高质量的公共空间环境。为此，有必要在控制性详细规划中引入城市设计的手段与方法，并用开发管理制度保证城市设计理念的实现。城市设计的核心内容在于城市公共空间的营造，最重要的效用在于其所指引的公共空间的供应、公共空间营造所要达成的目标及由此产生的空间效果等方面，从而能对具体的建设行为进行指导和控制。“控制性详细规划中的城市设计导引应当如何体现城市设计的内容，其有可能成为城市设计能否有效实施的关键所在。”（孙施文，2007）

以法国为例，在地方城市规划的基础上，土地出让还必须遵循《规划指导手册》（Le Cahier De Charge）。该手册是管理者与投资者之间签订出卖土地的合同中不可分割的一部分。该手册包括城市规划、建筑和景观方面的书面规定，相应地区内任何工程申请建设许可证时必须遵守这些规定。《规划指导手册》主要是采取城市设计的方法，对建筑平面形式及组合方式、建筑立面关系、公共空间的形式与尺度、公共和私人空间的分配等影响街区空间形态的关键问题作出明确、可操作的规定（图 6-7）。

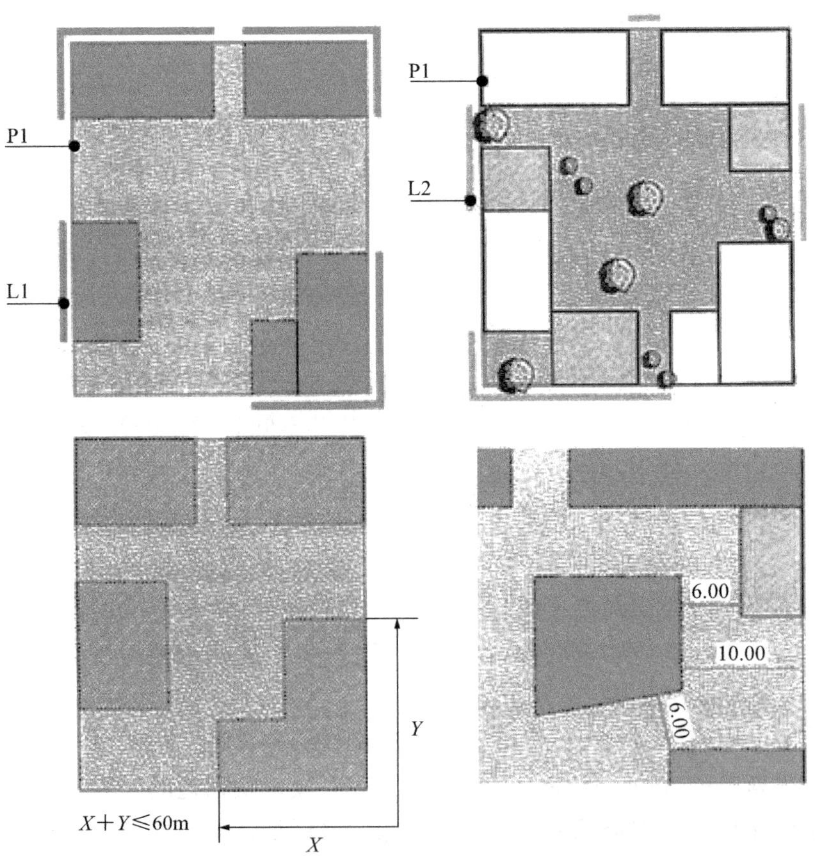

图 6-7　《规划指导手册》示例：对建筑平面形式及组合方式的具体规定
图片来源：巴黎混合经济公司

我国的城市设计编制工作已有了多年的实践，在编制内容、设计理念和方法上与发达国家并无本质的不同，但在开发管理制度方面我国还有很大的改进空间。“当前城市设计工作基本上停留在不断地编制不同类型的设计方案，对城市设计的实施过程及其效用缺乏研究”（孙施文，2007）。形成有魅力的城市环境、有特色的城市面貌和宜人的公共空间是一个很复杂的系统工程，这些目标绝不会因为有了一个规划图册和文本就能自动实现。其中，牵涉管理者与各单体建筑设计师的协调、沟通与谈判（当然免不了涉及各开发商的自身利益），同时又要保证单体建筑师的创造性。

6.4.2 修建性详细规划

在居住区修建性详细规划中，要从居民使用特点出发，规划好绿地、景观系统和文化体育设施，保障社区休闲的硬件条件。对于现状硬件设施较差的社区，要结合旧城改造，有针对性地进行维护更新。另外，目前时有发生的情况是规划中的会所、公共空间等设施和场地在楼房售出后却被商业、餐饮等用途挤占。居民的合法利益得不到保障，也成为业主与开发商纠纷的导火索。这需要从规划立法和执法中加强与完善对居住区公建、场地、绿地的保障，以保证其运营及日常维护。

当前，我国城市居住区、小区开发模式造成的一个明显后果就是“带围墙的社区”，这种情形对城市景观、空间形态乃至整体社会氛围都有深远影响。除了加深阶层分化与社会隔阂，这种模式还造成了城市公共空间的破碎，也不利于居民的休闲活动。在公共绿化空间使用效率上，对比两个面积相当的城市地块，一个是街区模式（没有围墙，住宅围合直接形成街区），一个是小区模式（有围墙，由若干个封闭的小区组成）。即使这两个街区的公共绿化空间面积一致、布置结构相同，街区模式的地块也必然比小区模式的地块拥有更好的活力和更高的场地使用效率。如图 6-8 所示，同等规模的 A 绿地和 B 绿地：A 面向的是街区内所有人群，甚至还有来自街区以外的其他人群；而 B 却只能为其所属小区的人群服务。

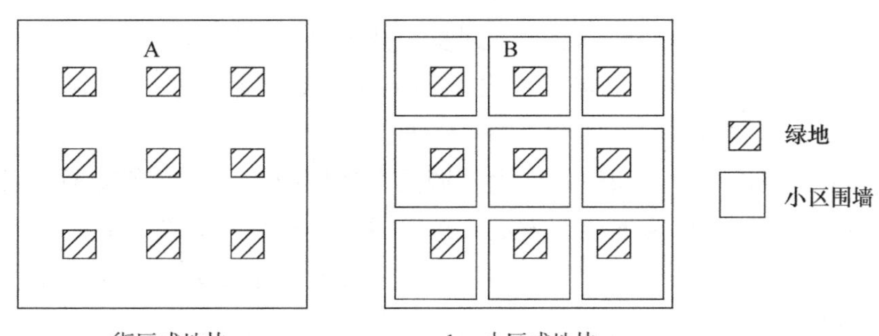

图 6-8 街区及小区模式地块公共空间使用效率对比

此外，在公共空间的塑造上，封闭社区的模式使得规划师只能在“围墙的夹缝”中施展手脚，极大地束缚了公共空间产生、发育的可能性。可以预见的是，如果城市规划体系不能有效改变城市建设中以封闭社区为主的现状，城市整体空间的破碎和无序现象会进一步加剧，对城市的吸引力也会造成破坏。

应该指出的是，当前这种开发模式有着其深刻的社会背景原因（贫富差距、社会治安等），很难在短期内得以转变。由于多数物业管理公司实际上属于房地产开发商，事实上成为后者的利益代言人，在管理模式上也不可能照顾到更广泛人群的休闲需求。因此，目前一个比较现实的途径就是推广容积率补偿与奖励制度。例如，可以规定，开发商每为市民提供自由使用的 1m^2 开放空间（必须是常年开放，具有一定最小面积的广场、绿地），并负责其日常管理或承担其日常维护管理费用，根据开放空间地区控制容积率，核定允许其在居住区内增加住宅面积若干平方米，作为补偿。额外为城市提供公益娱乐设施（文化活动场所，青少年、老年活动站室等），并向公众提供无偿服务，每提供 1m^2 使用面积，允许增加住宅面积若干平方米，作为奖励。这实际上是通过完善的法律规定，鼓励开发商提供为全体市民服务的公共空间与设施，改善城市居民生活质量。

6.5 城市交通规划

访问者和居民对城市交通系统的共享带来矛盾。这种矛盾首先来自于访问者对出行的特殊要求；另外，访问者的到来增加了对城市交通系统的“额外”需求。为了解决这种矛盾，有促进（增加供给）和管制（限制需求）这两种思路。基于本章的侧重点，在此主要通过“优化供给”（如提高城市公共交通的服务品质、改善城市交通信息服务系统等）的思路来提出城市交通规划的改进方向。

6.5.1 适应旅游发展的城市交通规划

我国现代意义上的城市交通规划起步于 20 世纪 70 年代末期。在城市道路规划基础上引入交通工程学分析方法，以交通起讫点（OD）调查为标志开始从源头上研究出行规律，规划的分析方法和视野开始发生根本性转变。在 40 多年的研究和实践进程中，城市交通规划经历了研究起步、技术提升、快速拓展三个阶段。

2010 年，伴随着《城市综合交通体系规划编制办法》的颁布，城市综合交通规划定位被进一步明确，即城市综合交通体系规划是城市总体规划的重要组成部分，是政府实施城市综合交通体系建设，调控交通资源，倡导绿色交通、引导区域交通、城市对外交通、市区交通协调发展，统筹城市交通各子系统关系，支撑城市经济与社会发展的战略性专项规划，是编制城市交通设施单项规划、客货运系统组织规划、近期交通规划、局部地区交通改善规划等专业规划的依据。

前面已经指出，旅游和交通有着复杂的关系，传统交通规划的四阶段法及引力模型难以解释旅游中的一些现象（第 1 章）；旅游 / 休闲出行有着不同于日常出行的需求特征，而旅游机动的发展给城市交通也会带来显著影响（第 5 章）。但令人遗憾的是，在当前综合交通规划的编制中，对旅游交通的重视仍然不够。

例如，在《城市综合交通体系规划编制办法》中，规定了 12 项规划内容，即交通发展战略、综合交通体系组织、对外交通系统、城市道路系统、公共交通系统、步行与自行车系统、客运枢纽、城市停车系统、货运系统、交通管理与交通信息化、近期规划、规划实施保障措施，其中并无旅游交通规划的专项内容。在居民出行调查中虽然建议“流动人口的抽样率可根据交通出行特征确定”，但并未做强制性规定。

为了适应旅游的发展，对于旅游城市来说，应对访问者带来的交通需求已成为一种常态。因此，旅游交通规划应作为一种“常态”规划纳入规划编制体系。近年来，出于对旅游业快速发展的回应，我国一些旅游城市通过多种渠道进行了旅游交通规划的尝试。

首先是在城市综合交通规划中，增加城市旅游交通规划的内容。例如，笔者在韶关（2005 年）、溧阳（2006 年）和绍兴（2010 年）综合交通体系规划中，专门开展了旅游者的问卷调查（在宾馆及旅游景点处）。根据对调查问卷及对城市旅游资源分布现状的分析，提出城市旅游交通规划的策略及具体措施。另一种途径就是在城市旅游发展总体规划中设置城市旅游交通发展规划的内容，如浙江大学编制的《绍兴市旅游发展总体规划（2006—2020 年）》中就考虑了旅游交通网络和旅游集散中心建设的相关问题。

此外，一些城市景区也单独编制了景区旅游交通规划。例如，2007 年中国城市规划设计研究院编制的《杭州西湖风景名胜区综合交通规划》，在分析风景名胜区交通发展趋势的基础上，对西湖风景区的交通需求进行了预测，针对交通供需的问题，提出了西湖风景名胜区综合交通体系发展的基本策略和方针。

针对景区的旅游交通规划可以在一定程度改善景区及附近城区的交通状况，但是无法影响整个城市范围的旅游交通。城市旅游发展规划中的旅游交通发展规划则可对城市旅游交通提出相应的建议，但局限于旅游发展规划的地位与权限，面临着实施上的困境。在当前的规划体制下，只有将旅游交通规划纳入城市综合交通规划的编制内容，从整体上考虑并满足访问者的出行需求，才能为提高城市旅游交通的服务水平提供制度上的保证。

6.5.2　旅游交通规划的原则

（1）旅游交通与城市交通系统的整合

处理好交通设施间的衔接，处理好交通枢纽和旅游景区的设施衔接。在城市交通设施的规划上要充分考虑既要满足城市交通功能的需求，也要合理满足旅游交通的需求。在旅游交通设施的规划上，既要首先满足旅游交通的需求，同时要以不对城市交通产生负面影响为原则，并起到在旅游平峰期缓解城市交通压力的作用。

（2）增强城市公交系统的竞争力

城市公交系统能在多大程度上满足和适应旅游 / 休闲出行的需求，决定了城市公交系统在这一方面的竞争力。如果不能很好地满足需求，更多的以旅游、休闲为目的的出行将转向私人小汽车，这就会给城市交通及环境带来更大压力。

（3）注重适度超前性

交通作为城市旅游产业发展的基础性条件，其现状条件和发展情况对城市旅游业的发展速度具有相当大的影响。由于道路交通设施的建设往往需要较长的周期和较大的资金投入，如果旅游交通网络不能适应旅游业的发展，将会成为城市旅游快速发展的瓶颈。因此，在进行城市旅游交通规划时就应采取适度超前于旅游业发展的策略，为当前和未来旅游的良性发展打下良好基础。

（4）重视交通线路的景观性

与日常通勤交通相比，旅游交通对沿线的景观环境有特殊的要求，环境的绿化、美化和净化都极为重要。在进入旅游景点范围以及连接景点之间的交通线路，都要按照一定的景观要求来规划沿线的景观，使得旅游交通线路成为一道风景线，访问者可以将沿途风光尽收眼底。规划旅游交通线路应同时具有交通路线和景观走廊的功能。

6.5.3　旅游交通规划的内容

（1）交通需求预测

根据城市旅游接待的历史数据和城市旅游发展目标，对规划期内旅游需求总量、客源市场结构和到达目的地交通方式进行全面的分析与预测。在分析和预测时，需要综合考虑经济发展趋势、区域交通网络建设和私人小汽车保有量的增长趋势。对交通需求的预测与分析，将作为交通规划和交通发展政策制定的重要依据。

（2）旅游信息服务系统

完善交通信息网络，提高现有交通网络运作的效率，为访问者提供便利的出行条件。建设和完善各城市旅游局、重要景点的官方网站，使旅游者在到达之前就能对目的地城市有大致的了解。从三个层面做好信息服务方面的工作：交通枢纽，市区核心地段及主要景点处，旅馆。在机场、客运车站等交通枢纽设立信息服务处，解答外地游客的各种问题，在交通、住宿、游玩等方面为游客提供信息及预订服务，在一些重要景点和人流集中处也需设置问讯处。

规划建设易辨识的信息标识及提示系统：设置清晰明确的道路标志、标线，以及市区的旅游景点方位标识，使居民和访问者都能方便地了解到出行所需的各种乘车信息。制作清晰、美观、便携的城市地图及公共交通示意图，以及介绍城市及周边景点的小册子，方便游客使用。建立节事活动的信息发布体系，利用网络及各种平面媒体或专门的宣传册，使居民和游客能了解节事活动的内容、时间及地点。在所有这些信息服务中，对于有需要的城市，都应提供中英文双语服务，并培训相应的服务人员。

（3）旅游公共交通系统

城市公共交通服务要营造高质量的出行环境，增强乘车及候车环境的舒适性，有需要的城市可设置观光巴士、水上巴士等交通方式，用以连接城市主要景点，延长公交服务时间，在夜间保证主干线路的基本服务以适应旅游、休闲出行的需要。设计面向旅游者的交通联票或交通卡，以实惠的价格鼓励公交出行。增强公交服务的弹性，通过增加发车频率、设立临时线路等多种方式满足举办节事活动或面临旅游高峰期时的需要。

例如，在《绍兴市城市综合交通规划（2010—2030 年）》中，笔者提出在主要景点、长途客运站、酒店及宾馆集中的主城片区等客流枢纽地，设置旅游专线车站点，方便游客出行。优化旅游专线线路的设计，改善运营方式，建议采用一票制（一日有效，不限乘坐次数）的市区旅游观光环线（图 6-9），集交通、观光、讲解于一体，方便游客自由安排时间，更好地参观游览线路上的各景点。同时，在景区外设置游客服务中心，统一规划游客集散点。

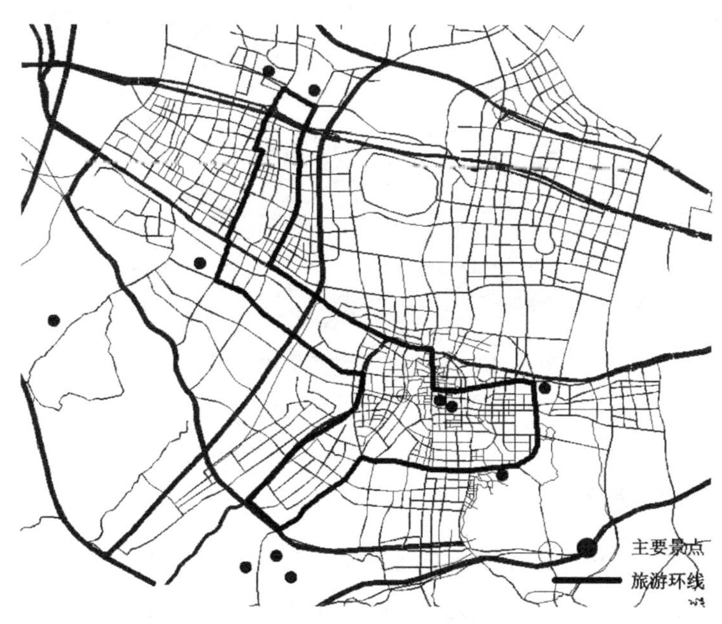

图 6-9　绍兴市区旅游环线设置

图片来源：绍兴市城市综合交通规划（2010—2030 年）

（4）旅游集散中心

旅游集散中心具有多重功能：外地旅游车辆停车换乘、散客及团队接待服务、导游服务、宾馆客房预订、旅游景区联票购买和预订、交通预订、节事活动票务预订、旅游信息咨询、游客休闲娱乐、餐饮住宿、购物等。在大中城市可依托交通枢纽（通常为公路、铁路的客运中心）建设区域级旅游集散中心，并在城市各片区设置地方级旅游集散中心。

区域级的旅游集散中心需要具备综合的旅游服务功能，包括旅游服务中心、接待中心、旅游咨询中心、旅游商品超市、旅游商务中心等。地方级旅游集散中心则主要提供换乘功能，也提供部分旅游服务。如图 6–10 所示，根据杭州市旅游发展的实际情况，杭州市旅游交通规划中共规划了两个区域级旅游集散中心、七个地方级旅游集散中心。在小城市（镇）则可依托长途客运车站增加旅游服务功能。

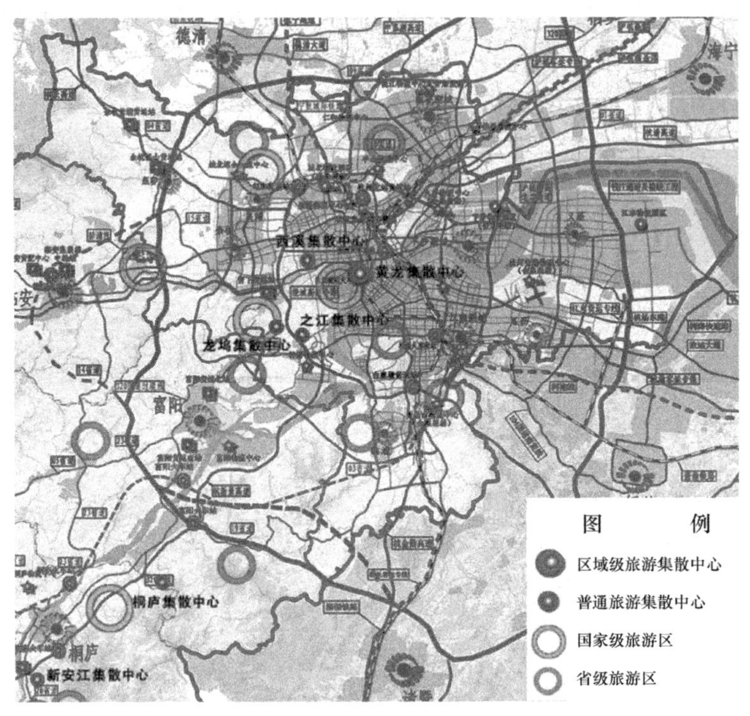

图 6–10　杭州市旅游集散中心规划

图片来源：杭州市城市综合交通规划修编（2007—2020 年）

（5）特色旅游交通方式

与一般乘客相比，访问者对旅游交通运输的舒适度和趣味性具有更高要求。因此，利用一些具备地方及历史特色的交通工具（窄轨小火车、乌篷船、明轮船、马车等）可以满足人们怀旧、猎奇的心理。完善的自行车租赁系统可作为公交系统有益的补充，同时自行车出行所具备的自主性和体验性也能很好地满足人们观光、休闲的需要。通过城市设计、交通规划等多种途径建立面向步行者友好的城市环境和专门的步行区。

例如，笔者在《绍兴市城市综合交通规划（2010—2030 年）》中提出，交通工具的形式要与绍兴历史文化名城的氛围相协调。建议绍兴市开辟三轮车旅游专线，使访问者能更好地感受古城风貌。统一规划、统一培训、统一管理，使三轮车的外形具有绍兴地方文化气息。划定三轮车服务范围，设立固定的接待站点，并建议观光路线包括绍兴老城区主要景点（图 6-11）。

又如，苏州古城拥有京杭运河、环城河、山塘河、上塘河等构成的水网达

126km，2001 年水上观光游客就已达 80 万人次。古城内保存了大量的园林名胜、历史古迹和水巷风光，苏州市结合河道现状和环城河已有规划的水、陆两套旅游线路，形成了一条古城内部的水上旅游交通环线，并以此将古城内的大部分旅游景点串联成线，同时将城市交通枢纽和其他旅游景点及旅游服务设施等联系在一起，满足了访问者在水上游览苏州古城的需求（图 6-12）。

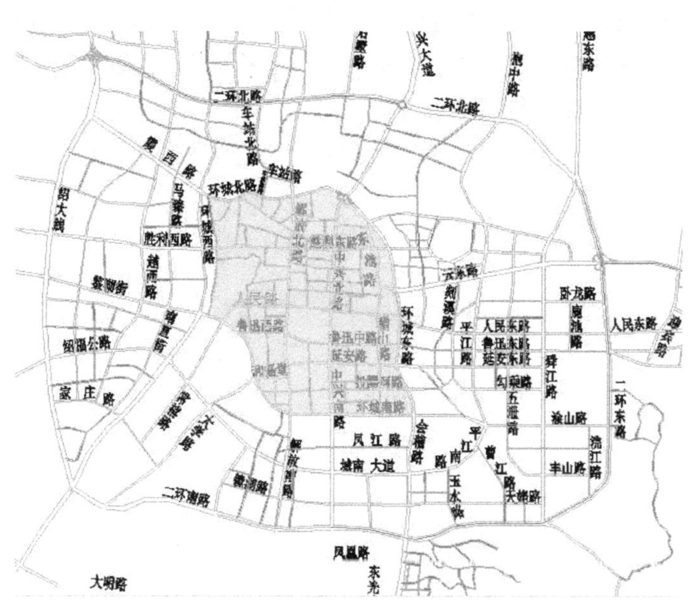

图 6-11　绍兴市区三轮车服务范围

图片来源：绍兴市城市综合交通规划（2010—2030 年）

图 6-12　苏州古城水上旅游交通环线示意图

图片来源：陈泳 . 城市空间：形态、类型与意义——苏州古城结构形态演化研究［M］. 南京：东南大学出版社，2006.

（6）交通诱导系统

在城市的主要旅游景区，要应用信息技术分流旅游高峰时期的访问者。在风景区周围主要进出道路及城市对外主要出入口设置交通诱导系统，同时建设交通信息服务系统，对访问者尤其是自驾车的访问者进行合理引导。交通诱导系统主要包括两个功能：停车诱导和交通管理诱导。通过建设交通诱导系统，可以引导访问者特别是自驾车访问者在景区外的换乘中心实现停车换乘，通过换乘公交线路进入景区。

通过交通信息服务系统对装有车载导航设备的车辆发布道路状况、交通管理措施、交通拥堵状况等实时信息，实现对所有可能要进入景区的车辆的引导。

第7章

结论与展望

首先，由于交通和信息技术的根本性变革带来的“时空压缩”进程，特别是在城市背景中，作为旅游研究中的关键概念——“惯常环境”已变得模糊化。其次，不论在需求还是供给方面，城市背景下的旅游活动都有着密切联系。最后，旅游在一定程度上存在替代关系。因此，不论在实证分析还是在政策制定范畴内，城市背景下的旅游研究都存在着整合的必要。

旅游的发展增强了城市之间的竞争，并使得很多城市已经为（或将为）访问者和居民所共享。“竞争”和“共享”对城市提出了新的要求，城市规划需要进行相应调整，以更好地满足访问者和居民的需求。

7.1 主要结论

从需求产生的影响因素来看，我国旅游需求仍会有进一步的快速增长。我国城市网络正处于一个“时空压缩”时期，旅游的发展存在两大趋势：旅游出行正大量增加，旅游与休闲行为呈现出同质化的趋势。在一定程度上，机动性的发展增加了居民和访问者活动的交集，促进了两者对城市的共享。旅游的发展使城市在更大的地域范围内面临着激烈竞争，从而也对城市竞争力提出了新的要求。对于访问者来说，城市的竞争力主要体现在两个方面：城市吸引力的大小和城市旅游支持系统的完善程度。对于居民来说，城市（在休闲范畴）的竞争力则取决于休闲资源的数量与质量。而在这三个方面，城市规划都可以起到关键性的作用。

旅游的发展使得城市空间（特别是在旅游核心区）为居民和访问者所共享。为了同时满足访问者和居民的需求，城市规划在城市功能结构和城市公共空间这两个方面都需要做出相应的努力。旅游的发展使得城市交通系统（特别是在旅游城市）为居民和访问者所共享。如何更好地满足旅游出行的需求，解决共享带来的矛盾？旅游的发展对城市交通系统提出新的要求。

从欧洲国家的应对政策来看，一些具有“共性”的政策成就了欧洲城市旅游的整体繁荣和较高的居民休闲质量，而城市规划在城市旅游的发展中起到了非常重要的作用。而在我国，尽管已有大量城市提出打造“旅游城市”“休闲城市”的口号，也投入了巨大的人力、物力来发展旅游产业，但其中相当一部分政策和措施的方向仍然值得商榷。例如，一方面提出建设旅游城市，另一方面却继续在破坏城市旅游的核心竞争力：历史文化遗产的保护仍然常常让位于经济利益驱动的城市改造，不可再生的自然景观资源仍然被房地产开发的大潮所蚕食、侵吞。与此同时，很多城市却在花巨资打造人造景点、人工乐园和“假古董”，而这些项目的实际效益却很少得到真实的评估和严格的追责。又如，一方面提出打造休闲城市，另一方面很多城市却仍然对基层休闲设施和场地投入不足，适合中、低收入者的大众休闲资源仍然供给不足。

从供给角度来看，在城市旅游的核心竞争力——城市特色方面，我国城市普遍存在不足，这也是我国城市旅游长远发展必须克服的一大障碍。在治理污染、改善环境方面，我国大部分城市都还有很大的努力空间。在居民休闲方面，休闲资源供给与配置现状的不足是影响居民休闲质量的重要原因。因此，笔者认为，应对旅游发展带来的挑战，城市规划要作为常态化和整体性的政策促进旅游的发展；在城市旅游的发展中，要注重对城市固有资源的保护和利用；城市旅游发展要和提高城市生活品质相结合；要通过城市规划塑造良好的城市旅游环境。

为了塑造面向居民和访问者的城市，城市规划要致力于增强城市吸引力，完善城市旅游支持系统，并促进大众休闲的健康发展。

在城市总体规划阶段，首先要确定城市旅游发展定位和总体旅游形象，并从城市功能布局、公共空间、公共设施和基础设施的配置上满足居民和访问者的共同需求。此外，传统的土地利用规划对城市三维物质空间的引导和控制存在不足，有必要在城市总体规划阶段引入城市设计的理念和方法，以便更好地塑造有吸引力的城市。

在城市详细规划阶段，为了增强城市在微观层面的旅游吸引力，更好地延续城市文脉和塑造城市特色，同样有必要引入一些城市设计的原则与方法，以创造具有特色的空间环境，营造具有活力的漫步、观光、休闲空间。同时，还要用有效的开发管理制度保证规划的实效性。

在城市交通规划中，考虑到当前的规划体制，应将旅游交通规划纳入城市综合交通规划的编制内容，从整体上考虑并满足访问者的出行需求，为提高城市旅游交通的服务水平提供制度上的保证。通过提高城市公共交通的服务品质、改善城市交通信息服务系统、建设旅游集散中心、发展特色旅游交通方式等方面的努力，更好地满足访问者对城市交通系统的需求。

7.2 进一步研究方向

全面、可靠、可比的数据是制约城市旅游领域研究进展的重要瓶颈，本书的研究深度同样受制于这一困难（附录 1）。未来进一步的研究方向应该是在完善数据来源的基础上，加强相关的实证研究与分析。

（1）由于篇幅和资料来源的限制，本书的重点在于对不同城市“共性”的研究。在旅游对城市的影响方面，主要侧重于分析大多数城市所共有的特征。在城市的对策方面，也侧重于总结那些普适性较强的政策。事实上，在不同类型、不同规模的目的地城市，访问者活动会有一定的异质性，对城市的影响也会有所不同。即便是同一种类型的影响，也会有不同的程度和表现形式的区别。因此，未来可在不同类型和规模的城市进行更深入的实证研究，以提出更有针对性的对策。

（2）在当前以及今后一个时期内，由于城市间竞争的强化，如何增强城市竞争力、吸引并留住更多的访问者，是城市政府首先要考虑的问题。因此，本书主要从“促进”的角度提出城市规划范畴的对策建议，而对“管制”角度的建议论述较少。在后续研究中，应加强对管制类对策的研究：如何通过城市规划的政策与措施，减少旅游发展给城市环境、居民生活等方面带来的负面影响。

（3）本书所提出的应对政策属于城市规划范畴，并主要集中在物质形态规划和交通系统规划这两个方面，对于节事活动和居民休闲活动的组织与管理则并未涉及。节事活动是城市旅游吸引力的重要资源，而居民休闲活动（尤其是大众化、面向基层民众的活动）是居民休闲生活的重要内容。因此，未来应加强对相关活动组织和管理的研究。

附　录

附录 1　关于数据的说明及建议

1. 关于数据的问题及说明

由于多方面的原因，旅游与休闲数据的收集一直是一个难题。即便在欧洲国家，这个问题也没有得到很好的解决。数据的缺乏一直是制约旅游与休闲领域经验研究的一个重要瓶颈。困难主要来自于以下两个方面。

首先是数据来源有限。旅游与休闲活动本身的复杂性决定了调查的难度，这种复杂性集中体现在旅游出行上。旅游出行有着不同于日常出行的显著特征。对于研究者来说，这种出行的不规律性、多样性和发生频率较低（相对于日常出行来说）无疑增加了数据收集的难度和成本：这意味着调查的周期需要很长、范围需要很广，才能得到较为可信的数据。

其次是数据的标准化问题。在旅游和休闲数据的收集方面，欧洲各国都有着各自的专项调查。例如，荷兰每 5 年举行一次"休闲调查"（Onderzoek Dagrecreatie），调查覆盖了所有以休闲为目的的旅行。另外，每年荷兰中央统计局（CBS）都要收集国民度假的信息。而德国、英国、法国每个月都由旅游部门进行旅游数据统计。这些项目提供了国家层面统一的、连续的数据。但是，这些数据彼此是各不相同的，异质（heterogeneous）的信息为国家之间的比较研究带来困难。IAIA（国际影响评估协会）、WTO（世界贸易组织）、OECD（国际经济合作与发展组织）等国际组织都致力于收集欧洲各国的旅游数据。但是这些统计的重点是在经济方面，而不是旅行行为本身。

此外，一些专门的统计机构也在致力于旅游及休闲数据的收集整理。例如，Eurostat 是欧盟重要的统计机构，但在旅游统计方面，由于各国在定义标准、口径、假定及数据来源渠道、工作方法等方面都各不相同，因此并未能提供标准化、可比性数据。例如，2004 年法国旅游局提供的统计报告中，国际访问者的过夜数为 5.67 亿人/晚（Direction dutourisme，2004），这个数字比当年欧盟提供的数字高 5 倍（Stock，2006）。自 1988 年以来，隶属于欧洲旅行数据中心（ETDC）的欧洲旅行监测机构（ETM）则在欧洲范围监测国际旅行市场，但是这个统计渠道只包含超过一天的旅程。在短途旅行、一日游越来越成为潮流的今天，这个数据来源也存在着较大的局限性。

对于城市来说，与人流有关的数据（statistics of human flows）无疑是旅游与休闲方面最重要的数据。因为人的流动（到达目的地、在城市中的活动、离开目的地的过程）对城市产生了最直接的影响。除此之外，旅游与休闲消费的数据也很重要。由于城市层面进行的调查数量较少，因此经验研究只能基于若干不成系统的、特定的调查。同时，由于难以获取具有可比性的数据，因此常常不能得出具有一般性的结论。

近年来，我国旅游领域的研究也得到越来越广泛的重视，旅游数据的收集统计工作也在不断完善。例如，在国家旅游局的网站上，提供了年度“国内旅游基本情况”，以及入境游的月度统计资料。在一些地方旅游局的网站上，也可以查询到相应的旅游统计数据资料。例如，上海市文化和旅游局提供月度本地旅游统计资料。但总的来说，目前这些官方数据的深度和广度还有待加强。例如，国家和地方层面的旅游统计报告都只提供过夜人数、旅馆出租率、年度出游人数等信息，对于游客偏好、满意度及其在目的地的活动等方面则未有涉及。另外，在城市居民休闲领域，目前还没有权威的数据来源。

受到数据来源的限制，个案举例、个别资料运用将是本书常用的研究方法之一。因此，本书的研究同样面临着以上问题。在现有条件的基础上，本书特别注重了数据来源的可靠性、统计口径的一致性和背景条件的可比性，谨慎地得出相关结论。

2. 关于建立城市旅游数据库的建议

对旅游、休闲活动及产业的研究是制定相关公共政策的基础，而旅游数据的收集与分析则应是研究的重要基础。因此，建立完备的城市旅游数据库是一项意义重大的基础性工作。由于旅游和休闲活动的复杂性，应以官方数据为基础，以问卷调查为补充，建立全面、多渠道、多层次的数据库。

（1）面向旅游者的问卷调查

作为对官方数据的补充，问卷调查是旅游研究领域重要的数据收集渠道。问卷调查可以在旅游点、交通枢纽（机场、火车站、长途汽车站、港口等）、城市主要出入口以及旅馆等地进行。问卷调查可以得到较为丰富的旅游者分类信息（来源、目的、停留时间等），有助于了解旅游者各方面的需求及其偏好，及其对目的地城市的评价，也有助于研究者了解旅游者在城市中活动的规律。

当然，问卷调查这种方式也有着不足之处。首先，调查的费用较高，需要大量的人力成本（包括组织、培训等）。其次，在很多情况下被访问者的响应率都不高。最后，由于调查的背景、手段各异，难以得出可比的数据（comparable data）。但即便如此，问卷调查在目前仍然是最为有效的调查手段之一。

（2）面向城市居民的休闲需求调查

近年来我国城市居民休闲需求迅速增长，休闲产业也在快速发展，然而在城市规划领域期刊上以休闲为研究主题的学术论文却还相对较少，这从一个侧面说明了城市休闲还未得到研究者的足够重视。一个制约因素就是对休闲需求的调查还远远不够，缺乏进行实证研究所需要的数据。我国各级统计部门的统计年鉴和公报中，并无对休闲活动进行调查的部分。而只有全面了解城市居民的休闲方式、休闲时间及其分配、休闲意愿、休闲消费支出及其分配等方面的情况，才有可能进行有针对性的分析、研究和政策制定。

荷兰等欧洲国家采用“时间使用调查”的方法，要求被访者在一天或几天内记载自己每天的活动，以此来了解人们在闲暇时间的活动情况。目前来说，由于我国还没有专项资金支持的成规模的城市休闲调查，一个比较现实的途径是结合城市交通规划中的居民出行调查进行休闲需求调查。这种做法在法国等欧洲国家较多采用。由于居民出行调查已有较完整的方法和运作体系，调查方只需合理增添及设计问卷中关于休闲需求及出行的相关内容，较为节省人力和资金成本，样本量和数据回收质量也有保障。另外，随着人们生活条件的改善，休闲出行在所有出行中的比重正在增加。因此，强化休闲需求方面的调查对完善居民出行调查也尤为重要。此外，还可以进行特定休闲场地与设施的使用频度及人群偏好调查，以测度场地与设施的利用效率，了解休闲者对其的评价。可以通过问卷形式，在公园、社区公共绿地、文化娱乐设施（博物馆、电影院、图书馆等）、城市景点等地方进行调查。

附录 2 中国及欧洲以城市整体（或历史核心区）入选《世界遗产名录》的城市

国家	世界遗产
中国	Ancient City of PingYao
	Old Town of Lijiang
奥地利	Historic Centre of the City of Salzburg
	City of Graz-Historic Centre and Schloss Eggenberg
	Historic Centre of Vienna
比利时	Historic Centre of Brugge
克罗地亚	Old City of Dubrovnik
	Historic City of Trogir
捷克	Historic Centre of Český Krumlov
	Historic Centre of Prague
	Historic Centre of Telč
法国	Strasbourg–Grande île
	Paris, Banks of the Seine
	Historic Centre of Avignon
	Provins, Town of Medieval Fairs
	LeHavre, the City Rebuilt by Auguste Perret
	Bordeaux, Port of the Moon
德国	Hanseatic City of Lübeck
	Historic Town of Goslar
	Town of Bamberg
	Historic Centres of Stralsund and Wismar
	Old town of Regensburg with Stadtamhof
希腊	Medieval City of Rhodes
	Historic Centre（Chorá）
	Old Town of Corfu
匈牙利	Budapest
意大利	Historic Centre of Rome
	Historic Centre of Florence
	Venice and its Lagoon
	Historic Centre of San Gimignano
	City of Vicenza and the Palladian Villas of the Veneto
	Ferrara, City of the Renaissance
	Historic Centre of Naples

续表

国家	世　界　遗　产
意大利	Historic Centre of Siena
	Historic Centre of the City of Pienza
	Historic Centre of Urbino
	City of Verona
	Genoa : Le Strade Nuove and the system of the Palazzi dei Rolli
荷兰	Historic Area of Willemstad, Inner City and Harbour, Curaçao
	Canal ring area of Amsterdam inside the Singelgracht
挪威	Bryggen
波兰	Cracow's Historic Centre
	Historic Centre of Warsaw
	Old City of Zamość
	Medieval Town of Toruń
葡萄牙	Central Zone of the Town of Angra do Heroismo in the Azores
	Historic Centre of Évora
	Historic Centre of Oporto
	Historic Centre of Guimarães
罗马尼亚	Historic Centre of Sighişoara
俄罗斯	Historic Centre of Saint Petersburg
	Historical Centre of the City of Yaroslavl
斯洛伐克	Historic Town of Banská Štiavnica
	Bardejov Town Conservation Reserve
西班牙	Historic Centre of Cordoba
	Old Town of Ávila with its Extra-Muros Churches
	Old Town of Segovia and its Aqueduct
	Santiago de Compostela（Old Town）
	Historic City of Toledo
	Old Town of Cáceres
	Old City of Salamanca
	Historic Walled Town of Cuenca
	University and Historic Precinct of Alcalá de Henares
瑞典	Hanseatic Town of Visby
瑞士	Old City of Berne
乌克兰	L'viv–the Ensemble of the Historic Centre
英国	City of Bath
	Old and NewTowns of Edinburgh
	Historic Town of St George and Related Fortifications, Bermuda
	Liverpool–Maritime Mercantile City

资料来源：World Heritage List，2011

参 考 文 献

英文文献

[1] ZELINSKY W., 1971, "The Hypothesis of the Mobility Transition". Geographical Review, vol. 61, n°2, pp. 219-249.

[2] Stephen Page. Tourism and Transport: Issues and Agenda for the New Millennium. Elsevier, 2004.

[3] Stephen Page. Transport and Tourism: Global Perspectives. Pearson Education, 2005.

[4] Mathis Stock. European Cities: Towards a"Recreational Turn"? Studies in Culture, Policy and Identities. Hagar，2006.

[5] Michael C. Hall, Stephen J. Page. The Geography of Tourism and Recreation: Environment, Place and Space. London: Routledge，1999.

[6] Douglas G.Pearce. Towards a geography of tourism. Annals of Tourism Research, 1979（3）: 245-272.

[7] Nell Leiper. The framework of tourism: Towards a definition of tourism, tourist, and the tourist industry. Annals of Tourism Research, 1979（3）: 390-407.

[8] Colton, C. Leisure, Recreation, Tourism: A Symbolic Interactionism View. Annals of Tourism Research, 1987,Vol. 14:345–360.

[9] Cooper, C. Spatial and Temporal Patterns of Tourist Behavior. Regional Studies, 1981, Vol. 15:359–371.

[10] Dann, G., and E. Cohen. Sociology and Tourism. Annals of Tourism Research, 1991, Vol. 18:155–169.

[11] Fedler, A. Introduction: Are Leisure, Recreation and Tourism Interrelated? Annals of Tourism Research. 1987, Vol. 14:311–313.

[12] Fodness, D.Measuring Tourist Motivation. Annals of Tourism Research. 1994, Vol. 21:555–581.

[13] C. Aitchison and F. Jordan, eds., pp. 163–176. Brighton: Leisure Studies Association. Hall, C., and S. Page. The Geography of Tourism and Recreation. 1999. London: Routledge.

[14] Hamilton-Smith, E. Four Kinds of Tourism. Annals of Tourism Research. 1987. Vol. 14:322–344.

[15] Harris, C., W. McLaughlin, and S. Ham. Integration of Recreation and Tourism in Idaho.

Annals of Tourism Research. 1987. Vol. 14:405–419.

[16] Jackson, P.Maps of Meaning: An Introduction to Cultural Geography. 1989. London: Unwin Hyman.

[17] Jansen-Verbeke, M., and A. Dietvorst. Leisure, Recreation, Tourism: A Geographical View of Integration. Annals of Tourism Research. 1987. Vol. 14:361–375.

[18] Jefferson, A., and L. Lickorish Krippendorf, J. The Holidaymakers: Understanding the Impact of Leisure and Travel. 1987. Oxford: Heinemann.

[19] BRITISH TOURISM AUTHORITY, 1982, The Conferences and Exhibition in Brighton and Hove 1976-1980. Londres: British Tourism Authority.

[20] BUTLER R.W., 1980, "The Concept of a Tourism Area Cycle of Evolution: Implications for Management of Resources". The Canadian Geographer, n° 1: 5-12.

[21] COHEN E., 1995, "Contemporary Tourism - Trends and Challenges. Sustainable authenticity or contrived post-modernity? ". In: BUTLER R., PEARCE D. (éd.), Changein Tourism. People, Places, Processes. Londres : Routledge: 12-29.

[22] COHEN E., 1979a, "A phenomenology of tourist experiences". Sociology, vol. 13: 179-201.

[23] COHEN E., 1979b, "Rethinking the sociology of tourism ". Annals of Tourism Research, vol. 6: 18-35.

[24] EAST SUSSEX COUNTY COUNCIL, 1992, A Quality Expansion. A Tourism Strategy for East Sussex. Lewes : East Sussex County Council.

[25] ENGLISH TOURIST BOARD, 1983, Brighton Tourism Study. London: English Tourist Board.

[26] RICHARDS G. (éd.), 1996, Cultural Tourism in Europe. Oxon : Cab International.

[27] SOUTH EAST ECONOMIC DEVELOPMENT STRATEGY (SEEDS), 1993, The Last Resort. Tourism, Tourist Employment and Post-Tourism in the South East. Tunbridge Wells : SEEDS.

[28] TOWNER J., 1996, An Historical Geography of Recreation and Tourism in the Western World 1540-1940. London : Wiley.

[29] TUAN Y.-F., 1977, Space and Place. The Perspective of Experience. London: Arnold.

[30] URRY J., 1995, Consuming places. London : Routledge.

[31] VICKERMAN R.W., 1984, "Urban and Regional Change, Migration and Commuting- The Dynamics of Workplace, Residence and Transport Choice". Urban Studies, vol.21, n° 1: 15-29.

[32] Douglas G. Pearce. An integrative framework for urban tourism research. Annals of Tourism Research, Vol. 28, No. 4, pp. 926–946, 2001.

[33] Ashworth G.J.: "Is there an urban tourism", Tourism Recreation Research, 1992(2), p3-8.

[34] Ashworth G.J.: "Urban tourism:an imbalance in attention", Recreation and Hospitality Management, 1989, p33–54.

[35] DOUGLAS G PEARCE. Tourism in Paris studies at the microscale [J]. Annals of Tourism Research, 1999, 26(1):77-97.

[36] ROBERTPRESTON-WHYTE. Constructed leisure space-the seaside at Durban [J].Annals of Tourism Research, 2001, 28(3):581-596.

[37] ASPA GOSPODINI. Urban designs, urban space morphology, urban tourism, an emerging new paradigm concerning their relationship [J]. European Planning Studies, 2001,9(7):925-935.

[38] Russo A.P., van der Borg J.: "Planning considerations for cultural tourism: a case study of four European cities", Tourism Management, 2002(6), p631-637.

[39] van der Borg J.,Costa P.,Gotti G.: "Tourism in European heritage cities", Annals of TourismResearch, 1996(2), p306-321.

[40] McMinn S. "Tourist typology observations from Belize", Annals of Tourism Research, 1998(3), p675-699.

[41] Snaith T., Haley A.: "Residents'opinions of tourism development in the historic city of York, England", Tourism Management, 1999(5), p595-603.

[42] Quinn B.: "Performing Tourism Venetian Residents in Focus", Annals of Tourism Research, 2007(2), p458-476.

[43] BILL BRAWELL. Tourism marketing images of industrial cities [J]. Annals of Tourism Research, 1996, 23(1):201-221.

[44] J HERDERSON. Attracting tourists to singapore's China town, a case study in conservation and promotion [J]. Tourism Management, 2000, 21:525-534.

[45] ANDREAS EHOHL. Peripheral tourism, development and management [J]. Annals of Tourism Research, 1995, 22(3):517-534.

[46] KEVINMEETHAN. York, managing the tourist city [J]. Cities, 1997, 14(6):333-342.

[47] BOB MCKERCHER. Relationship between tourism and cultural heri-tage management: evidence from Hong Kong [J]. Tourism Management, 2005, 26:539-548.

[48] Pearce D.G.: "Tourism development in Paris Public intervention", Annals of Tourism Research, 1998(2), p457-476.

[49] van der Borg J.,Costa P.,Gotti G.: "Tourism in European heritage cities", Annals of Tourism Research, 1996(2), p306-321.

[50] David Harvey. The Condition of Postmodernity: An Enquiry into the Origins of Cultural Change. Wiley-Blackwell, 1991.

[51] K. Michal Haywood. Can the Tourist-Area Life Cycle be Made Operational? Tourism Management, 1986, (3).

[52] Butler R. W. The Concept of a Tourist Area Cycle of Evolution: Implications for Management of Resources. Canadian Geographer, 1980, (1).

[53] Grabler K. Cities and the Destination Life Cycle. International City Tourism: Analysis and Strategy. Mazanec J A eds. London: Printer, 1998: 54-71.

[54] Bruce Hayllar, Tony Griffin and Deborah Edwards. Urban Tourism Precincts: Engaging with the Field [A]. Bruce Hayllar, Tony Griffin and Deborah Edwards. City Spaces-Tourist Places:

Urban Tourism Precincts [D]. Elsevier, 2008:1-18.

[55] Snepenger, D., S. Reiman, J. Johnson, and M. Snepenger. Is Downtown Mainly for Tourists? Journal of Travel Research, 1998, 36(4):5–12.

[56] Schaffer, R. and Smith, N. The Gentrification of Harlem? [J]. Annals of the Association of American Geographers, 1986, 76(3):347-365.

[57] Gotham, K. Tourism Gentrification: The Case of New Orleans' Vieux Carre (French Quarter) [J]. Urban Studies, 2005, 42(7):1099-1121.

[58] Bernadette Quinn. Performing Tourism: Venetian Residents in Focus [J]. Annals of Tourism Research, 2007, 34(2):458-476.

[59] Law C.M. Urban Tourism: The Visitor Economy and the Growth of Large Cities, Continuum International Publishing Group, 2002.

[60] Paris Promotion , E. Pauchant and A.D. Barrère. Plan d'Aménagement du Tourisme Parisien. Paris: 1992.

[61] Paris Promotion, Plan Marketing Paris. Paris: 1995.

[62] Paris Projet, Schéma Directeur d'Aménagement et d'urbanisme de 1a Ville de Paris: 1980. Charte d'Aménagement de Paris. Paris, 1991: Mairie de Paris.

法文文献

[1] Georges Gazes, Francoise Potier. Le tourism Urbain. Imprimerie des Presses Universitaires de France, 1996.

[2] ORFEUIL J.-P., 1995, "Trois futurs pour la mobilité et pour la ville". In: Se déplacer au quotidien dans trente ans. Actes du Colloque du 22 et 23 mars 1994 organisé par l'ADEME, le centre de prospective de la DRAST et l'INRETS. Paris: La Documentation Française: 41-50.

[3] ORFEUIL J.-P., 1994, "L'analyse de la mobilité". Courrier du CNRS:69-70.

[4] ORFEUIL J.-P.,1989, "Espace et déplacements". In: Institut National de Recherche sur les Transports et la Sécurité, Un milliard de déplacements par semaine. La mobilité des Français. Paris : La Documentation Française: 135-146.

[5] ORFEUIL J.-P., TROULAY P., 1989, "Les déplacements dans le cadre habituel". In: Institut National de Recherche sur les Transports et la Sécurité, Un milliard de déplacements par semaine. La mobilité des Français. Paris: La Documentation Française: 71-84.

[6] AUGÉ M., 1997, L'Impossible Voyage. Le tourisme et ses images. Paris : Payot.

[7] AUGUSTIN J.-P., 1987, Espaces urbains et pratiques sociales. Bordeaux: Presses Universitaires de Bordeaux.

[8] BAILLY, 1996, "La ville: espace vécu". In: PUMAIN D., ROBIC M.-C., Théoriser de la ville. Paris: Anthropos: 159-165.

[9] BARON-YELLES N., 1999, Le tourisme en France. Territoires et stratégies. Paris: Armand

Colin.

[10] BERQUE, A., 1995, "Espace, milieu, paysage, environnement". In : BAILLY A., FERRAS R., PUMAIN D. (éd.), Encyclopédie de géographie. Paris: Economica: 349-367.

[11] BIEBER A., MASSOT M-H., ORFEUIL J.-P., 1993, "Prospective de la mobilité quotidienne". In: BONNAFOUS A., PLASSARD F., VULIN B. (dir.), Circuler demain. Paris: Éditions de l'Aube: 157-184.

[12] BOYER M., 1999, Histoire du tourisme de masse. Paris : PUF.

[13] BOYER M., 1996, L'invention du tourisme. Paris : Gallimard.

[14] CAUVIN C., MARTIN J.-P., REYMOND H., 1993, "Une accessibilité renouvelée". In: BONNAFOUS A., PLASSARD F., VULIN B. (dir.), Circuler demain. Paris: Éditions de l'Aube.

[15] CUVELIER P., 1998, Anciennes et nouvelles formes de tourisme. Une approche socioéconomique.Paris: L'Harmattan.

[16] DEPREST F., 1997, Enquête sur le tourisme de masse. Paris: Belin.

[17] DEWAILLY J.-M., FLAMENT E., 1993, Géographie du tourisme. Paris : SEDES.

[18] KNAFOU R., 1992, "L'invention du tourisme". In: BAILLY A., FERRAS R., PUMAIN D. (éd.), Encyclopédie de la géographie. Paris: Economica: 839-864.

[19] KNAFOU R., BRUSTON M., DEPREST F., DUHAMEL PH., GAY J.-CH., SACAREAU I.,1997, "Une approche géographique du tourisme". L'Espace géographique, vol. 26, n°3: 193-204.

[20] LAZZARROTTI O., 2000, "Tourisme : des lieux et des hommes".

[21] LAZZARROTTI O., 1995, Les loisirs à la conquête des espaces périurbains. Paris: L'Harmattan.

[22] CACÉRÈS B., 1973, Loisirs et travail du Moyen âge à nos jours. Paris : Seuil.

[23] FUHRER U., KAISER F.G., 1997, L'habiter multi-local. Aspects psychologiques de la mobilité des loisirs. Paris : CNRS Éditions.

中文文献

[1] 孙施文 . 城市规划哲学 [M]. 北京：中国建筑工业出版社，1997.

[2] 孙施文 . 城市规划法规读本 [M]. 上海：同济大学出版社，1999.

[3] 孙施文 . 现代城市规划理论 [M]. 北京：中国建筑工业出版社，2007.

[4] 孙施文 . 公共空间的嵌入与空间模式的翻转——上海"新天地"的规划评论 [J]. 城市规划，2007（8）.

[5] 孙施文 . 城市中心与城市公共空间：上海浦东陆家嘴地区建设的规划评论 [J]. 城市规划，2006（8）.

[6] 孙施文、张美靓 . 城市设计实施评价初探——以上海静安寺地区城市设计为例 [J]. 城市规划，2007（4）.

[7] 孙施文 . 透视现实生活中的城市景象——读王军《采访本上的城市》[J]. 城市规划学刊，

2009（1）：112.

［8］王军 . 老北京的死与生——前门大搬迁［J］. 瞭望，2006 年第 19 期 .

［9］王军 . 商业区的命运之符［J］. 瞭望，2006 年第 19 期 .

［10］王军 . 走出“拆迁经济”［N］. 南方周末，2006 年 10 月 12 日 .

［11］王军 . 城记［M］. 北京：生活 • 读书 • 新知三联书店，2003.

［12］王军 . 北京难题［J］. 瞭望，2004 年第 28 期 .

［13］徐永健，阎小培 . 城市滨水区旅游开发初探——北美的成功经验及其启示［J］. 经济地理，2000（1）：99-102.

［14］刘健 . 城市滨水区再开发的成功实例——加拿大格兰威尔岛更新改造［J］. 国外城市规划，1999（1）：36-42.

［15］于一凡 . 巴黎市区塞纳河滨水空间的整治与利用［J］. 国外城市规划，2004（19）：85-87.

［16］尚文生、欧阳燕红 . 论城市旅游规划与城市规划的相互协调［J］. 人文地理，1998（6）：47.

［17］（英）卡莫纳，等. 城市设计的维度：公共场所——城市空间［M］. 冯江，等，译. 南京：江苏科学技术出版社，2005.

［18］（美）凯文 • 林奇. 城市意向［M］. 方益萍，何晓军，译. 北京：华夏出版社，2001.

［19］吴承照 . 现代城市游憩规划设计理论与方法［M］. 北京：中国建筑工业出版社，1998.

［20］吴志强，吴承照 . 城市旅游规划原理［M］. 北京：中国建筑工业出版社，2005.

［21］许学强，周一星，宁越敏 . 城市地理学［M］. 2 版 . 北京：高等教育出版社，2009.

［22］保继刚，楚义芳 . 旅游地理学［M］. 北京：高等教育出版社，1999.

［23］马惠娣，张景安 . 中国公众休闲状况调查［M］. 北京：中国经济出版社，2004.

［24］吴必虎 . 区域旅游规划原理［M］. 北京：中国旅游出版社，2001.

［25］吴伟 . 旅游规划原理［M］. 北京：旅游教育出版社，2001.

［26］保继刚 . 旅游开发研究——原理 • 方法 • 实践［M］. 北京：科学出版社，2003.

［27］吴承照 . 现代城市旅游规划技术体系［J］. 城市规划，1999，23（10）：27-30.

［28］曹霞，吴承照 . 国外旅游目的地游客管理研究进展［J］. 人文地理，2006，21（2）：17-23.

［29］吴承照 . 城市旅游的空间单元与空间结构［J］. 城市规划学刊，2005（3）：82-87.

［30］吴承照，马林志，詹立 . 户外游憩体验质量评价研究——以上海城市公园自行车活动为例［J］. 旅游科学，2010，24（1）.

［31］吴承照 . 中国旅游规划 30 年回顾与展望［J］. 旅游学刊，2009，24（1）：13-18.

［32］闾平贵，汪德根，魏向东 .“时空压缩”与客源市场空间结构演变——以江苏国际旅游客源市场为例［J］. 经济地理，2009，29（3）：504-509.

［33］赵守谅，陈婷婷 . 城市 • 休闲 • 机动性：基于城市休闲发展的一组思考［J］. 城市发展研究，2010，17（5）：108-113.

［34］赵守谅，陈婷婷 . 城市休闲方式的若干现象及规划面临的挑战［J］. 城市规划，2010，34（7）：23-27.

［35］赵守谅，陈婷婷 . 总体城市设计产生背景、实施障碍与实施路径［J］. 规划师，2010，26（6）：5-8.

[36] 赵守谅 . 论城市规划国际学习的基本逻辑和核心目标 [J]. 城市规划，2011，35（1）：87-91.
[37] 赵守谅，陈婷婷 . 面向简约型生活方式的城市规划 [J]. 城市规划，2011，35（3）：19-20.
[38] 林峰 . 重新认识旅游策划——关于创新旅游规划体系及旅游策划的解决方案 [N]. 中国旅游报，2004-11-8（14）.
[39] 石培华，马晓龙 . 提升旅游规划地位的问题与对策 [J] . 旅游学刊，2008（8）：5.
[40] 郭为，何媛媛 . 旅游规划：走向科学实证与概念创意的融合 [J]. 旅游学刊，2008（7）：5.
[41] 邹再进 . 我国旅游规划思想的演进 [J]. 旅游学刊，2008（7）：6.
[42] 石美玉 . 从利益相关者视角看我国旅游规划的发展 [J]. 旅游学刊，2008（7）：7.
[43] 苏文才，丁芳，周征农 . 上海市民周末度假现状与走势调查 [J]. 旅游学刊，1996，11（2）：23-25.
[44] 吴国清 . 市场导向与上海郊区旅游开发初探 [J]. 人文地理，1996，11（3）：65-67.
[45] 吴必虎，唐俊雅，黄安民，等 . 中国城市居民旅游目的地选择行为研究 [J]. 地理学报，1997，52（2）：65-67.
[46] 吴必虎 . 大城市环城游憩带（ReBAM）研究：以上海市为例 [J]. 地理科学，2001，21（4）：354-359.
[47] 邵黎明，周甦芳 . 上海郊区旅游业发展对策研究 [J]. 地域研究与开发，1998，17（1）：69-71.
[48] 朱容 . 对北京边远山区旅游资源开发的若干思考 [J]. 首都师范大学学报（自然科学版），1999（2）：83-92.
[49] 李九全 . 西安环城风景区旅游开发研究 [J]. 经济地理，1999，19（1）：124-127.
[50] 黄安民，吴必虎 . 长春城市游憩者流动行为研究 [J]. 经济地理，1997（17）：119-127.
[51] 沙润，吴江 . 城乡交错带旅游景观生态设计初步研究 [J]. 地理学与国土研究，1997，13（3）：53-56，62.
[52] 潘海啸 . 对当前我国城市交通规划方法论的几点思考 [J]. 城市规划汇刊，2004（4）：91-92.
[53] 潘海啸 . 中国城市机动性 20 年发展的回顾 [J]. 国外城市规划，2005，20（3）：41-45.
[54] 潘海啸，崔宁，刘冰 .2010 年上海世博会交通全过程需求管理框架 [J]. 城市规划学刊，2006（4）：53-60.
[55] 潘海啸，沈清，张明 . 城市形态对居民出行的影响——上海实例研究 [J]. 城市交通，2009，7（6）：28-32.
[56] 符全胜 . 城乡交错带旅游开发研究——以江苏锡山市沿太湖地区为例 [J]. 地理学与国土研究，1998，14（3）：57-59.
[57] 郭来喜，保继刚 . 中国旅游地理学的回顾与展望 [J]. 地理研究，1990（1）：78-87.
[58] 孙文昌 . 应用旅游地理学在中国的进展 [J]. 地理学报，1991（4）：495-503.
[59] 范家驹 . 海南省旅游发展规划 [M]. 海口：海南出版社，1992.
[60] 刘德谦 . 旅游规划刍议 [J]. 旅游学刊，2003（3）.

［61］ 汝百乐．旅游规划中不可忽视的因素——美国专家谈旅游规划［N］．中国旅游报，2004-02-13（11）．

［62］ 魏小安．旅游规划的总结与提高［N］．中国旅游报，2004-01-21．

［63］ 魏小安．中国休闲度假的特点与趋势（二、三）［N］．中国旅游报，2005-02-28；2008-03-07．

［64］ 刘德谦．旅游规划修编的地域扩张与效益扩张战略［N］．中国旅游报，2004-07-23．

［65］ 徐菊凤．旅游发展规划的准公共事务咨询性质［N］．中国旅游报，2004-11-03．

［66］ 张广瑞．旅游规划的理论与实践［M］．北京：社会科学文献出版社，2004．

［67］ 黄羊山．旅游规划原理［M］．南京：东南大学出版社，2004．

［68］ 戴斌．关于构建旅游学理论体系的几点看法［J］．旅游学刊，1997（6）：43-46．

［69］ 肖洪根．谈对旅游学科理论体系研究的几点认识［J］．旅游学刊，1998（6）：41-45．

［70］ 龙江智．从体验视角看旅游的本质及旅游学科体系的构建［J］．旅游学刊，2005，20（1）：21-26．

［71］ 王德刚．论旅游学的学科性质［J］．旅游学刊，1998（2）：47-49．

［72］ 吴必虎，邢珏珏．旅游学学科树构建及旅游学研究的时空特征分析［J］．旅游学刊，2005，20（4）：73-79．

［73］ 谢彦君．论旅游的本质与特征［J］．旅游学刊，1998（4）：41-44．

［74］ 付蓉．1997 年我国旅游研究回顾［J］．旅游学刊，1998（4）：51-56．

［75］ 徐菊凤．1998、1999 年中国旅游研究述评［J］．旅游学刊，2000（3）：65-70．

［76］ 吴必虎，宋治清，邓利华．中国旅游研究 14 年［J］．旅游学刊，2001（1）：17-21．

［77］ 陈德广．从旅游研究博士论文看旅游学学科发展［J］．旅游学刊，2004（6）：9-14．

［78］ JulioAramberri，谢彦君．中国旅游研究的多维视野［J］．旅游学刊，2003（6）：14-20．

［79］ 朱弘，刘迎华．从《旅游学刊》和《AnnalsofTourismResearch》的比较看中外旅游研究的异同和趋向［J］．旅游学刊，2004，19（4）：92-95．

［80］ 张宏梅，陆林．国内旅游研究方法的初步分析［J］．旅游学刊，2004，19（3）：77-81．

［81］ 申葆嘉．关于旅游与休闲研究方法的思考［J］．旅游学刊，2005，20（6）：11-19．

［82］ 朱桃杏，陆林．近 10 年文化旅游研究进展［J］．旅游学刊，2005，20（6）：82-88．

［83］ 古诗韵，保继刚．城市旅游研究进展［J］．旅游学刊，1999，（2）：15-20．

［84］ 薛莹．城市旅游研究的核心问题［J］．旅游学刊，2004，19（2）：50-54．

［85］ 陆林．旅游地理文献分析［J］．地理研究，1997，（6）：105-112．

［86］ 汪德根，陆林，刘昌雪．近 20 年中国旅游地理学文献分析［J］．旅游学刊，2003，18（1）：68-75．

［87］ 何景明．中外乡村旅游研究：对比、反思与展望［J］．农村经济，2005（1）：126-127．

［88］ 黄金火，杨新军，马晓龙．国内外生态旅游研究的问题及进展［J］．生态学杂志，2005，24（2）：228-232．

［89］ 王宝恒．我国工业旅游研究的回顾与思考［J］．厦门大学学报（哲学社会科学版），2003（6）：108-114．

[90] 罗秋菊 . 事件旅游研究初探 [J]. 江西社会科学，2002（9）：218-219.

[91] 石岩，舒宗礼，夏贵霞 . 近十年来我国体育旅游研究现状综述与展望 [J]. 体育文化导刊，2007（4）：59-62.

[92] 唐顺铁 . 旅游目的地的社区化及社区旅游研究 [J]. 地理研究，1998，17（2）：145-149.

[93] 卢松，陆林，徐茗 . 我国传统村镇旅游研究进展 [J]. 人文地理，2005（5）：70-73.

[94] 刘敏，陈田，钟林生 . 我国草原旅游研究进展 [J]. 人文地理，2007（1）：1-6.

[95] 贾莲莲 . 商务旅游研究述评 [J]. 思想战线，2004，30（3）：126-130.

[96] 李健等 . 国内外奥运旅游研究进展综述 [J]. 旅游学刊，2007，22（9）：80-87.

[97] 吴传钧 . 论地理学的研究核心——人地关系地域系统 [J]. 经济地理，1991，11（3）.

[98] 冯卫红 . 生态旅游地域系统与旅游地可持续发展探讨 [J]. 经济地理，2001，21（1）：114-117.

[99] 肖洪根 . 社会科学的传统与旅游研究的未来 [J]. 旅游学刊，2005，20（5）：6-7.

[100] 张杰 . 北京城市保护与改造的现状与问题 [J]. 城市规划，2002（2）.

[101] 马晓龙、吴必虎 . 历史街区持续发展的旅游业协同 - 以北京大栅栏为例 [J]. 城市规划，2005（9）：49-54.

[102] Jean-PierreOrfeui，1960-2000 年法国的城市机动性、城市规划与城市发展 [J]. 国外城市规划，2005，20（3）.

[103] 谢彦君. 基础旅游学 [M]. 北京：中国旅游出版社，2004.

[104]（加）沃尔，马西森. 旅游：变化、影响与机遇 [M]. 肖贵蓉，译. 北京：高等教育出版社，2007.

[105] 闾平贵，汪德根，魏向东 . “时空压缩”与客源市场空间结构演变 [J]. 经济地理，2009（3）：504.

[106] 保继刚，苏晓波 . 历史城镇的旅游商业化研究 [J]. 地理学报，2004（5）：427-436.

[107] 马壮林，邵春福等 . 黄金周期间旅游景区停车管理对策 [J]. 综合运输，2008（8）：53-56.

[108] 江泓，张四维 . 生产、复制与特色消亡——“空间生产”视角下的城市特色危机 [J]. 城市规划学刊，2009（4）：41.

[109] 李仲广，卢昌崇 . 基础休闲学 [M]. 北京：社会科学文献出版社，2004.

[110] 吴承照 . 中国旅游规划 30 年回顾与展望 [J]. 旅游学刊，2009，24（1）：16.

[111] 韦亚平，赵民 . 都市区空间结构与绩效 [J]. 城市规划，2006（4）：11.

[112] 赵民，高捷 . 景观眺望权的制度分析及其在规划中的意义 [J]. 城市规划学刊，2006（1）：22.

[113] 曾博伟，白雪尘 . 统计视角下的旅游业思考 [J]. 人文地理，2006（4）.

[114] 王雅林 . 城市休闲：上海、天津、哈尔滨城市居民时间分配的考察 [M]. 北京：社会科学文献出版社，2003.

后　记

本书即将付梓之际，正值新冠疫情全球大流行的2020年。疫情给全球旅游业带来了极大的冲击，旅游和相关行业正在经历前所未有的至暗时刻。然而，疫情终将被战胜，旅游作为人类重要的生活方式，定会再度辉煌。此刻，思绪不由得飘至十余年前，刚赴法国留学之际。本书基于笔者留学期间的收获，以及一名"访问者"的感受，一名规划专业研究者一直以来的思考。欧洲在城市旅游领域，无疑是全世界的先行者。我国城市在近年来的发展，也令世人瞩目。随着全面建成小康社会目标的实现，城市旅游在我国社会经济中必将发挥更重要的作用。

本书能顺利完成，要特别感谢法国巴黎城市规划学院Jean-Pierre Orfeuil教授，同济大学潘海啸教授，瑞士洛桑大学Mathis Stock教授，法国巴黎第十大学Bernard Haumont教授。在书稿出版的过程中，研究生肖婷、张灵芝、毛巧云作了大量的整理、完善工作，感谢她们的辛勤工作。还要特别感谢中国建工出版社的刘丹编辑付出的努力。

作　者

2020年12月